Manfred Karsch (Hg.)

Konfessionell-kooperatives Lernen im RU

Materialien für die Klassen 5–10

Unter Mitarbeit von
Katharina Brethauer
Christoph Glins
Rudolf Hengesbach
Heimke Himstedt-Keliny
Stefan Klug
Ulrike Lipke
Christian Rasch
Julia Schäfers
Andrea Schnieder
Malte van Spankeren
Simon-Fabian Stucke
Marco Talarico
Vanessa Usling

Mit 148 Abbildungen

Vandenhoeck & Ruprecht

Download der digitalen Zusatzmaterialien unter:
www.vandenhoeck-ruprecht-verlage.com/Konfessionell-kooperatives_Lernen
Code für Download-Material:
SNqMQKEx

Bibliografische Information der Deutschen Nationalbibliothek:
Die Deutsche Nationalbibliothek verzeichnet diese Publikation in der
Deutschen Nationalbibliografie; detaillierte bibliografische Daten sind
im Internet über http://dnb.de abrufbar.

© 2019, Vandenhoeck & Ruprecht GmbH & Co. KG, Theaterstraße 13, D-37073 Göttingen
Alle Rechte vorbehalten. Das Werk und seine Teile sind urheberrechtlich
geschützt. Jede Verwertung in anderen als den gesetzlich zugelassenen Fällen
bedarf der vorherigen schriftlichen Einwilligung des Verlages.

Umschlagabbildung: © imaginando/Adobe Stock

Satz: SchwabScantechnik, Göttingen
Druck und Bindung: ⊕ Hubert & Co. BuchPartner, Göttingen
Printed in the EU

Vandenhoeck & Ruprecht Verlage | www.vandenhoeck-ruprecht-verlage.com

ISBN 978-3-525-70273-4

Inhalt

Einführung
Manfred Karsch 4

A Selfies aus Gottes schöner Welt
Katharina Brethauer/Manfred Karsch/Ulrike Lipke 9

B Wege zur Bibel finden
Vanessa Usling/Manfred Karsch 19

C Feiertage – Christ*innen erinnern sich
Heimke Himstedt-Keliny/Julia Schäfers 28

D Martin Luther: Angstfrei glauben und leben
Stefan Klug/Malte van Spankeren 40

E Visionen einer gerechteren Welt
Andrea Schnieder/Christian Rasch 50

F Füreinander da sein – Caritas/Diakonie
Manfred Karsch/Rudolf Hengesbach 61

G Evolution und Schöpfung
Christoph Glins/Ulrike Lipke 72

H Gott und das Leid der Welt
Manfred Karsch/Rudolf Hengesbach 86

I Die Botschaft der Bergpredigt
Rudolf Hengesbach/Manfred Karsch 98

J Kreuz und Auferstehung – stärker als der Tod
Simon-Fabian Stucke/Marco Talarico 110

K Hoffnung – stärker als der Tod
Simon-Fabian Stucke/Marco Talarico 120

L Eucharistie und Abendmahl
Christian Rasch/Andrea Schnieder 130

Quellen 143

Autorinnen und Autoren 144

Einführung

Manfred Karsch

Konfessionelle Kooperation im Religionsunterricht – wie macht man das eigentlich?
Konfessionelle Kooperation gehört neben der Inklusion und Digitalem Lernen zu den aktuellen Megathemen der Religionspädagogik und des Religionsunterrichts.[1] In der jüngeren Vergangenheit haben sich die EKD[2] und die DBK[3] für die Möglichkeit konfessioneller Kooperation im RU ausgesprochen. In einigen Bundesländern sind die rechtlichen Vorgaben und Erlasslagen geschaffen worden.

Während nun die religionspädagogische Diskussion über den konfessionell-kooperativen Religionsunterricht (KoKoRU) auf der didaktischen Theorieebene immer mehr an Fahrt aufnimmt, steckt die Unterrichtsentwicklung für den KoKoRU noch in den Kinderschuhen.

> Die Autor*innen[4] dieses Buches nehmen sich deshalb vor, Unterrichtsentwürfe und Lernmaterialien vorzustellen, mit denen ein konfessionell-kooperatives Lernen im RU ermöglicht werden kann – nicht nur in Lerngruppen, an deren Schulen offiziell KoKoRU eingeführt worden ist.

Die Schülerorientierung steht im Fokus unserer Unterrichtsvorhaben. Denn die Wahrnehmung der Lerngruppe als interkonfessionelle Lerngemeinschaft ist der Ausgangspunkt jeder Unterrichtsvorbereitung im KoKoRU. Für die Unterrichtsvorhaben haben wir im Wesentlichen »klassische Themen« des RU gewählt, um an ihnen aufzuzeigen, wie konfessionelle Kooperation im RU angebahnt wird und gelingen kann. Denn konfessionell-kooperative Lernarbeit soll nicht nur dort initiiert werden, wo das Konfessionstrennende wahrzunehmen ist, sondern gerade auch dort, wo die »konfessionellen Stile und Prägungen in einem ökumenischen Horizont [zu] identifizieren, deuten, beurteilen und gestalten«[5] sind. *Interkonfessionelle Dialogkompetenz als Fähigkeit zur altersgemäßen Teilhabe am ökumenischen Dialog* steht deshalb im Erwartungshorizont unserer Unterrichtsvorhaben, die nicht nur dort, wo KoKoRU bereits offiziell eingeführt wurde, sondern auch dort, wo religiös heterogene Lerngruppen zusammenarbeiten, zum Einsatz kommen können.

Wenn sie möchten, können sie an dieser Stelle zu unseren Unterrichtsvorhaben weiterblättern und eines davon in ihren nächsten Unterrichtsstunden verwenden. Vielleicht nehmen sie sich noch die Zeit für einige grundlegende Gedanken, die hinter unserem didaktischen Konzept für die Unterrichtspraxis im KoKoRU stehen, in dem wir Fragen, die uns von Religionslehrer*innen zum KoKoRU gestellt wurden, aufnehmen wollen.

Gemeinsamkeiten stärken – Unterschieden gerecht werden – Dialogfähigkeit fördern
Warum jetzt KoKoRU? Wir unterrichten doch schon seit Jahren Religion im Klassenverband.
Das mutige Bekenntnis einer Religionslehrerin in einer unserer Vorbereitungstagungen zur Einführung des KoKoRU in NRW offenbart für jene, die selbst evangelische oder katholische Religionslehre unterrichten oder als Fortbildner*innen und Dozent*innen in Schulen und unter Religionslehrer*innen unterwegs sind, kein wohlgehütetes Geheimnis: RU findet nicht selten in einer sog. »rechtlichen Grauzone« statt, die den Vorgaben eines bekenntnisgebundenen RU nach Art. 7,3 GG nicht immer entspricht. Nicht nur schulorganisatorische Eigenheiten oder eine bei allen Beteiligten indifferente Haltung zum RU fördern solche Lösungen. Auch aus demografischer Perspektive ergibt sich der Eindruck, dass regional evangelischer oder katholischer RU unter den Vorgaben des Grundgesetzes allein nur mit Schüler*innen, die einer der beiden großen Konfessionen angehören, nicht mehr aufrecht erhalten werden kann. Wir verstehen KoKoRU deshalb nicht nur als eine Organisationsform des bekenntnisorientierten RU in Zeiten abnehmender Kirchenzugehörigkeit der Schüler*innen, sondern als ein »verbessertes Lernangebot [...], bei dem Gemeinsamkeiten zwischen den Konfessionen gestärkt und der Umgang mit bleibenden Unterschieden eingeübt werden kann.«[6]

Religiöse Heterogenität als Lernchance
Evangelisch? Katholisch? Oft wissen das meine Schülerinnen oder Schüler gar nicht mehr von sich selbst. Und manchmal bin ich mir auch nicht so sicher, was ich eigentlich sein möchte.
Die Wahrnehmung religiöser Heterogenität bei Schüler*innen und die Nähe oder Distanz der religiösen Individualität bei Lehrer*innen, die RU unterrichten, stellt alle Beteiligten vor besondere Herausforderungen.[7] In der Schule begegnen wir zunehmend religiös heterogenen Lerngruppen. Dies betrifft die Beheimatung in wie auch die Entfremdung von der eigenen Konfession oder Religion. Hinzu kommen die individuellen Formen und Erfahrungen religiöser Sozialisation im primären (Familie) und im sekundären Umfeld (Kirchengemeinde,

Freundeskreis usw.) sowie die Möglichkeiten der authentischen Begegnung mit Menschen der eigenen wie der anderen Konfession und Religion.

KoKoRU ist deshalb nicht nur eine aus der demografischen Not heraus geborene Organisationsform des RU, sondern eine didaktische Notwendigkeit, um den RU und das, was in und mit ihm gelernt wird, für die Schüler*innen alltagstauglich und lebensrelevant zu gestalten, »weil der Sache des Christentums eigentlich erst dort angemessen Rechnung getragen wird, wo auch die Vielfalt des Christentums in seinen konfessionellen Ausprägungen zur Geltung kommt«.[8] Religiöse Heterogenität ist deshalb kein notwendiges Übel, sondern eine große Lernchance für Schüler*innen, im anderen das jeweils Gemeinsame, aber auch das Besondere der eigenen und anderen Konfession und Religion wahrzunehmen.

> Wir nehmen uns deshalb vor, in unseren Unterrichtsentwürfen und Lernmaterialien »konfessionelle Heterogenität als bildsame Differenz ins Spiel«[9] zu bringen.

Differenzsensible Lernangebote und interkonfessionelle Dialogkompetenz

Es gibt so viele Gemeinsamkeiten. Warum zwischen Evangelisch und Katholisch unterscheiden?

Der Erwartungshorizont von ökumenischem und interreligiösem Lernen steht in der Gefahr, dass er sich zu sehr auf das Gemeinsame der Konfessionen und Religionen konzentriert. Dies kann in einigen Aspekten (z. B. im Blick auf ein gemeinsames Weltethos) sinnvoll sein, klammert aber jene Themen, Inhalte, Frömmigkeitsstile, Entscheidungs- und Handlungsoptionen aus, an denen der konfessionelle Unterschied wahrgenommen und für die Lernarbeit fruchtbar gemacht werden kann.

Eine »Theologie ökumenischer Pluralität«[10] ist Ausgangspunkt konfessionell-kooperativer Lernarbeit. Die didaktische Inszenierung differenzsensiblen Lernens gehört zu den Grundvoraussetzungen konfessioneller Kooperation und nimmt ihren Ausgangspunkt bei der religiösen Heterogenität und Individualität der Schüler*innen:

Der Blick auf meine religiös heterogene Lerngruppe verändert meine didaktische Grundhaltung [...]. Wie lernen wir die Inhalte des RU in einer Weise kennen, in der alle mit ihren diversen Vorkenntnissen und biographischen Grundlagen gemeinsam an einem Gegenstand lernen können?[11]

Eine differenzsensible Lernarbeit hat nicht nur die Toleranz in konfessionellen Fragen (»Das Andere beim Anderen wahrnehmen«) zum Ziel, sondern möchte die interkonfessionelle Dialogfähigkeit (»Im Anderen Möglichkeiten und Grenzen für das Eigene entdecken«) anbahnen, also eine »Verständigungs- und Konvivenzfähigkeit ... [die] im Differenten das Akzeptable, Bereichernde, Konvivenz-Taugliche ...«[12] sucht und findet.

> Wir nehmen uns deshalb vor, in unseren Unterrichtsentwürfen und Lernmaterialien Angebote zu differenzsensiblem Lernen zu machen, die Schüler*innen die Lernchance bieten, ihre interkonfessionelle Dialogkompetenz zu ergänzen und zu erweitern.

»Was ist verbindend – prägend – trennend unter den Konfessionen?« als didaktische Leitfrage der Unterrichtsplanung im KoKoRU

Die Unterschiede zwischen Evangelisch und Katholisch habe ich in meinem RU immer schon deutlich gemacht. Was ist neu am KoKoRU?

Im Zentrum der interkonfessionellen Dialogkompetenz steht die Fähigkeit zur altersgemäßen Teilhabe am interkonfessionellen Dialog. Für diese Teilhabe ist nicht nur im Sinne einer materialen Bildung der Erwerb eines Wissens- und Erfahrungskanons notwendig, vielmehr auch die Kompetenz, sich in diesem Dialog differenzsensibel zu verständigen, also auch die Fähigkeit zur Unterscheidung, was denn verbindend, prägend oder tatsächlich trennend unter den Konfessionen ist. Welche Themen und Fragestellungen im KoKoRU sind als

– konfessionell prägend wahrzunehmen, zu deuten und zu beurteilen
– oder benötigen eine reflektiert konfessionell verschiedene Sichtweise
– oder finden in beiden Konfessionen eine ähnliche, gleiche oder gemeinsame Antwort oder Betrachtungsweise?

Interkonfessionelle Dialogkompetenz ist deshalb nicht nur dort notwendig, wo Themen, Inhalte oder auch Formen der spirituellen Zugänge zum christlichen Glauben differieren oder prägende Gestalt gewinnen. Sie wird vielmehr auch dort benötigt, wo es um das Gemeinsame beider Konfessionen geht. Der Begriff der interkonfessionellen Dialogkompetenz vermeidet damit auch den nur scheinbar selbstverständlichen Gedanken, als gäbe es neben der evangelischen und der katholischen Perspektive immer auch schon eine gemeinsame ökumenische Perspektive. Vielmehr ist der Begriff der Ökumene selbst schon ein Thema des KoKoRU und des interkonfessionellen Dialogs, das differenzsensibel wahrzunehmen, zu deuten und zu beurteilen ist.

> Wir nehmen uns deshalb vor, in unseren Unterrichtsentwürfen und Lernmaterialien den Schüler*innen Themen und Inhalte anzubieten, die unter den Konfessionen als verbindend, prägend oder trennend wahrgenommen werden können.

Perspektivenwechsel – der Blick mit den Augen der Anderen

Kann ich denn wirklich sachgerecht die Themen des RU aus der Sicht der anderen Konfession wahrnehmen?

Jan Woppowa hat den Begriff des Perspektivenwechsels, später ergänzt um die Begriffe Multiperspektivität und Perspektivenverschränkung in die Diskussion um die Didaktik des KoKoRU eingebracht. Dahinter verbirgt sich eine verständliche Einsicht: Ein frag- und diskussionswürdiger Sachverhalt kann dann erst vollständig identifiziert, gedeutet und beurteilt werden, wenn er aus der Perspektive aller am Gespräch Beteiligten betrachtet und wahrgenommen worden ist.

Die Zielperspektive interkonfessioneller Dialogkompetenz als Erwartungshorizont grenzt sich von dem von Woppowa ebenfalls verwendeten Begriff »konfessorische Kompetenz«[13] ab. Dieser Begriff des KoKoRU kann in der Gefahr des Missverständnisses stehen, die Grenze zwischen religiöser Bildung als Gesamtperspektive des schulischen RU hin zur Unterweisung im christlichen Glauben im Sinne der Konzepte der Evangelischen Unterweisung bzw. des kerygmatischen Religionsunterrichts in neuem Gewand zu überschreiten.[14]

Demgegenüber könnte es sinnvoll sein, künftig die Ansätze der kritisch-kommunikativen Didaktik[15] und der Resonanzpädagogik[16] ins Gespräch um die didaktischen Grundlagen des KoKoRU einzubringen. Die kritisch-kommunikative Didaktik nimmt vor allem die sozialen Interaktionen in der Interdependenz von Inhalten, Methoden und Medien in den Fokus und untersucht, wie die Inhalts- und Beziehungsdimension der Schüler*innen untereinander, wie mit der Lehrer*in auf eine symmetrische Interaktion aller an der Lernarbeit Beteiligten ausgerichtet werden können.

Der in der Resonanzpädagogik genutzte Begriff der »Anverwandlung« könnte zusätzlich darauf aufmerksam machen, dass die Lernarbeit im KoKoRU nicht nur eine Vermehrung des Wissens um die eigene und andere Konfession intendiert: »Anverwandeln meint, sich einen Weltausschnitt, einen Stoff so anzueignen, dass man sich selbst dabei verwandelt. Das Subjekt be- und verarbeitet den Stoff und verändert dabei sich selbst ebenso wie den bearbeiteten Weltausschnitt.«[17]

Viele der Lernangebote in unseren Unterrichtsvorhaben sind deshalb so gestaltet, dass sie dem Ansatz des kooperativen Lernens gerecht werden.[18] Gerade kooperatives Lernen bietet die Möglichkeit, die Perspektive des jeweils Anderen in die eigene Lernarbeit zu integrieren.

> Wir nehmen uns deshalb vor, die Lernangebote im KoKoRU so zu gestalten, dass sie kommunikative Impulse für die kritische Auseinandersetzung mit den initiierten Fragestellungen bieten.

Die Rolle der Religionslehrer*innen im KoKoRU

An unserer Schule gibt es fünf evangelische Religionslehrkräfte und eine katholische. Wie soll da KoKoRU wirklich möglich sein?

Aus der Perspektive der kritisch-kommunikativen Didaktik kann auch dann die Rolle der Unterrichtenden im KoKoRU in den Blick genommen werden. Die Bedeutung der Lehrkraft im KoKoRU ist offensichtlich und zeigt sich u. a. in der Diskussion um einen möglichen und notwendigen Lehrer*innenwechsel gerade bei konfessionstrennenden Themen- und Fragestellungen. Zudem stellt sich für viele Religionslehrer*innen die Frage, ob sie selbst nun wieder verstärkt als »Agent« ihrer jeweiligen Konfession im Unterricht zu handeln haben, ohne dass sie ihre eigene individuelle konfessionelle Biografie in den Unterricht einbringen können. Im Kontext der kritisch-kommunikativen Didaktik wäre die Religionslehrkraft insofern von dieser Sorge entlastet, weil sie als Teilnehmer*in an der symmetrischen Interaktion in der Lerngruppe Impulsgeber*in, Moderator*in und Lernbegleiter*in ist, sich aber auch als authentische Gesprächspartner*in in ihrer individuellen Ausprägung in interkonfessionellen Gesprächsangeboten einbringen und von den Schüler*innen wahrgenommen werden kann.

Die Möglichkeiten von Lehrerwechsel, Teamteaching und klassenübergreifenden Lernangeboten werden auch im KoKoRU nur entsprechend der jeweiligen Möglichkeiten der Schul- und Stundenplangestaltung realisiert werden können. Ausgangspunkt vieler Lernangebote im KoKoRU sollte aber die Vorbereitung in interkonfessionellen Teams sein, sodass bereits bei der Gestaltung der Lernarbeit die jeweils andere Perspektive in den Blick genommen werden kann.

> Wir nehmen uns deshalb vor, die Lernangebote im KoKoRU so vorzubereiten, dass immer ein Tandem aus ev./kath. Autor*in ein Unterrichtsvorhaben plant.

KoKoRU – das Angebot eines Religionsunterrichts für alle?

*An unserem RU nehmen sehr viele Schüler*innen teil, die weder evangelisch noch katholisch sind, einer anderen Religion angehören oder religionslos sind. Ist dann KoKoRU überhaupt möglich?*

KoKoRU bleibt rechtlich im Rahmen eines bekenntnisorientierten RU gemäß Art. 7,3 GG. Auch Schüler*innen, die weder der evangelischen oder katholischen Kirche angehören, werden am KoKoRU teilnehmen, sofern sie sich dafür interessieren und anmelden. Diese rechtliche Klärung lässt aber die didaktischen Fragestellungen offen. Wir sind der Ansicht, dass Lernarbeit im KoKoRU gerade in religiös heterogenen Lerngruppen eine große didaktische Herausforderung und Chance bedeutet, weil sie zum

Probehandeln im Kontext religiöser Pluralität herausfordert und »eine elementare Religionssensibilität und interkulturelle Kompetenz«[19] anbahnt. So steht schon im NT: *Seid stets bereit, jedem Rede und Antwort zu stehen, der von euch Rechenschaft fordert über die Hoffnung, die euch erfüllt (1. Petr. 3,15).*

Lernangebote im KoKoRU werden gerade so konzipiert sein, dass sich ihre Ergebnisse vor dem Forum religiöser Pluralität vertreten lassen. Die angestrebte interkonfessionelle Dialogkompetenz wird immer so ausgerichtet sein, dass sie sich auch im interreligiösen Dialog bewähren kann.

Wir nehmen uns deshalb vor, die Lernangebote im KoKoRU so vorzubereiten, dass sie die Fähigkeit zur altersgemäßen Teilhabe am interreligiösen Dialog anbahnen.

Unser Wunsch ist es, dass unsere Unterrichtsvorhaben und das Lernmaterial Eingang in Ihre Unterrichtspraxis als Religionslehrer*innen finden. Damit Sie die Arbeitsblätter, die wir für jedes Unterrichtsvorhaben anbieten, individuell und passgenau für ihre Lerngruppe verwenden können, haben wir weitestgehend auf die Formulierung von Aufgaben auf den Arbeitsblättern verzichtet. Sie finden sie stattdessen in der Verlaufsplanung und haben so die Möglichkeit zu Veränderungen und Ergänzungen.

Ebenso haben wir bei den meisten der Unterrichtsvorhaben auf die Angabe einer Klassenstufe, für die die Materialien vorgesehen sind, verzichtet. Sie werden selbst den Weg finden, Unterrichtsvorhaben ihren Lerngruppen entsprechend anzupassen, etwaige Lernangebote wegzulassen oder auch durch eigene Materialien zu ergänzen.

Für eine Orientierung und Zuordnung der Unterrichtsvorhaben zu den Kernlehrplänen ev./kath. Religionslehre, ihren Inhaltsbereichen und Kompetenzerwartungen in den jeweiligen Bundesländern finden Sie die entsprechenden Hinweise in Form einer Synopse als Download.

Allen Autorinnen und Autoren danke ich herzlich für die kompetente und geduldige Zusammenarbeit. Wir alle haben für uns in der Vorbereitung dieses Buches einen Gewinn an interkonfessioneller Kompetenz und Verständigung anbahnen können.

Hiddenhausen, im Januar 2019

Anmerkungen

1 Eine Literaturübersicht findet sich am Ende dieser Einführung.
2 EKD 2014; EKD 2018a.
3 DBK 2016.
4 Die meisten der Autor*innen dieses Buches sind als Moderator*innen bei der Einführung des KoKoRU in NRW engagiert oder unterrichten an Schulen, die konfessionelle Kooperation bereits in einer Projektphase erprobt haben.
5 Schambeck, Mirjam/Schröder, Bernd: Auf dem Weg zu einer Didaktik konfessionell-kooperativer Lernprozesse. In: Lindner u. a. 2017, S. 346.
6 EKD 2018a, S. 6.
7 Siehe dazu Praktische Theologie 2/2018; Büttner u. a. 2018.
8 Schambeck, Mirjam: Vom »Zauberwort Kooperation«, seinen fachdidaktischen und (schul-)pädagogischen Varianten und was es für heute und morgen austrägt. In: Lindner u. a. 2017, S. 97.
9 Schambeck, Mirjam/Schröder, Bernd, ebd. In: Lindner u. a. 2017, S. 346.
10 Ebd., S. 344.
11 Glins/Karsch 2018, S. 4: Perspektivwechsel – KoKoRU im Schulalltag.
12 Schambeck, Mirjam/Schröder, Bernd ebd. In: Lindner u. a. 2017, S. 347.
13 Woppowa 2015, S. 12; weiterführend in Woppowa 2017 und ders., Religionsunterricht mit Schüler*innen unterschiedlicher Konfessionen. In: Eisenhard u. a. 2019, S. 87–101.
14 Vgl. dazu Gennerich/Mokrosch 2016; sie stellen fest, dass nach Erfahrung beteiligter Lehrkräfte KoKoRU die »ökumenische Dialogkompetenz« (S. 137) von Schüler*innen fördert, eine »Förderung des Wissens und konfessioneller Identität« (S. 137) aber nur »mäßig wahrgenommen« (ebd.) wird.
15 Siehe Schaller 1986 und Winkel 1986.
16 Rosa/Endres 2016 auf der Grundlage der Resonanz-Soziologie, Rosa 2018.
17 Rosa/Endres 2016, S. 124.
18 Vgl. Arnhold/Karsch 2014.
19 EKD 2018b, S. 21.

Literatur zum konfessionell-kooperativen Religionsunterricht und zur konfessionell-kooperativen Religionsdidaktik

DBK 2016: Sekretariat der Deutschen Bischofskonferenz (Hg.): Die Zukunft des konfessionellen Religionsunterrichts. Empfehlungen für die Kooperation des katholischen mit dem evangelischen Religionsunterricht. Bonn 2016

Büttner u.a 2018: Büttner, Gerhard/Mendle, Hans/Reis, Oliver/Rose, Hanna (Hg.): Heterogenität im Klassenzimmer. Jahrbuch für konstruktivistische Religionsdidaktik Bd. 9. Babenhausen: Verlag Ludwig Sauter. 2018

Caspary 2016: Caspary, Christiane: Umgang mit konfessioneller Differenz im Religionsunterricht. Eine Studie zur Didaktik des konfessionell-kooperativen Religionsunterrichts. Münster: Lit Verlag. 2016

Eisenhard 2019: Eisenhard, Saskia/Kürzinger, Kathrin S./Naurath, Elisabeth/Pohl-Patalong (Hg.): Religion unterrichten in Vielfalt. Konfessionell – religiös – weltanschaulich. Ein Handbuch. Göttingen: Vandenhoeck & Ruprecht. 2019

EKD 2014: Kirchenamt der EKD (Hg.): Religiöse Orientierung gewinnen – Evangelischer Religionsunterricht als Beitrag zu einer pluralitätsfähigen Schule. Gütersloh: Gütersloher Verlagshaus. 2014

EKD 2018a: Kirchenamt der EKD (Hg.): Konfessionell-kooperativ erteilter Religionsunterricht. Grundlagen, Standards und Zielsetzungen. EKD-Texte 128. 2018

EKD 2018b: Kirchenamt der EKD (Hg.): Religiöse Bildung in der migrationssensiblen Schule. EKD-Texte 131. 2018

Gennerich/Mokrosch 2016: Gennerich, Carsten/Mokrosch, Rainer: Religionsunterricht kooperativ. Evaluation des konfessionell kooperativen Religionsunterrichts in Niedersachsen und Perspektiven für einen religions-kooperativen Unterricht. Stuttgart: Kohlhammer. 2016

Glins/Karsch 2018: Glins, Christoph/Karsch, Manfred: Perspektivwechsel – KoKoRU im Schulalltag. In: Erzbischöfliches Generalvikariat Paderborn (Hg.): Schulinformationen Paderborn 3/2018, S. 4–5

Lindner u. a. 2017: Lindner, Konstantin/Schambeck, Mirjam/Simjoki, Henrik/Naurath, Elisabeth (Hg.): Zukunftsfähiger Religionsunterricht. Konfessionell – kooperativ – kontextuell. Freiburg: Herder. 2017

Praktische Theologie 2/2018: »Religiöse Heterogenität als Herausforderung für den Religionsunterricht«. Praktische Theologie 2/2018. Gütersloh: Gütersloher Verlagshaus. 2018

Riegel 2018: Riegel, Ulrich: Wie Religion in Zukunft unterrichten? Zum Konfessionsbezug des Religionsunterrichts von (über-)morgen. Stuttgart: Kohlhammer. 2018

Schweitzer/Biesinger 2002: Schweitzer, Friedrich/Biesinger, Albert: Gemeinsamkeiten stärken – Unterschieden gerecht werden. Erfahrungen und Perspektiven zum konfessionell-kooperativen Religionsunterricht. Freiburg: Herder. 2002

Woppowa 2015: Woppowa, Jan (Hg.): Perspektiven wechseln. Lernsequenzen für den konfessionell-kooperativen Religionsunterricht. Paderborn: Westermann. 2015

Woppowa 2017: Woppowa, Jan/Isik, Tuba/Kammeyer, Katharina/Peters, Bergit (Hg.): Kooperativer Religionsunterricht. Fragen – Optionen – Wege. Religionsunterricht innovativ Bd. 20. Stuttgart: Kohlhammer. 2017

Woppowa/Zimmermann 2018: Woppowa Jan/Zimmermann, Mirjam: Konfessionelle Identitätsmarker?! – Die Chancen des konfessionell-kooperativen Religionsunterrichts. In: Religion 5–10 4/2018. Seelze: Friedrich Verlag 2018, S. 4–6

Weiterführende Literatur

Arnhold/Karsch 2014: Arnhold, Oliver/Karsch, Manfred: Kooperatives Lernen im kompetenzorientierten Religionsunterricht. Göttingen: Vandenhoeck & Ruprecht. 2014

Rosa 2018: Rosa, Hartmut: Resonanz – eine Soziologie der Weltbeziehung. Berlin: Suhrkamp. 2018

Rosa/Endres 2016: Rosa, Hartmut/Endres, Wolfgang: Resonanzpädagogik – Wenn es im Klassenzimmer knistert. Weinheim: Beltz. 2016

Schaller 1986: Schaller, Klaus: Einführung in die kommunikative Pädagogik. Freiburg: Herder. 1986

Winkel 1986: Winkel, Rainer: Antinomische Pädagogik und kommunikative Didaktik. Studien zu den Widersprüchen und Spannungen in Erziehung und Schule. Düsseldorf: Schwann Verlag. 1986

A Selfies aus Gottes schöner Welt

Katharina Brethauer / Manfred Karsch / Ulrike Lipke

Religionspädagogischer Kommentar – konfessionelle Perspektiven – Lernchancen

KoKoRU – Initialisierung einer konfessionell-kooperativen Lerngemeinschaft

Der Übergang von den Grundschulen in die Schulformen der Sek I bedeutet für die Schüler*innen die Wahrnehmung einer neuen Lernumgebung und die Konstitution bzw. Integration in eine neue Lerngruppe. Diese Aufgabe fällt nicht nur dem Religionsunterricht zu, sondern ist in allen Fächern zu leisten. Dort, wo Religionsunterricht bisher in konfessionsgetrennten Lerngruppen unterrichtet wurde, ergab sich die besondere Situation, zusätzlich neue, aus mehreren Klassen zusammengesetzte Lerngruppen zu konstituieren. Diese Aufgabe entfällt im KoKoRU. Die Lerngruppe bleibt in der Regel im Klassenverband. Dies mag in der sogenannten »ökumenischen Grauzone« des Religionsunterrichts an vielen Schulen schon bisher Praxis gewesen sein, bedarf im KoKoRU aber der besonderen Beachtung für die Lehrkräfte und für die Schüler*innen.

Der Religionsunterricht ist aus *evangelischer Perspektive* ein offenes Angebot zur Teilnahme für alle Schüler*innen gleich welcher Konfession und Religion.[1] Religionsunterricht wird in ökumenischer Gastfreundschaft gehalten. Die *katholische Perspektive* konstituiert den Religionsunterricht mit der Trias aus katholischer Lehrkraft, katholischen Schüler*innen und katholischem Lerninhalt.[2] Beide Perspektiven erhalten durch den KoKoRU zusätzliche und erweiterte Blickwinkel: Der ökumenische Gaststatus entfällt ebenso wie die katholische Trias. Die elementare Wahrheit aus dem Epheserbrief gewinnt nicht nur eine theologische, sondern zusätzlich eine religionsdidaktische Dimension: »Ihr seid nicht mehr Gäste und Fremdlinge, sondern Mitbürger der Heiligen und Gottes Hausgenossen« (Eph 2,19).

KoKoRU – ich gehöre dazu!

Die Schüler*innen im KoKoRU machen die elementare Erfahrung eigener konfessioneller und religiöser Beheimatung wie Entfremdung. Die sich im Anfangsunterricht des 5. Jg. ergebenden Fragen »Wer bin ich? Wer sind die anderen? Gehöre ich dazu?« und die damit anzubahnenden Kompetenzen der Wahrnehmung, Deutung und Beurteilung der Einzigartigkeit der Existenz und Persönlichkeit, die auf Gemeinschaft angewiesen ist, wird ergänzt durch die Anbahnung von konfessioneller und religiöser Differenzsensibilität: Achtsamkeit und Wertschätzung meiner Konfession und der Konfession oder Religion der anderen.

Im Anfangsunterricht des 5. Jg. werden den Schüler*innen im KoKoRU deshalb zusätzlich die *Lernchancen* eröffnet, sich als konfessionell-kooperative Lerngemeinschaft zu konstituieren und darüber hinaus sich selbst als Teil einer interreligiösen Lerngemeinschaft wahrzunehmen. Denn auch am KoKoRU werden Schüler*innen teilnehmen, die Mitglieder einer anderen Religion oder konfessionslos sind und durch Anmeldung am KoKoRU teilnehmen. Mit diesen Lernchancen wird ihnen ermöglicht, die konfessionellen/religiösen Beheimatungen wie Entfremdungen bei sich selbst und bei den anderen Mitgliedern der Lerngruppe zu entdecken, wiederzuentdecken und untereinander zu präsentieren. Neben den für ein solches Unterrichtsvorhaben typischen Möglichkeiten der Beschreibung und Darstellung von Stärken und Schwächen, Familie, Hobbies, Lebensalltag und Freizeitgestaltung usw. gehört die Wahrnehmung des eigenen Persönlichkeitsprofils im Hinblick auf Nähe und Distanz zur eigenen Konfession und dem Leben der Kirchengemeinde oder der eigenen religiösen Gemeinschaft hinzu.

Verlaufsplan

Im Übergang von der Grundschule ist es sinnvoll, im Anfangsunterricht des 5. Jg. im RU noch auf gängige Lernarrangements der Grundschule zurückzugreifen. Für die Plenumsphasen wird deshalb im Klassenraum, wo es möglich ist, ein Erzählkreis für eine gestaltete Mitte gebildet. Die Lernarbeit erfolgt an sechs Thementischen, auf die die Lehrkraft vorbereitete Materialien in Boxen oder Körben stellt. Die Info- und Tippkarten für die Thementische sind laminiert, das Vorlagenmaterial wird in für die Lerngruppe ausreichender Zahl z. T. vergrößert kopiert. Für die Bündelungsphase werden die Selfie-Fotos der Schüler*innen ausgedruckt.

Folgende Materialien werden benötigt:
- Materialien für die Selfie-Schatzkiste (entsprechend der Abbildung auf A1)
- Stifte, Scheren, Klebstoff-Stifte, Filmdosen[3], Briefumschläge, Stoffstifte, Memory-Spiel mit Natur- und Tiermotiven
- Infokarten, Tippkarten und Materialien der Arbeitsblätter A2.1–A2.6.2
- Schuhkartons und Geschenkpapier (von den Schüler*innen mitgebracht)
- Smartphone und Selfie-Stick

Als biblische Ankergeschichte dient die erste Schöpfungserzählung (Gen 1,1–2,4a), die in der Gottesebenbildlichkeit des Menschen sowohl dessen Einmaligkeit und individuelle Würde herausstellt (Gen 1,27), als auch die Verantwortung für die Mit- und Umwelt (Gen 1,28) betont. Im Verlauf des Unterrichtsvorhabens stellt jede*r Schüler*in eine Schatzkiste aus Materialien und Produkten zusammen, die sie*ihn als Persönlichkeit repräsentiert. In die Schatzkiste werden zusätzliche Symbolkarten gelegt, mit denen die Schüler*innen Wissen, Beziehungen, Bindungen wie Distanz zur eigenen Konfession oder Religion zum Ausdruck bringen. Zur Bündelung präsentieren sie ihre Schatzkisten und machen zusammen mit ihnen mit einem Smartphone »Selfies aus Gottes schöner Welt«. Als Evaluationsprodukt entsteht ein Patchwork-Puzzle der konfessionell-kooperativen Lerngemeinschaft.

Einstieg – Diagnoseaufgabe

Die Diagnoseaufgabe zur Beschreibung der eigenen Person beginnt mit der Wahl eines Gegenstands oder Symbols aus dem Bild von **A1**. Wo es möglich ist, hat die Lehrkraft eine eigene Schatzkiste mit den Materialien entsprechend des Bildes vorbereitet und lässt sie durch die Schüler*innen auspacken. Die weitere Bearbeitung erfolgt in der kooperativen Lernform: *(think)* Auf **A1** stellen sich die Schüler*innen in einem Kurzportrait vor und begründen ihre Wahl. *(pair)* Sie stellen sich einem*r Partner*in vor und tauschen ihre Arbeitsblätter aus. *(share)* In der Lerngruppe stellt jeweils ein*e Schüler*in seine/n*ihre/n Partner*in anhand des Arbeitsblattes vor.

Lernaufgaben

1. Phase: Gottes schöne Welt und ich gehöre dazu

Die Lernarbeit wird im Erzählkreis eröffnet, in dem die Lehrkraft die Schöpfungsgeschichte Gen 1,1–2,4 frei mithilfe eines Bodenbildes erzählt.[4] Im Entstehen des Bodenbildes, dessen Elemente aus der gleichen Schatzkiste wie die Symbole aus der Diagnoseaufgabe genommen werden, tauchen die von den Schüler*innen zur Selbstinterpretation gewählten Symbole auf. Am Ende kommen alle Symbole im Schöpfungsbild vor, alle Schüler*innen können sich als von Gott in seiner Schöpfung wertgeschätztes Wesen wahrnehmen: »Und siehe es war sehr gut« (Gen 1,31).

2. Phase: Meine Selfie-Schatzkiste

Zur Vertiefung der Wahrnehmung und Deutung der eigenen Person setzen sich die Schüler*innen an sechs Thementischen mit ihrer religiösen, kulturellen und sozialen Identität auseinander. Die Schüler*innen begreifen und nehmen sich in ihrer Einzigartigkeit und Vielschichtigkeit wahr.

Die Materialien für die Thementische finden sich auf den Arbeitsblättern **A2.1–A2.6.2**. Sinnvoll ist es, die Info- und Tippkarten in unterschiedlichen Farben zu kopieren und zu laminieren.

Die Aufgaben an den Thementischen symbolisieren Aspekte der sieben Schöpfungstage: Vom Licht und Dunkel der Stärken und Schwächen eines jeden, die Wahrnehmung der Um- und Mitwelt, die Wahrnehmung der Individualität, die Verantwortung für die Schöpfung und schließlich die individuellen Möglichkeiten der Ruhe, der Entspannung, dem Spaß an Musik, Bewegung oder Hobby am siebten Tag. Besonders am Thementisch 6 beschäftigen sich die Schüler*innen mit ihrer konfessionellen bzw. religiösen Beheimatung und Entfremdung. Von den Thementischen nehmen sie ein Produkt für ihre persönlich gestaltete Schatzkiste (Schuhkarton) mit, die so ein Portfolio des Lernprozesses darstellt.

Evaluation

Die Schüler*innen erstellen in Zusammenarbeit mit einer*m Partner*in mithilfe des Smartphones und einem Selfie-Stick ein Selbstportrait mit ihrer persönlichen Schatzkiste. Die Evaluation der Selfie-Schatzkisten erfolgt zunächst in einem Museumsgang, bei dem vor allem auch auf die Produkte von Thementisch 6 (»Meine Religion und ich«) geachtet wird. Das abschließende Plenumsgespräch wird vor einer Fotowand geführt, die aus einem Patchwork mit allen Selfie-Fotos der Schüler*innen und den religiösen Bildern und Symbolen von Arbeitsblatt **A2.6.2** unter der Fragestellung initiiert wird: »Ist es gut, dass wir verschieden sind? Was meinst du?«

Anmerkungen

1. »Der Religionsunterricht erprobt unter den unterrichtlichen Voraussetzungen der Schule als ein Angebot an alle die Sprach-, Toleranz- und Dialogfähigkeit christlichen Glaubens in der Gesellschaft«, Kirchenamt der EKD (Hg.): Identität und Verständigung – Standort und Perspektiven des Religionsunterrichts in der Pluralität. Gütersloh 1994, S. 21.
2. Sekretariat der deutschen Bischofskonferenz (Hg.): Die bildende Kraft des Religionsunterrichts – Zur Konfessionalität des katholischen Religionsunterrichts. 1996, S. 50; vgl. dazu die ergänzenden und erweiternden Perspektiven in Bischofskonferenz 2016.
3. Bezugsquelle z. B.: https://www.montessori-material.de (Zugriff am 22.1.19).
4. Eine mögliche Erzählvorlage findet sich z. B. in Karsch, Manfred: Selbstlernkoffer Religion. Göttingen 2017, S. 9 (mit Veränderung und Ergänzung des dort genutzten Bodenbildmaterials).

A1 Die Selfie-Schatzkiste

Eine Lehrerin hat in ihre 5. Klasse zum Schulanfang eine Schatzkiste mitgebracht und stellt sie in den Gesprächskreis. Nacheinander packen die Schülerinnen und Schüler die Schatzkiste aus. Zum Vorschein kommen viele Gegenstände, Zeichen und Symbole, Karten und Bilder.

Die Lehrerin sagt: »Jedes Teil, das in der Schatzkiste liegt, kann ein kleines Zeichen sein, mit dem du dich der neuen Klasse vorstellst. Suche dir einen Gegenstand, ein Bild oder eine Figur aus und nimm ihn oder es mit an deinen Platz.«

AUFGABEN:

1. Überlege: Welchen Gegenstand, welches Bild oder welche Figur möchtest du auswählen? Schreibe deine Wahl in dieses Feld:

2. Schreibe in das zweite Feld einen kleinen Text, mit dem du dich der neuen Klasse vorstellst. Dein Text soll nur aus fünf Sätzen bestehen. Begründe darin auch, warum du diesen Gegenstand aus der Schatzkiste gewählt hast:

Ich heiße ...

Selfies aus Gottes schöner Welt | 11

A2.1 Thementisch 1

Infokarte – Wir sind alle verschieden und doch irgendwie ähnlich

An diesem Thementisch beschäftigst du dich mit Fähigkeiten, die du hast, Dingen oder Hobbies, die du gerne tust oder besonders gut kannst.

Du überlegst aber auch, was du weniger gerne tust oder was dir schwer fällt. So gehst du vor:
1. Material: 2 Figurenvorlagen (Junge/Mädchen), Stifte, Schere, Kleber, Tippkarte (falls nötig)
2. Wähle zwei gleiche Figurenvorlagen.
3. Schreibe auf die gelbe Figur, was du gerne tust und besonders gut kannst.
4. Schreibe auf die blaue Figur, was du weniger gerne tust oder was dir schwerfällt.
5. Schneide beide Vorlagen aus und klebe sie aneinander (so, dass Vor- und Rückseite entstehen).
6. Wenn alle in deiner Gruppe fertig sind, stelle deine Figur einer Partnerin/einem Partner vor.
✓ Nutze die Tippkarte, wenn du ein paar Ideen brauchst. (Aber: Immer erst selbst überlegen!)

Vorlagen

© Katharina Brethauer

Tippkarte – Wir sind alle verschieden und doch irgendwie ähnlich

Hier findest du einige Tipps. Lies und überprüfe, welche Ideen zu dir passen. Vielleicht musst du hier und da noch etwas verändern.
- *Dinge, die viele Kinder gerne tun:* schwimmen, Fußball spielen, reiten, PC oder Playstation zocken, lesen, sich mit Freunden treffen, Streiche spielen …
- *Dinge, die viele Kinder nicht gerne tun:* Hausaufgaben erledigen, im Haushalt helfen, sich streiten, für die Schule lernen …

A2.2 Thementisch 2

Infokarte – Mein Alltagsfilm
An diesem Thementisch stellst du deinen <u>ganz eigenen</u> »Alltagsfilm« dar. Stelle dir dazu folgende Fragen: Was machst du an einem normalen Tag in der Woche? Womit verbringst du deine Zeit? Was muss getan werden? Was ist dir wichtig? So gehst du vor:
1. Material: Vorlage: »Filmstreifen«, Stifte, Schere, Filmdose, Tippkarte (falls nötig)
2. Nimm die Vorlage »Filmstreifen«, schneide beide Streifen aus und klebe sie zusammen.
3. Gestalte deinen eigenen Alltagsfilm, indem du <u>einen</u> typischen Tagesablauf in den Kästchen des Filmstreifens darstellst. Hier kannst du schreiben oder malen.
4. Wenn <u>alle</u> in deiner Gruppe fertig sind, stelle deinen »Alltagsfilm« vor.
✓ Nutze die Tippkarte, wenn du ein paar Ideen brauchst (Aber: Immer erst <u>selbst überlegen</u>!)
✓ Vergiss nicht, deinen Filmstreifen zusammenzurollen und ihn in die Filmdose zu legen.

Filmstreifen

© AngelinG_98/pixabay

Tippkarte – Mein Alltagsfilm
Hier findest du einige Tipps. Lies und überprüfe, welche Ideen zu dir passen. Vielleicht musst du hier und da noch etwas verändern.
Das machen viele Kinder jeden Tag: aufstehen, in die Schule gehen, mit Mama/Papa essen, zum Sport gehen, schlafen/ins Bett gehen, WhatsApp schreiben, frühstücken, sich um die Geschwister kümmern, chillen, SMS schreiben, am Handy sitzen, Fernsehen gucken, das Haustier knuddeln und füttern, Hausaufgaben machen, telefonieren, »zocken«, lernen, sich mit Freunden treffen, streiten …

A2.3 Thementisch 3

Infokarte – Einzigartig wunderbar

An diesem Thementisch setzt du dich in deiner Gruppe mit einem Psalm aus der Bibel auseinander. Leider ist dieser durcheinander geraten. Den Psalm gestaltest du am Ende als Lesezeichen. So gehst du vor:

1. Material: Briefumschlag: »Psalmschnipsel«, Stifte, Vorlage: »Lesezeichen«, Band, Lösungskarte
2. Bringt die Psalmschnipsel in die richtige Reihenfolge und vergleicht das Ergebnis mit der Lösungskarte.
3. Erstelle dein persönliches Lesezeichen, indem du den Psalmsatz in Schönschrift auf dein Lesezeichen überträgst und dieses passend gestaltest.
4. Befestige anschließend ein Stück Band an deinem Lesezeichen.
5. Wenn alle in deiner Gruppe fertig sind, stelle dein Lesezeichen vor.
✓ Nutze die Lösungskarte nur, wenn du ein paar Ideen brauchst. (Aber: Immer erst selbst überlegen!)

Psalmwort-Schnipsel

Ich danke	dir dafür,	dass ich
wunderbar	gemacht bin.	Wunderbar
	sind deine Werke.	

Lesezeichen

Lösungskarte – Einzigartig wunderbar
Ich danke dir dafür, dass ich wunderbar gemacht bin. Wunderbar sind deine Werke. (Psalm 139,14)

A2.4 Thementisch 4

Infokarte – Ein Knoten für mein Schöpfungstaschentuch

An diesem Thementisch erstellst du ein Schöpfungstaschentuch und bindest einen Knoten hinein. Der Knoten soll eine Denkstütze sein: Was kannst du dafür tun, um Gottes schöne Welt zu erhalten? So gehst du vor:

1. Material: Stofftaschentücher (1 pro Person), Satzkarten, Stoffstifte, Tippkarte (falls nötig)
2. Nimm ein Stofftaschentuch und trage mit einem Stoffstift ein, was du tun kannst, um Gottes schöne Welt zu erhalten. Beende dazu einen der Satzanfänge auf den Satzkarten.
3. Danach mache einen Knoten zur Erinnerung in dein Stofftaschentuch.
4. Wenn <u>alle</u> in deiner Gruppe fertig sind, stelle dein Taschentuch <u>mit Begründung</u> vor.
✓ Nutze die Tippkarte, wenn du ein paar Ideen brauchst. (Aber: Immer erst <u>selbst überlegen</u>!)

Satzkarten

> Ich denke ab jetzt auf jeden Fall daran …

> Ich möchte in Zukunft dafür sorgen, dass …

Tippkarte – Ein Knoten für mein Schöpfungstaschentuch

Hier findest du einige Tipps. Lies und überprüfe, welche Ideen zu dir passen. Vielleicht musst du hier und da noch etwas verändern.

- Ich möchte in Zukunft dafür sorgen, dass … ich mich besser um mein Kaninchen kümmere.
- Ich denke ab jetzt auf jeden Fall daran … den Müll nicht mehr einfach in die Ecke zu werfen. Dafür ist diese Welt einfach zu schön.

A2.5 Thementisch 5

Infokarte – »Memory mal anders – in Gottes schöner Welt«

An diesem Thementisch spielst du gemeinsam mit deiner Gruppe ein verändertes Schöpfungs-Memory. Im Anschluss darfst du deine eigene Memory-Karte gestalten. So gehst du vor:

1. Material: »Memory-Spiel«, Satzanfangskarten, Stifte, Vorlage: »Meine Memory-Karte«, Tippkarte (falls nötig)
2. Ihr habt zwei Stapel Memory-Karten. Ein Stapel wird in der Tischmitte platziert. Die Karten des anderen Stapels verteilt ihr an die Mitspielenden.
3. Der/die Jüngste beginnt und zieht eine Karte vom Stapel in der Mitte. Er/sie beschreibt den Gegenstand/das Lebewesen in der Ich-Form. Dazu darf er/sie nur die Satzanfangskarten benutzen und den Gegenstand/das Lebewesen nicht nennen.
4. Die Mitspielenden versuchen den beschriebenen Gegenstand/das Lebewesen unter ihren eigenen Karten wiederzufinden. Ist sie dabei, wird die Karte beiseitegelegt.
5. Das Spiel ist beendet, wenn jede/r drei Gegenstände/Lebewesen wiedererkannt hat.

✓ Ist die gezogene Karte ein eigenes Paar, wird sie zurück unter den Stapel gelegt (z. B. Reh–Reh).

1. Gestalte jetzt deine eigene Memory-Karte und zeichne etwas, das dir besonders wertvoll ist.
2. Benutze dazu die Vorlage: »Meine Memory-Karte« und begründe auf der Rückseite, warum du gerade diesen Gegenstand/dieses Lebewesen ausgewählt hast.

✓ Nutze die Tippkarte, wenn du ein paar Ideen für die Vorlage »Meine Memory-Karte« brauchst.

Meine Memory-Karte

Satzkarten

Ich bin wunderbar gemacht, weil …

Geschenkt wurde mir die Fähigkeit …

Einzigartig ist an mir …

Tippkarte – »Memory mal anderes – in Gottes schöner Welt«

Hier findest du einige Tipps. Lies und überprüfe, welche Ideen zu dir passen. Vielleicht musst du hier und da noch etwas verändern.

- *Das könntest du zeichnen:* dich selbst oder dein Haustier, Oma oder gute Freunde, einen wertvollen Gegenstand (eine Muschel aus dem letzten Sommerurlaub), eine besondere Situation (z. B. ein toller Sonnenuntergang) …
- *Mögliche Begründungen:*
  - »Meine Oma ist ein besonderes Geschenk. Sie steht mir immer zur Seite.«
  - »Der Sonnenuntergang im Urlaub hat mir gezeigt, wie super Gottes schöne Welt gemacht ist.«
  - »Mein Dackel Struppi ist einfach der Beste. Mit ihm habe ich immer viel Spaß.«

A2.6.1 Thementisch 6

Infokarte – Meine Religion und ich
An diesem Thementisch setzt du dich mit verschiedenen Symbolen aus unterschiedlichen Religionen auseinander und überlegst, wo du dich wiederfindest. So gehst du vor:
1. Material: Bilder, Wendekarte, Stifte, Tippkarte (falls nötig)
2. Nehmt euch die Bilder, schaut sie euch in Ruhe an und überlegt, ob ihr zu einem dieser Bilder etwas erzählen könnt. Tauscht eure Geschichten und eure Ideen gegenseitig aus.
3. Entscheide, welches Bild am besten zu deiner Religion und zu dir passt. Zeichne es vorne auf deine Karte (du kannst auch gerne noch etwas dazu malen).
4. Beende den Satzanfang auf der Rückseite der Karte.
5. Wenn alle in deiner Gruppe fertig sind, stelle dein ausgewähltes Bild vor.
✓ Nutze die Tippkarte, wenn du ein paar Ideen brauchst. (Aber: Immer erst selbst überlegen!)
✓ Wenn du kein passendes Bild findest, darfst du dir gerne selbst ein passendes ausdenken.

Wendekarte

Mein Bild:	Ich habe dieses Bild ausgewählt, weil …

Tippkarte – Meine Religion und ich
Hier findest du einige Tipps. Lies und überprüfe, welche Ideen zu dir passen. Vielleicht musst du hier und da noch etwas verändern.
Auswahl eines Bildes:
- Gibt es ein Bild, das dir schon mal begegnet ist? Wenn ja, weißt du noch wo?
- Gibt es ein Bild, das dir zum Thema Religion besonders gut gefällt? Wenn ja, warum?
- Gibt es Bilder, mit denen du gar nichts anfangen kannst? Dann wähle diese nicht!

A2.6.2 Thementisch 6 – Meine Religion und ich

18 | Selfies aus Gottes schöner Welt

B Wege zur Bibel finden

Vanessa Usling / Manfred Karsch

Religionspädagogischer Kommentar – konfessionelle Perspektiven – Lernchancen

Traditionsprinzip vs. Schriftprinzip?

»Verstehst du auch, was du liest?« So fragt der Apostel Philippus den Finanzminister aus Äthiopien und dieser antwortet: »Wie kann ich, wenn mich nicht jemand anleitet?« (Apg 8,30–31). Nach erfolgreicher Bibelauslegung durch Philippus kommt der Äthiopier zum Glauben und lässt sich taufen. Folgt man den Lehraussagen der beiden Kirchen, so zählt nicht die Frage nach der besonderen Bedeutung der Bibel als Urquelle des Glaubens zu den konfessionstrennenden Themen, sondern eher genau diese hermeneutische Frage: Wie kann die Bibel verstanden werden und wer kann sie entsprechend auslegen?

Das Traditionsprinzip als *katholische Perspektive* zum Thema Bibel stellt kirchliche Lehraussagen oder Dogmen nicht über die Bibel, sondern nimmt für das kirchliche Lehramt, Papst und Bischöfe, in Anspruch, eine verbindliche Auslegung der Bibel zu liefern: »Die Aufgabe aber, das geschriebene oder überlieferte Wort Gottes verbindlich zu erklären, ist nur dem lebendigen Lehramt der Kirche anvertraut, dessen Vollmacht im Namen Jesu Christi ausgeübt wird. Das Lehramt ist nicht über dem Wort Gottes, sondern dient ihm […].«[1]

Demgegenüber reicht aus *evangelischer Perspektive* die Bibel als Norm für die Verkündigung Gottes aus. Die Bibel ist quasi selbsterklärend. In lutherischer Tradition hält die Evangelische Kirche »keine menschliche und kirchliche Instanz für fähig, irrtumsfreie und unfehlbare Aussagen über den Glauben zu machen«[2]. Es gibt kein oberstes Lehramt, das unfehlbare Lehrsätze verkündet, vielmehr wurde das Prinzip sola scriptura – allein die Schrift – zu einem der Eckpfeiler der Reformation.

Evangelische Christ*innen befürchten, dass der Dreiklang von »Schrift, Überlieferung und Lehramt« dazu führen könne, dass die Autorität der Heiligen Schrift zugunsten der päpstlichen Autorität geschmälert werde. Aus Katholischer Perspektive wird hingegen gegen die evangelische Zentralisierung auf die Bibel eingewendet, dass die subjektive, individuelle und liberale Auslegung der Bibel zur Beliebigkeit und Orientierungslosigkeit führe. Es bleibe somit unklar, was in der Kirche gelte.

Wie viele Bücher hat die Bibel?

Unbestritten in beiden Konfessionen ist die Tatsache, dass die Kanonisierung der Bibel (beim Alten Testament unter Rückgriff der jüdischen Kanonisierungsarbeit) ein Werk der Kirche der ersten Jahrhunderte ist, ein Einigungswerk, mit dem neben Bischofsamt und Glaubensbekenntnis häretische Auslegungen des Glaubens ausgegrenzt wurden.

Das reformatorische Prinzip der sola scriptura hinderte Martin Luther allerdings nicht daran, grundlegend in den alttestamentlichen Kanon einzugreifen: Sieben Bücher werden von ihm aus dem AT-Kanon entfernt: das Buch der Weisheit, das Buch Jesus Sirach, das Buch Baruch, das Buch Judith, das Buch Tobit und das erste und zweite Makkabäerbuch.[3] Die Bibelausgaben der Katholischen Kirche enthalten daher eine Reihe von Schriften, die in Ausgaben der Lutherbibel als Apokryphen oder Spätschriften des Alten Testaments bezeichnet werden und in einem selbstständigen Teil am Ende des Alten Testaments zusammengestellt sind. Luther strich diese Bücher vor allem aufgrund seiner christologischen Auslegung der Bibel: »was Christum treibet«[4].

Das Thema Bibel im KoKoRU birgt angesichts der unterschiedlichen Sichtweisen auf die Bibel und ihre Auslegung interkonfessionellen Konfliktstoff, der von der Lehrkraft differenzsensibel wahrgenommen werden muss.

Die Bibel – ein Sammelband von Märchen?

Nach der Grundschule haben fast alle nicht religiös sozialisierten Kinder die Vorstellung, dass die Bibel ein Sammelband von Märchen, Fabeln oder von Texten ist, die antiquiert und kompliziert anmuten.[5] Dieses Fazit, das Noemi Bravená zu ihrem Unterrichtsprojekt »Die Bibel als literarisches Schriftdenkmal« an einer tschechischen Schule veranlasst hat, kann auch für viele Schüler*innen des 5./6. Jg. in Deutschland vorausgesetzt werden. Die Lernausgangslage der konfessionell-kooperativen Lerngruppe wird sich unabhängig von kirchlicher Beheimatung oder Entfremdung als heterogen im Hinblick auf Kenntnisse biblischer Geschichten und den Umgang mit der Bibel erweisen. Im Anfangsunterricht des RU im Übergang zur Sek I steht deshalb oft eine Einführung in die Bibel, für die bereits eine Fülle von Material veröffentlicht wurde. Das hier vorgestellte Unterrichtsvorhaben ist deshalb als ein Modul konzipiert, das für eine konfessionell-kooperative Lerngruppe in eine solche Einführung in die Bibel integriert werden kann. Die Schüler*innen erhalten die *Lernchance*, Entdeckungen an den konfessionsspezifischen Bibelausgaben zu machen und die Unterschiede wertschätzend zu beurteilen. Ziel ist es, dass die Schüler*innen vor dem Hintergrund des reformatorischen Gottesbildes den unterschiedlichen Bestand der biblischen Bibliotheken wahrnehmen, verstehen und bewerten sowie die Beweggründe Luthers bei der Bücherauswahl an einem Beispiel in Ansätzen nachvollziehen können.

Verlaufsplan

Einstieg – Diagnoseaufgabe

Da Wissen zum Aufbau der Bibel bei den Schüler*innen nicht erwartet werden kann, setzen sie sich mit der Diagnoseaufgabe in **B1** mit Bildern zu einer klassischen Bibliothek auseinander. Sie erfassen deren Funktion und transferieren das Ergebnis auf die Bibel als Bibliothek.[6] Die Schüler*innen erfassen, dass eine Bibliothek wichtige Informationen sammelt, ordnet, bewahrt und verfügbar macht. Nach einer die Aufgaben einer Bibliothek wahrnehmenden Einzelarbeit tauschen sich die Schüler*innen in Partnerarbeit über ihre Beobachtungen aus, versprachlichen gemeinsam die Funktion einer Bibliothek und beziehen ihre Ergebnisse auf die Bibel. Hierbei sollen sie in die Bibel schauen, um eine Antwort zu erhalten. Für schnelle Gruppen wird im Sinne der Binnendifferenzierung das additive Arbeitsblatt **B2** ausgeteilt, das zur Kompensation der Lerntempi Wissen über Bibliotheken bereitstellt. Die Schüler*innen referieren dieses Wissen in der Sicherungsphase.

Zur Auswertung der Diagnoseaufgabe werden Ergebnisse und Fragen in einem Frage-Antwort-Speicher zur Bibel als Bibliothek gesammelt und durch weiteres Vorwissen über die Bibel ergänzt.

Lernaufgaben

1. Phase: Unterschiede in den Bibelausgaben entdecken

Die Schüler*innen erarbeiten kontrastiv die Inhalte der Bibeln beider Konfessionen. In der Klasse stehen beide Ausgaben in mehreren Exemplaren zur Verfügung. Die Schüler*innen tragen ihre Ergebnisse in **B3.1/B3.2** ein und werten ihre Ergebnisse aus der arbeitsteiligen Einzelarbeit in einer Partnerarbeit aus.

2. Phase: Gründe für Unterschiede deuten und beurteilen

Die Schüler*innen untersuchen Gründe und Ursachen der konfessionellen Unterschiede der Bibelausgaben in der reformatorischen Erkenntnis Martin Luthers. Dazu erarbeiten sie das lutherische Gottesbild anhand der Parabel vom verlorenen Sohn (Lk 15,11–32) Diese Parabel fokussiert die verwandelnde Güte Gottes. Die Schüler*innen nehmen in der überraschenden Reaktion des Vaters dieses gütige Handeln wahr. Da es wahrscheinlich ist, dass sie diese Parabel aus der Primarstufe kennen, wird in **B4.1** mit einer verfremdeten und modernisierten Textvorlage gearbeitet: Die Schüler*innen gestalten in einem Rollenspiel ihre Erwartungen zur Rückkehr des verlorenen Sohns. Im Anschluss werden die Rollenspiele, die vermutlich einen wütenden Vater zeigen, mit dem Original-Ende in **B4.2** kontrastiert und thematisiert.

Evaluation

Die Anwendungsaufgabe auf **B5** soll abschließend an einem Ausschnitt des Buches Tobit, das Luther zu den alttestamentlichen Apokryphen gerechnet hat, gelingen. Die Schüler*innen vergleichen die Vätergestalten aus der Parabel und dem Buch Tobit und entwickeln daraus eigene Vermutungen, warum Luther diese Geschichte aus dem AT-Kanon gestrichen hat. Gemeinsam wird über die Rechtmäßigkeit eines solches Vorgehens in einem Pro-und-Contra-Gespräch diskutiert.

Anmerkungen

1 http://www.vatican.va/archive/hist_councils/ii_vatican_council/documents/vat-ii_const_19651118_dei-verbum_ge.html (Zugriff am 22.1.19).
2 Frieling, Reinhard: Katholisch und Evangelisch. Informationen über den Glauben. Göttingen 2006, S. 20.
3 Martin Luther hat die übrigen Schriften aus der Vulgata (Apokryphen) nicht in seine Übersetzung aufgenommen und sieht sie auch nicht den übrigen Büchern der Bibel gleichgestellt.
4 https://www.bibelwissenschaft.de/wibilex/lexikon/sachwort/anzeigen/details/luther-martin-at/ch/096b73dea059367db64121980f613a25/ (Zugriff am 22.1.19).
5 Bravená, Noemi: Die Bibel als literarisches Schriftdenkmal. In: Büttner, Gerhard u. a. (Hg.): Heterogenität im Klassenzimmer. Jahrbuch für konstruktivistische Religionsdidaktik Bd. 9. Babenhausen, S. 134. Das vorliegende Unterrichtsvorhaben nutzt die Idee des Lernarrangements, das Bravená dokumentiert.
6 Vgl. Bravená, 136.

B1 Welche Aufgaben haben Bibliotheken?

AUFGABEN:
1. Sieh dir die Bilder ganz genau an. Was fällt dir auf, wenn du die Bücher in den Regalen anschaust?
2. Überlege, warum es Bibliotheken gibt. Welche Aufgaben haben Bibliotheken?
3. Tausche dich mit einem Partner/einer Partnerin aus. Schreibt eure Beobachtungen in ganzen Sätzen auf. Wenn Ihr fertig seid, findet gemeinsam eine Antwort auf folgende Frage: »Warum wird über die Bibel gesagt, dass sie eine Bibliothek ist«? (Ihr könnt euch eine Bibel nehmen und nachschauen.) Schreibt eure Antwort auf.

Wege zur Bibel finden | 21

B2 Wissenswertes über Bibliotheken

Eine Bibliothek oder Bücherei ist eine _ _ _ _ _ _ _ _ von sehr vielen Büchern. Das Wort »Bibliothek« stammt aus der griechischen Sprache und bedeutet so viel wie »Buch-Behälter«. Heute sind in einer Bibliothek meistens auch andere Medien zu finden wie beispielsweise Zeitungen und _ _ _ _ _ _ _ _ _ _ _ _ _, E-Bücher oder E-Books, DVDs oder CDs.

5 Es gibt unterschiedlich große Bibliotheken. Manche Stadtbüchereien, die entweder für die Menschen in einer kleineren Stadt oder nur für einen Stadtteil in einer größeren Stadt da sind, haben einige 10.000 Bücher. Sehr große Bibliotheken bieten mehrere _ _ _ _ _ _ _ _ Bücher an. Aber auch _ _ _ _ _ _ _ _ _ _ _ _ haben Bibliotheken mit bestimmten Fachbüchern, die vor allem für die Studentinnen und Studenten und Professorinnen und Professoren gedacht sind.

10 Damit man die Bücher und die anderen Medien nutzen kann, muss man meist einen bestimmten Betrag im Monat oder im Jahr bezahlen. Mit seinem _ _ _ _ _ _ _ _ _ _ _ _ _ _ _ darf man dann eine bestimmte Anzahl an _ _ _ _ _ _ ausleihen und mit nach Hause nehmen. Man kann die Zeit, in der man sie nutzen darf, die Ausleihzeit, verlängern. Allerdings hängt das davon ab, ob auch andere Menschen das Buch lesen möchten.

15 Bibliotheken haben eine uralte _ _ _ _ _ _ _ _ _ _. Als erste bedeutende Bibliothek gilt die des assyrischen Königs _ _ _ _ _ _ _ _ _ _ _ (668–627 v. Chr.) in Ninive. Sie war eine _ _ _ _ _ _ _ _ _ _ _ _ _ _ _ und stand nur den Hofleuten zur Verfügung. Im Alten Ägypten waren Bibliotheken meist im Umkreis von Tempeln zu finden.

In _ _ _ _ _ _ _ _ _ _ _ entstand die erste öffentliche Bibliothek vor etwa 190
20 _ _ _ _ _ _, nämlich im Jahr 1828, in Sachsen.

AUFGABEN:

1. Setze an der richtigen Stelle eines der folgenden Worte ein:

   Deutschland | Assurbanipal | Sammlung | Millionen | Palastbibliothek | Zeitschriften | Medien | Jahren | Universitäten | Geschichte | Benutzerausweis

2. Markiere die wichtigsten Informationen, sodass du sie einem Partner oder einer Partnerin erzählen kannst.
3. Wenn du noch Zeit hast, übe deinen Kurzvortrag.

B3.1 Eine evangelische Bibel

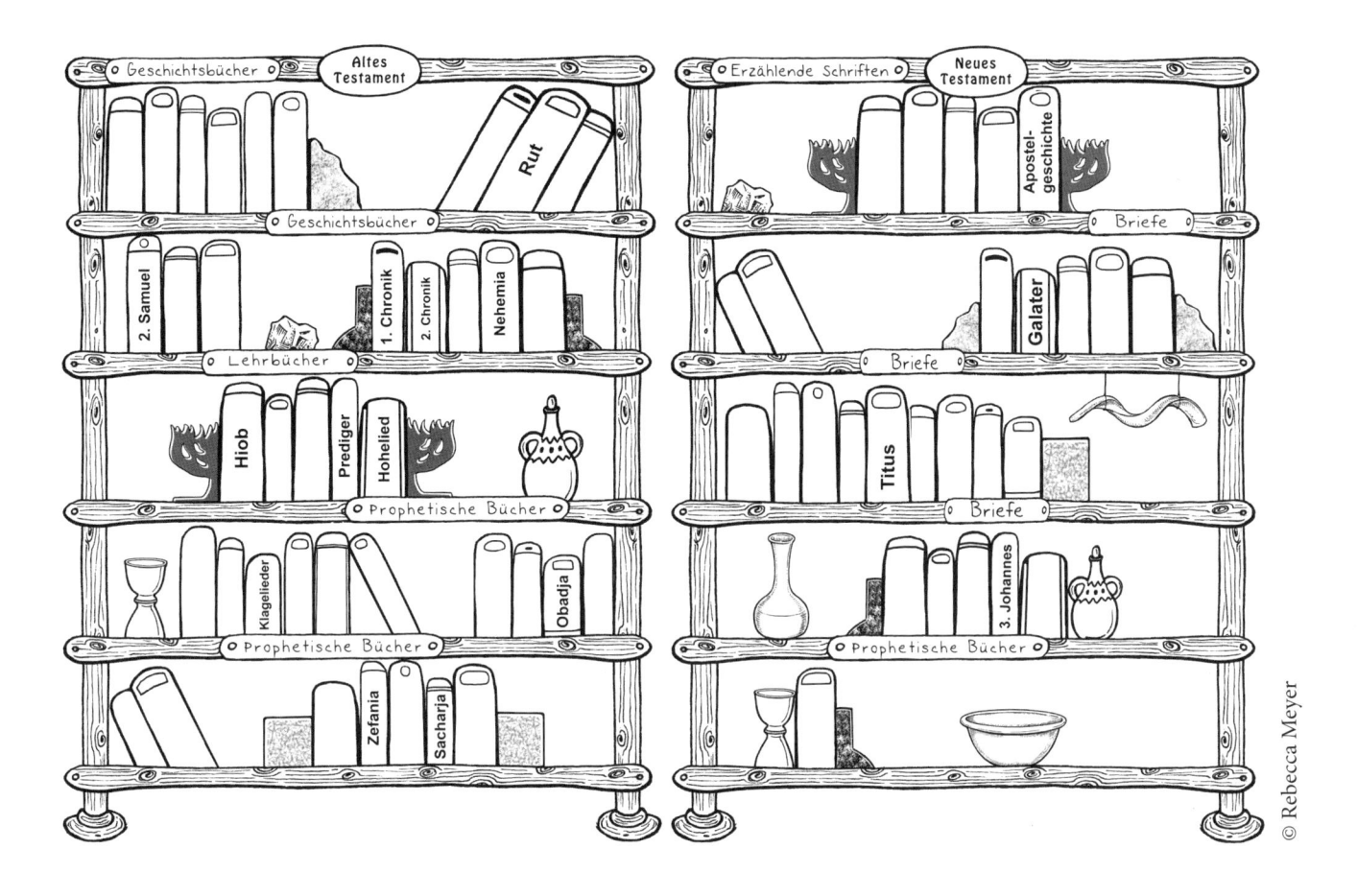

AUFGABEN:

1. Die Bibel ist wie eine Bibliothek. Sieh dir das Regal ganz genau an. Einige Bücher fehlen! Nimm dir eine evangelische Bibel und trage Sie nach.
2. Tausche dich mit einem Partner/einer Partnerin aus, der/die eine katholische Bibel untersucht hat.
3. Wenn ihr fertig seid, vergleicht das »evangelische Regal« mit dem Inhalt des »katholischen Regals«. Was fällt euch auf? Nutzt dabei euer Wissen, dass ihr von einer Bibliothek habt. Schreibt eure Beobachtungen auf.

Wege zur Bibel finden | 23

B3.2 Eine katholische Bibel

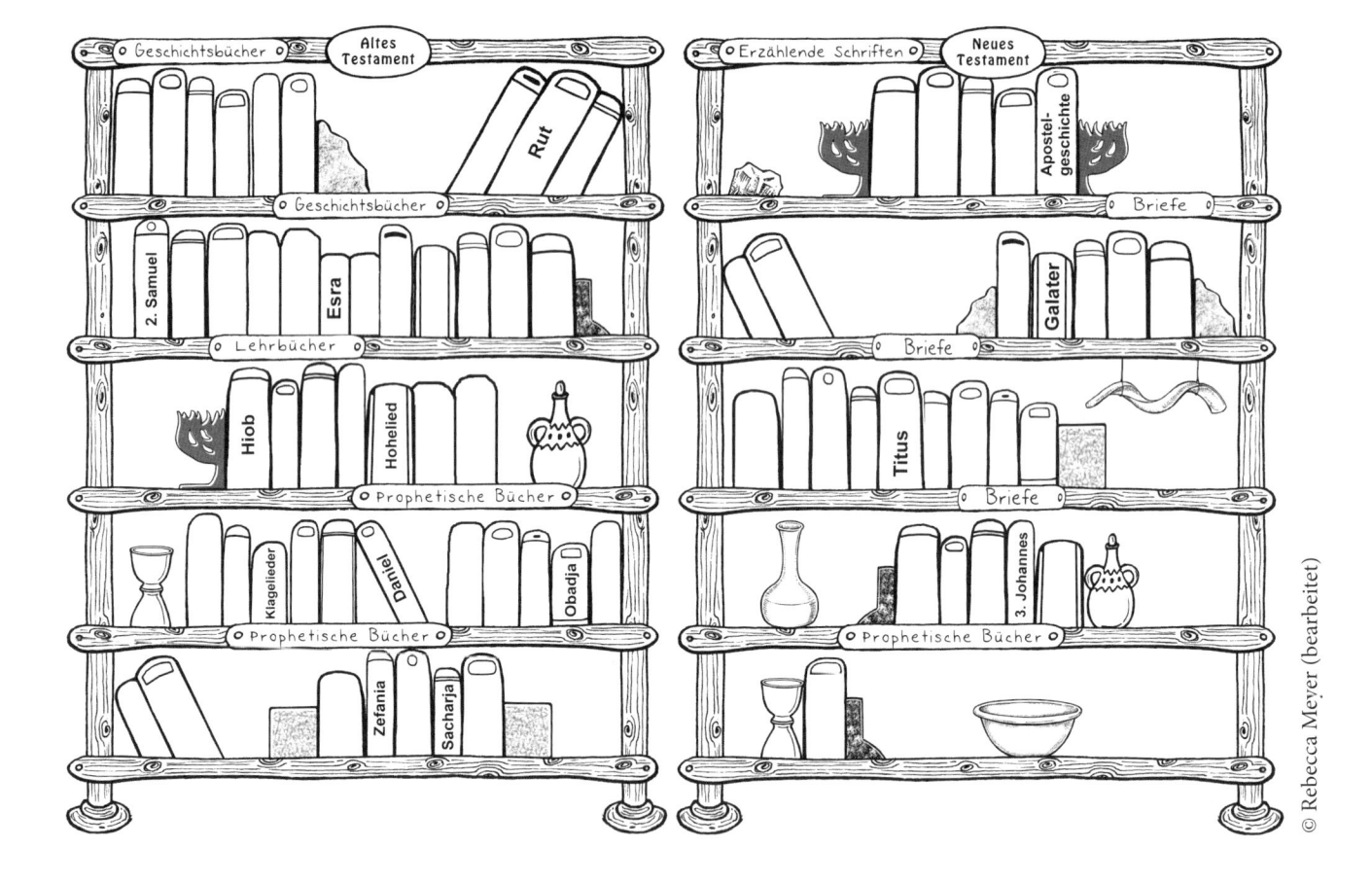

AUFGABEN:

1. Die Bibel ist wie eine Bibliothek. Sieh dir das Regal ganz genau an. Einige Bücher fehlen! Nimm dir eine katholische Bibel und trage Sie nach.
2. Tausche dich mit einem Partner/einer Partnerin aus, der/die eine evangelische Bibel untersucht hat.
3. Wenn ihr fertig seid, vergleicht das »katholische Regal« mit dem Inhalt des »evangelischen Regals«. Was fällt euch auf? Nutzt dabei euer Wissen, dass ihr von einer Bibliothek habt. Schreibt eure Beobachtungen auf.

24 | Wege zur Bibel finden

B4.1 Finn und sein Vater

Ein Vater lebt mit seinen zwei Söhnen in einer mittelgroßen Stadt. Finn, der jüngere, ist gerade 14 geworden und hat eigene Pläne. Daher fordert er: »Vater, ich schmeiß die Schule. Ich will hier weg. Gib mir mein Erbe, das Geld, das ich bekommen hätte, wenn Du tot bist!« Ohne weitere Fragen gibt der Vater seinem Sohn das Geld. Nach wenigen Tagen packt der jüngere Sohn alles zusammen, verlässt sein Elternhaus und zieht in eine teure Luxuswohnung. In der nächsten Zeit besucht er viele Partys, kauft viele teure Dinge, kurz: Er gibt das ganze Geld aus. Schnell ist das Geld fast aufgebraucht und er hat nicht mal welches, um sich etwas zu essen zu kaufen.

Da versucht er Arbeit zu finden. Er drängt sich einem Bauern auf und bittet ihn, dass er auf seine Schweine aufpassen könne. Sein Hunger ist mittlerweile so groß, dass er selbst das Futter der Schweine essen würde, wenn man ihm etwas davon anbieten würde. Als er im Schweinestall steht, überlegt er: »Mein Vater hat so viele Angestellte und sie verdienen so viel Geld und ich komme hier vor Hunger um! Ich werde zurück zu meinem Vater gehen und ihm sagen, dass ich mich falsch verhalten habe!« Dann bricht er auf und geht zu seinem Vater …

AUFGABEN:
1. Bildet Kleingruppen zu vier Personen.
2. Überlegt gemeinsam: Wie kann die Geschichte weitergehen?
3. Überlegt, wie der Vater und der ältere Sohn auf die Rückkehr von Finn reagieren werden.
4. Probt das Ende eurer Geschichte als Rollenspiel und spielt es vor der ganzen Lerngruppe vor.

B4.2 Reagiert der Vater richtig?

Der Vater sieht Finn schon von Weitem kommen und er hat _____ mit ihm. Er läuft dem Sohn entgegen, fällt ihm um den Hals und küsst ihn. Da sagt Finn zu ihm: »Vater, ich habe mich furchtbar _____ verhalten; ich bin es nicht mehr wert, dein Sohn zu sein.«

Der Vater aber sagt zu seinen Angestellten: »Holt schnell einen feinen _____ und zieht ihn ihm an, steckt einen Ring an seine Hand und gebt ihm Schuhe an die Füße! Bereitet einen großen Braten zu; wir wollen essen und fröhlich sein. Denn mein Sohn war _____ und lebt wieder; er war verloren und ist wiedergefunden worden.« Und sie beginnen, ein Fest zu feiern.

Der _____ war nicht zu Hause. Als er heimkommt und in der Nähe des Hauses ist, hört er Musik und Tanz. Er ruft einen Angestellten und fragt, was das bedeuten solle. Der Angestellte antwortet ihm: »Dein Bruder ist gekommen und Dein Vater hat ein großes _____ gefeiert, weil er ihn gesund wiederbekommen hat.« Da wird er _____ und will nicht hineingehen. Sein Vater aber kommt heraus und redet ihm gut zu. Doch er erwidert seinem Vater: »So viele Jahre helfe ich Dir und habe mich immer gut verhalten. Ich konnte nie ein so großes Fest feiern. Kaum aber ist der hier gekommen, Dein Sohn, der Dein Geld verschleudert hat, da gibt es ein riesiges Fest!«

Der Vater antwortet ihm: »Mein Kind, Du bist immer bei mir und alles, was mein ist, ist auch Dein. Aber man muss doch ein Fest feiern und sich _____; denn Dein Bruder war tot und lebt wieder; er war verloren und ist wieder zurückgekommen.«

AUFGABEN:

1. Bitte an der richtigen Stelle einsetzen:

   freuen | zornig | falsch | Bruder | Anzug | Mitleid | Fest | tot

2. Lies das Ende der Geschichte erneut. Welcher der untenstehenden Äußerungen stimmst du zu? Begründe deine Auswahl.

- Es ist beeindruckend, dass der Vater seinem Sohn verziehen hat.
- Wenn das so ist, dann kann man ja machen, was man will!
- Er ist ein Lügner. Ich glaube nicht, dass es ihm leid tut. Der hat doch bloß Schiss!
- Egal, was er gemacht hat. Eltern lieben ihre Kinder.
- Es war sicher nicht leicht für Finn, nach Hause zurückzukehren.

B5 Gehört das Buch Tobit in die Bibel?

In der katholischen Bibel stehen im Alten Testament 46 Bücher, in der evangelischen Bibel sind es nur 39 Bücher. Martin Luther hat 7 Bücher einfach weggelassen. Darunter auch das Buch Tobit, in dem die folgende Geschichte steht:

Ein Mann mit Namen Tobit hat einen Sohn. Der heißt Tobias. Bevor Tobit stirbt, gibt er seinem Sohn Tobias den Rat:

Setze mich würdig bei! Ehre deine Mutter und verlass sie nie, solange sie lebt. Tu, was ihr gefällt, und betrübe in keiner Sache ihr Gemüt! Denk daran, Kind, dass sie während ihrer Schwangerschaft deinetwegen viele Gefahren ausgestanden hat! Wenn sie gestorben ist, setze sie neben mir im gleichen Grab bei! Alle deine Tage, Kind, gedenke des Herrn! Hüte dich, zu sündigen und seine Gebote zu übertreten! Vollbringe alle Tage deines Lebens gerechte Taten und wandle nicht auf den Wegen des Unrechts! Denn wer die Wahrheit tut, wird mit seinen Werken zu gutem Erfolg geführt. Tu für alle, die die Gerechtigkeit tun, Almosen aus dem, was du hast! Wende dein Angesicht von keinem Armen ab, dann wird sich Gottes Angesicht nicht von dir abwenden! […]

Gib Acht auf dich, Kind, bei allem, was du tust, und erweise dich wohl erzogen in deinem ganzen Verhalten! Was du hasst, das tu niemand anderem an! Auf deinem ganzen Weg soll Böses nicht mit dir ziehen!

Von deinem Brot gib dem Hungernden und von deinen Kleidern den Nackten! Von allem, was du im Überfluss hast, gib Almosen, Kind! Dein Auge blicke nicht neidisch, wenn du Almosen gibst!

Zu jeder Zeit preise Gott und bitte ihn, dass deine Wege gerade seien und deine Pfade zum Erfolg führen! Denn kein einziges Volk besitzt guten Rat, sondern der Herr wird ihnen guten Rat geben. Wen er will, den erniedrigt der Herr hinab bis zur tiefsten Unterwelt.

Fürchte dich nicht, Kind, dass wir arm geworden sind! Viele Güter hast du, wenn du Gott fürchtest, vor jeder Sünde fliehst und vor dem Herrn, deinem Gott, Gutes tust.

Tobit, 4,3–6.14–16.19.21

AUFGABEN:
1. Lies die Geschichte und vergleiche sie mit der Geschichte vom Vater und seinen beiden Söhnen.
2. Suche dir eine Partnerin oder einen Partner. Verfasst gemeinsam einen Dialog: Die beiden Väter – der Vater von Finn und Tobit, der Vater von Tobias – unterhalten sich über ihre Söhne. Was ist ihnen wichtig? Was sollen ihre Söhne tun, damit sie ihrem Vater gefallen?

Martin Luther war es wichtig zu betonen, dass Gott ein liebender Vater ist. Gott verzeiht und liebt, ohne dass Menschen etwas dafür tun müssen. Er wollte, dass die Menschen vor allem diese gute Nachricht in den Büchern der Bibel lesen. So hat er die Bibel zusammengestellt.

3. Stell dir vor, du bist Martin Luther. Du entscheidest, welche Bücher in die evangelische Bibliothek sollen. Begründe für dieses Buch, ob du es aufnimmst oder nicht.
4. Überlege mit deiner Partnerin/deinem Partner: Hat Martin Luther das Recht, einfach sieben Bücher aus dem Alten Testament wegzulassen? Sammelt gemeinsam Gründe für und gegen dieses Vorgehen.

C Feiertage – Christ*innen erinnern sich

Heimke Himstedt-Keliny / Julia Schäfers

Religionspädagogischer Kommentar – konfessionelle Perspektiven – Lernchancen

Kirchenjahr als christliche Erinnerungskultur

»Grüße aus dem Kirchenjahr« – so titelt das Magazin zum EKD-Themenjahr 2018.[1] Mit diesem Thema möchte die EKD auf eine Kultur des Erinnerns christlicher Glaubensinhalte aufmerksam machen, die unter den anderen Rhythmen des Jahreslaufs drohen, in Vergessenheit zu geraten: »[D]ie kirchlichen Feiertage gehören zu den fundamentalen Beiträgen des Christentums zur Kultur unserer Gesellschaft. In ihrer humanisierenden Funktion sind sie eine Chance für eine Gesellschaft im Wandel und dienen der Gesellschaft im Ganzen. Sie sind kein Überbleibsel einer vergangenen Epoche [...]. Sie bieten einen Raum, sich die wichtigen und entscheidenden Fragen bewusst zu machen: Wer bin ich? Wohin gehe ich? Aus welcher Quelle lebe ich? Wofür lohnt es sich zu leben? Sie bieten ebenso Raum für herausgehobene, festlich gestaltete Begegnungen mit anderen.«[2] Das Kirchenjahr – oder das liturgischen Jahr, wie es die katholische Kirche nennt – durchläuft in einer Abfolge von Festen und Festzeiten die wesentlichen Inhalte des christlichen Glaubens. Das Kirchenjahr ist Teil einer christlichen Erinnerungskultur, zu der ebenso die Zeichen (z. B. Kreuz, Taube), die Orte (z. B. Kirche, Friedhof) und die Personen (z. B. Jesus, Maria) gehören. Mit ihnen und an ihnen vergewissern sich Christ*innen ihrer Identität. Gerade die Fest- und Feiertage sind jene »Hoch«-Zeiten des Jahres, an denen in früherer Zeit Inhalte des Glaubens gesellschaftliche Relevanz erhielten. Wenn aktuell aber Nachrichtensendungen und Tageszeitungen in kurzen Leitartikeln die Bedeutung dieser Feste für ihre Zuschauer und Leserinnen erst in Erinnerung rufen müssen, deutet sich der Bedeutungsverlust des Kirchenjahres und seiner Festzeiten an. »*Der gesellschaftliche Wandel hat aber selbst wiederum Auswirkungen auf den Umgang auch vieler Christinnen und Christen mit den kirchlichen Feiertagen. Einer grundsätzlichen Verbundenheit steht bisweilen eine geringer werdende Kenntnis der religiösen und kulturellen Bedeutung dieser Tage gegenüber. Viele sind verlegen und wissen nicht, wie sie diese Tage feiern und gestalten sollen.*«[3]

Und was feierst du so?

Religionslehrer*innen müssen sich immer mehr der Herausforderung stellen, »[...] dass das Wissen um den religiös-biblischen Hintergrund der Feste abnimmt.«[4] Schüler*innen leben nicht mehr im Rhythmus des Kirchenjahres, sondern besonders im Rhythmus des Schuljahres, das zwischen Lern- und Ferienzeiten unterscheiden lässt. Die kirchlichen Hauptfeste markieren schulische Ferienanlässe. Für die Schüler*innen und ihre Familien zählen jedoch oft nur die freien Tage, die meist ohne religiösen Bezug gelebt werden. Daher ist es eine wichtige Aufgabe des KoKoRU, das Kirchenjahr mit seinen biblisch-christlichen Wurzeln in den Blick zu nehmen. Neben vielen Gemeinsamkeiten im evangelischen und katholischen Kirchenjahr können dabei auch die konfessionellen Unterschiede thematisiert werden. Da es genügend Materialien und Unterrichtsentwürfe gibt, mit denen ein Gesamtüberblick zum Thema Kirchenjahr erarbeitet werden kann[5], wird in diesem Unterrichtsvorhaben auf eine vollständige Bearbeitung verzichtet. Es geht um das exemplarische konfessionell-kooperative Lernen. Im Sinne der didaktischen Reduktion beschränkt sich dieser Beitrag auf einige ausgewählte Feste des Kirchenjahres, die Gemeinsamkeiten und Unterschiede entdecken lassen.

Lernen, die Perspektive zu wechseln

Im KoKoRU darf der Grundsatz »Gemeinsamkeiten stärken – Unterschieden gerecht werden – Dialogfähigkeit anbahnen« in den Fokus gestellt werden durch Entdeckungen der Schüler*innen an ausgewählten Festzeiten und Feiertagen im Kirchenjahr. Die Schüler*innen erhalten die *Lernchance*, in der *Lernarbeit* konfessionelle Gemeinsamkeiten und Unterschiede wahrzunehmen und die besonderen Feiertage der jeweils anderen Konfession nicht etwa als Abgrenzung zu deuten, sondern als Bereicherung für die eigene konfessionelle Beheimatung zu begreifen. Gerade bei dem Entdecken der konfessionsspezifischen Feiertage kann ein Interesse an der jeweils anderen Konfession geweckt werden. Die Schüler*innen treten in einen differenzsensiblen Dialog mit der gemeinsamen und konfessionsspezifischen Fest- und Feierkultur.

Der konfessionelle Dialog kann der Grundstein für weitere Unterrichtsvorhaben in Bezug auf Feste in anderen Weltreligionen sein. Dies dient zum einen der Stärkung der eigenen religiösen Identität, fördert aber auch das Miteinander in einer multikulturellen Klassengemeinschaft. Die *Evaluationsaufgabe* deutet in der Auseinandersetzung mit Halloween an, dass konfessionell-kooperatives Lernen am Kirchenjahr und seinen Festtagen eine kritische Auseinandersetzung dort anbahnen kann, wo Fest- und Feieranlässe aus anderen kulturellen Zusammenhängen christliche Feiertagskultur verdrängen.

Verlaufsplan

Einstieg – Diagnoseaufgabe

C1 zeigt eine Bildauswahl von neun christlichen Feiertagen. Diese Diagnoseaufgabe, die in einem Dreischritt aus *think – pair – share* bearbeitet wird, bietet den Schüler*innen die Möglichkeit, ihren eigenen Kenntnisstand im Hinblick auf kirchliche Feiertage festzustellen. Sie können persönliche Erinnerungen und Zugänge zu den Feiertagen benennen und einen gemeinsamen Fragenspeicher der Lerngruppe zu den Feiertagen erstellen, der das Unterrichtsvorhaben begleitet, durch weitere Fragen erweitert oder durch Antworten und Lösungsangebote gelöscht wird.

C1 Aufgaben:
1. (Einzelarbeit) Schreibe die Namen der Feiertage, die du kennst, unter die Bilder.
2. (Partnerarbeit) Wer, was oder warum wird da eigentlich gefeiert? Wähle drei Feiertage aus, von denen du einer Partnerin/einem Partner erzählen möchtest.
3. Hast du einen Lieblingsfeiertag? Erzähle deinem*r Partner*in von diesem Tag und beschreibe, was du an diesem Tag besonders gern tust.
4. (Partnerarbeit und Plenum) Zu welchem Bild habt ihr Fragen? Notiert eure Fragen auf einem Zettel und stellt sie in der Lerngruppe vor.

Lernaufgaben

1. Phase: Christliche Feiertage – gemeinsame Erinnerung an Jesus und die Kirche, Gott und seine Welt

Die Schüler*innen erarbeiten sich Informationen zu den Festtagen Weihnachten, Ostern, Pfingsten und Erntedank und bündeln ihre Ergebnisse mithilfe einer Tabelle. Sie recherchieren die aktuellen Daten dieser Festtage. Dabei soll deutlich werden, dass Weihnachten und Ostern an Jesus erinnern, Pfingsten und Erntedank hingegen an Kirche und Schöpfung.

Zur Erschließung dieser Informationen bietet sich die kooperative Lernform des Gruppenpuzzles an. Dazu bilden die Schüler*innen Stammgruppen zu je vier Personen. Jedes Mitglied der Stammgruppe erhält die tabellarische Übersicht auf **C2** für die Eintragung der Gruppenergebnisse. Je ein Mitglied der Stammgruppe erhält einen der Infotexte **C3.1–C3.4.** Nach einer Einzelarbeit werden die Informationen in Expertengruppen zu jeweils einem der Infotexte vertieft und anschließend in den Stammgruppen vorgestellt.

C2/C3.1–C3.4 Aufgaben:
1. (Stammgruppe – Einzelarbeit) Lies den Informationstext zu deinem Festtag. Markiere in Gelb, was an diesem Tag gefeiert wird, in Grün, wie das Fest gefeiert wird und in Blau, wer dieses Fest feiert.
2. (Gruppenarbeit – Expertengruppe) Tauscht euch in der Gruppe aus und tragt die Ergebnisse dann in die entsprechende Tabellenspalte ein.
3. (Gruppenarbeit – Stammgruppe) Als Experten habt ihr nun die Aufgabe, euer Wissen weiterzuvermitteln. Erklärt euch in den Stammgruppen gegenseitig eure Festtage und vervollständigt eure Tabelle. Am Ende dieser Phase sollen alle Gruppenmitglieder über die verschiedenen Festtage informiert sein.
4. Recherchiert im Internet nach den Terminen der Festtage im aktuellen Kalenderjahr und tragt diese Daten in die entsprechende Spalte der Tabelle ein.

---

2. Phase: Das ev./kath. Kirchenjahr – an was und wen sich Christ*innen im Jahreslauf erinnern

Die Schüler*innen vergleichen in einer arbeitsteiligen Partnerarbeit das ev./kath. Kirchenjahr miteinander. Dazu hat die Lehrkraft die kreisförmigen Übersichten über das ev./kath. Kirchenjahr großformatig kopiert.[6] Die Schüler*innen erarbeiten die dazugehörigen Informationen in arbeitsteiliger Einzelarbeit, stellen ihre Ergebnisse in einer Partnerarbeit anhand der jeweilgen Kirchenjahreskreise vor und tragen die Gemeinsamkeiten und Unterschiede in eine Tabelle ein. Vertiefend stellen sie Hypothesen auf, wie die Unterschiede zu erklären sind.

C4/C5.1–C5.2 Aufgaben:
1. (Einzelarbeit) Schaue dir die Übersicht in Kreisform zum evangelischen bzw. zum katholischen Kirchenjahr an und lies den Informationstext.
2. (Partnerarbeit) Stellt euch gegenseitig die Kirchenjahre anhand der Übersichten vor. Entdeckt die Gemeinsamkeiten und Unterschiede im evangelischen und katholischen Kirchenjahr. Schreibt die gemeinsamen Fest- und Feiertage auf und tragt unterschiedliche Fest- und Feiertage in die Tabelle ein.
3. (Partnerarbeit und Plenum) Überlegt gemeinsam: Wie sind die Unterschiede zu erklären? Formuliert dazu Erklärungsansätze.

---

3. Phase: Besondere Feiertage – erinnern an Maria und Martin Luther

Mit **C6.1/C6.2** befassen sich die Schüler*innen arbeitsteilig in Partnerarbeit mit je einer Person, die in einer der beiden Konfessionen und in der jeweiligen Kirchenjahreskultur eine Rolle spielt. Mithilfe einer gelenkten Internetrecherche verfassen die Schüler*innen kriteriengeleitet eigene Lexikonartikel zu Maria – der Mutter Jesu und Gottesmutter – und Martin Luther – dem Reformator. Anschließend tauschen je zwei Partnergruppen in einer Kleingruppe ihre jeweiligen Informationen aus und entwickeln ein fiktives Interview zwischen Maria und Martin Luther (**C7**). Alle Schüler*innen lernen so diese besonderen Personen kennen, die für eine der Konfessionen wichtig sind. Die Aufgaben finden sich auf den jeweiligen Arbeitsblättern.

Evaluation

C8 nimmt eine aktuelle Diskussion auf: das amerikanische Halloween-Fest mit irischen Wurzeln macht als »Unruhenacht«[7] vom 31. Oktober, dem evangelischen Reformationstag, auf den 1. November, dem katholischen Allerheiligen, in Deutschland immer mehr Konkurrenz, vor allem bei jungen Menschen.[8] Es lässt sich beobachten, dass auch der Einzelhandel mit typischen Produkten dieses »Fest« bewirbt. Dabei geraten die kirchlichen Fest- und Feiertage Reformationstag/Allerheiligen zunehmend in Vergessenheit.

Den Schüler*innen kann die kirchliche Bedeutung dieser Festtage wieder bewusst werden, indem sie ein Streitgespräch im Anschluss an eine *think–pair–share*-Aufgabe entwickeln. Als Einstieg eignet sich die Einladungskarte zur Halloween-Party auf **C8**.

Dort wo es sinnvoll erscheint, kann die Lehrkraft die Arbeit an der Positionsfindung durch Argumentationshilfen unterstützen.

Argumente für die Halloween-Party:
– Die ganze Klasse geht zur Party.
– Das Verkleiden und Schminken ist toll.
– Wir sollten offen für Traditionen aus anderen Ländern sein.
– Das gemeinsame Sammeln von Süßigkeiten macht Spaß.

Argumente für die Church Night:
– Wir erinnern uns an Martin Luther und seine 95 Thesen.
– Um 24 Uhr beginnt Allerheiligen. Das ist ein katholischer Feiertag, an dem kein Lärm gemacht werden soll.
– Wir erleben Gemeinschaft in der Kirche.
– Der Besuch der Church Night gehört zum aktiven christlichen Gemeindeleben.
– Halloween ist ein heidnisches Fest.

Formulierungshilfen für die eigene Position:
– Ich würde zur Halloween-Party/Church Night gehen, weil …
– Ich entscheide mich für/gegen …
– Aus meiner Sicht …
– Meiner Meinung nach …

Anmerkungen

1 https://www.kirchliche-feiertage-als-kultureller-reichtum.de/das-magazin (Zugriff am 22.1.19).
2 Bedford-Strohm, Heinrich: Grüße aus dem Kirchenjahr. Kirchliche Feiertage als kultureller Reichtum. Das Magazin zum Themenjahr 2018, Vorwort.
3 Bedford-Strohm, ebd.
4 Büttner, Gerhard u. a.: SpurenLesen 1, Religionsbuch für die 5./6. Klasse, Lehrermaterialien. Stuttgart 2008, S. 231.
5 :inReligion 1/2018, 4/2018 und 7/2018 sowie Hauser/Hermann (Hg.): Arbeitshilfe Religion Grundschule NEU, Kinder kennen Kirchenfeste. Stuttgart 2015.
6 Die zwei Kirchenjahreskreise stehen beim digitalen Zusatzmaterial in (liturgischer) Farbe zur Verfügung. Zugangsdaten siehe Impressum.
7 https://de.wikipedia.org/wiki/Halloween#Rolle_als_Unruhnacht (Zugriff am 22.1.19).
8 Der Reformationstag ist in einigen Bundesländer ein staatlicher Feiertag, in anderen Bundesländern ist es Allerheiligen. Dort ist er dann auch ein sog. stiller Feiertag, an dem bis zu einer bestimmten Uhrzeit keine Feiern und laute Musik in der Öffentlichkeit stattfinden dürfen.

C1 Was ist denn das für ein Feiertag?

365 Tage hat das Jahr, 52 Tage davon sind Sonntage. Im Laufe eines Jahres gibt es nicht nur viele Sonntage, sondern auch viele Feiertage. Meistens hast du dann auch schulfrei. Auf diesem Arbeitsblatt siehst du einige Bilder, die auf einen der Feiertage hinweisen. Kennst du die Feiertage und weißt, wer, warum und wie da gefeiert wird?

Feiertage – Christ*innen erinnern sich | 31

C2 Festtage der Erinnerung

Trage den Namen des Festtages unter dem Bild ein.				
Festtag				
Was wird gefeiert?				
Wie wird gefeiert?				
Wer feiert?				
Wann wird gefeiert?				

C3 Feiertage

(1) Weihnachten

An Weihnachten feiern Christinnen und Christen die Geburt Jesu. Christinnen und Christen glauben: Durch seine Geburt kam Gott als Mensch zu uns auf die Welt. Häufig feiern Christinnen und Christen das Weihnachtsfest gemeinsam mit ihren Familien. Es dauert drei Tage. Am ersten Tag, dem Heiligabend, besuchen viele Christinnen und Christen einen Gottesdienst, in dem häufig ein Krippenspiel aufgeführt wird, mit dem an die Geburt Jesu erinnert wird. Es ist Tradition, dass am Weihnachtsfest Geschenke verteilt werden: In manchen Familien ist der Heiligabend der Tag, an dem die Geschenke verteilt werden, in anderen Familien werden die Geschenke erst am ersten Weihnachtstag ausgepackt. In Kirchen, in Wohnungen und auf den Straßen werden Tannenbäume aufgestellt, die mit Kerzen und Sternen geschmückt sind. Sie heißen Weihnachtsbäume. Heiligabend und die beiden Weihnachtsfeiertage werden jedes Jahr am gleichen Tag gefeiert.

Zusatzaufgabe:
Lies in der Bibel die Weihnachtsgeschichte nach Lukas. Du findest sie bei Lukas 2,1-21.

(2) Ostern

Das Osterfest ist für Christinnen und Christen das wichtigste Fest im Kirchenjahr. Das Fest erinnert an die Auferweckung Jesu von den Toten. In den Gottesdiensten am Osterfest werden die Geschichten erzählt: Das Grab, in das er nach seinem Tod am Kreuz gelegt wurde, war leer. Seine Freundinnen und Freunde erzählten sich, dass sie dem auferweckten Jesus begegnet sind. In vielen Kirchengemeinden wird das Osterfest mit einem besonderen Gottesdienst in der Nacht vor dem Ostertag gefeiert, dem Osternachtsgottesdienst. In diesem Gottesdienst wird die Osterkerze als Zeichen der Auferstehung und der Hoffnung auf ein Leben nach dem Tod entzündet. In vielen Gemeinden wird am Abend des Ostersonntags das Osterfeuer entzündet. Der Freitag vor dem Osterfest heißt Karfreitag. An diesem Tag erinnern sich Christinnen und Christen an den Tod Jesu am Kreuz.

Zusatzaufgabe:
Lies die Geschichte von der Auffindung des leeren Grabes nach Markus 16,1-8 oder die Geschichte von den Jüngern auf dem Weg nach Emmaus nach Lukas 24,13-34.

(3) Pfingsten

Das Pfingstfest erinnert an die Entstehung der Kirche. In der Bibel steht die Geschichte von Pfingsten: In der Apostelgeschichte wird berichtet, dass der Heilige Geist zu den Jüngern kam und sie dazu ermutigte, über Jesus zu erzählen. Nach diesem Ereignis ließen sich viele Menschen taufen und wurden somit die ersten Christinnen und Christen. Deshalb heißt das Pfingstfest auch Geburtstag der Kirche. Pfingsten wird jedes Jahr fünfzig Tage nach Ostern gefeiert. Zwischen Ostern und Pfingsten wird das Himmelfahrtsfest gefeiert. Es liegt vierzig Tage nach Ostern und ist immer am gleichen Wochentag. Am Himmelfahrtstag erinnern sich Christinnen und Christen: Jesus ist jetzt bei Gott, aber trotzdem ist er immer bei uns.

Zusatzaufgabe:
Lies die Geschichte vom Pfingstfest in der Apostelgeschichte 2,1-13.37-47.

(4) Erntedankfest

Das Erntedankfest wird zum Abschluss der Ernte im Herbst gefeiert. Mit diesem Fest bedanken sich die Menschen für eine gute und ertragreiche Ernte. An diesem Tag finden in der mit Getreide, Obst und Gemüse geschmückten Kirche Dankgottesdienste statt. In einigen Gemeinden ist es Tradition, dass eine Erntekrone aus Getreide gewickelt wird, die anschießend in einer Prozession durch den Ort getragen wird.
Christinnen und Christen erzählen davon, dass Gott die Welt geschaffen hat. Sie lesen die Geschichten in der Bibel, die von der Schöpfung erzählen. Sie loben Gott für eine gute Welt. Sie machen sich aber auch Sorgen darum, dass die Umwelt an vielen Orten bedroht ist und zerstört wird.

Zusatzaufgabe:
Lies die Geschichte von der Schöpfung. Sie steht am Anfang der Bibel. Sie wird erste Schöpfungsgeschichte genannt. Du findest sie im Buch Genesis 1,1-2,4.

C4 Kirchenjahr – evangelisch – katholisch

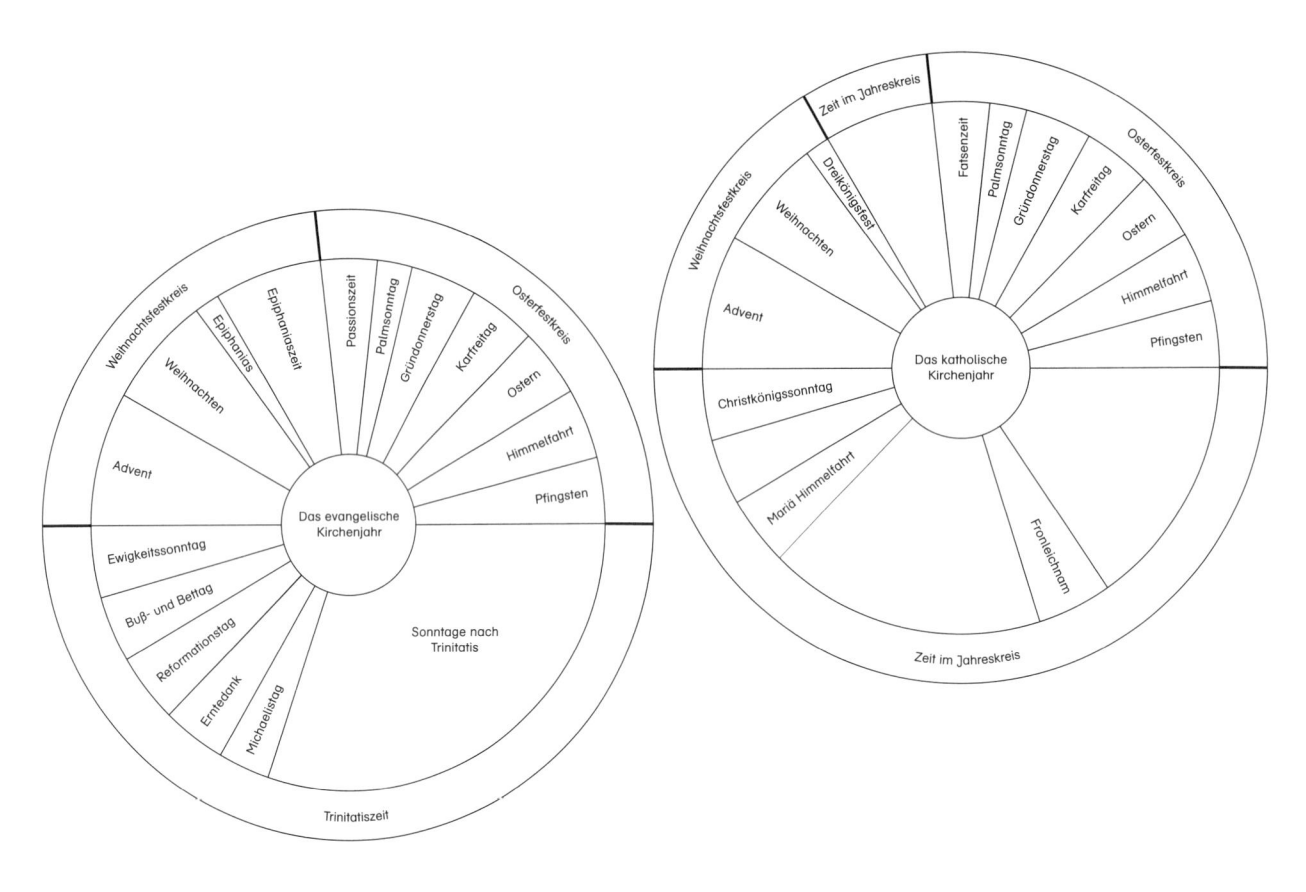

Das evangelische Kirchenjahr: Weihnachtsfestkreis, Epiphanias, Epiphaniaszeit, Passionszeit, Palmsonntag, Gründonnerstag, Karfreitag, Osterfestkreis, Ostern, Himmelfahrt, Pfingsten, Sonntage nach Trinitatis, Trinitatiszeit, Michaelistag, Erntedank, Reformationstag, Buß- und Bettag, Ewigkeitssonntag, Advent, Weihnachten

Das katholische Kirchenjahr: Weihnachtsfestkreis, Weihnachten, Dreikönigsfest, Fastenzeit, Palmsonntag, Gründonnerstag, Karfreitag, Osterfestkreis, Ostern, Himmelfahrt, Pfingsten, Fronleichnam, Zeit im Jahreskreis, Mariä Himmelfahrt, Christkönigssonntag, Advent

AUFGABEN:

1. Welche Fest- und Feiertage sind im evangelischen und im katholischen Kirchenjahr gleich?

2. Welche Feste und Feiertage sind unterschiedlich?

Evangelische Fest- und Feiertage	Katholische Fest- und Feiertage

3. Stellt Vermutungen an: Warum gibt es diese Gemeinsamkeiten und Unterschiede?

34 | Feiertage – Christ*innen erinnern sich

C5.1 Das evangelische Kirchenjahr

Diesen Text liest Partnerin/Partner A.

Das evangelische Kirchenjahr beginnt am ersten Advent und endet am Ewigkeitssonntag. Die Festzeiten mit ihren verschiedenen Festen erinnern an das Leben und Sterben Jesu Christi.

Den Anfang macht das Warten auf das Kommen Jesu im Advent und seine Geburt in der Weihnachtszeit. In diese Zeit fällt auch Epiphanias, das Fest des heilbringenden Jesus Christus für die ganze Welt.

In der anschließenden Passionszeit rufen sich Christinnen und Christen das Leiden und Sterben Jesu Christi in Erinnerung, bevor sie an Ostern seine Auferstehung feiern. In der Osterzeit liegt zum einen Himmelfahrt, die Rückkehr Jesu Christi zu Gott, zum anderen Pfingsten. An Pfingsten wird der Geburtstag der Kirche und die Erfüllung der Christinnen und Christen mit Gottes Geist gefeiert. Anschließend folgt im evangelischen Kirchenjahr die Trinitatiszeit, in der sowohl Erntedank als auch der Reformationstag gefeiert werden. Am Reformationstag rufen sich evangelische Christinnen und Christen den Thesenanschlag Martin Luthers an die Schlosskirche zu Wittenberg im Jahre 1517 ins Gedächtnis. Der Buß- und Bettag liegt am Mittwoch vor dem Ewigkeitssonntag. Evangelische Christinnen und Christen bekennen ihre Sünden und besinnen sich auf ihren Glauben. Mit dem Ewigkeitssonntag endet das evangelische Kirchenjahr. Manchmal wird der Ewigkeitssonntag auch Totensonntag genannt.

C5.2 Das katholische Kirchenjahr

Diesen Text liest Partnerin/Partner B.

Das katholische Kirchenjahr beginnt am ersten Advent und endet mit dem Christkönigfest, das Jesus Christus als König der Welt ehrt.

Den Anfang des katholischen Kirchenjahres macht das Warten auf das Kommen Jesu im Advent. In der Adventszeit liegen auch die Gedenktage an die Heilige Barbara und den Heiligen Nikolaus.

In der anschließenden Weihnachtszeit wird die Geburt Jesu Christi gefeiert. In diese Zeit fällt auch der Dreikönigstag, das Fest des Heil bringenden Jesus Christus für die ganze Welt. Mit der Erinnerung an die Taufe Jesu schließt der Weihnachtsfestkreis in der katholischen Kirche.

Im Anschluss an die Festtage Darstellung des Herrn und Blasius beginnt die Fastenzeit mit Aschermittwoch, an dem katholische Christinnen und Christen zur Umkehr und Buße gerufen werden. In der Fastenzeit wird an das Leiden und Sterben Jesu erinnert.

Dann wird an Ostern die Auferstehung Jesu gefeiert. In der Osterzeit liegt zum einen Himmelfahrt, die Rückkehr Jesu Christi zu Gott, zum anderen Pfingsten. An Pfingsten wird der Geburtstag der Kirche und die Erfüllung der Christinnen und Christen mit Gottes Geist gefeiert.

Anschließend folgt im katholischen Kirchenjahr die Zeit im Jahreskreis, in der Dreifaltigkeit, Fronleichnam, Johannistag, Peter und Paul, Mariä Himmelfahrt, Erntedank, Allerheiligen, Allerseelen und der Martinstag liegen. Mit dem Christkönigfest endet das katholische Kirchenjahr.

C6.1 Erinnern an besondere Menschen

Ihr arbeitet in Partnerarbeit

Maria, die Mutter Jesu, spielt in einer der beiden christlichen Kirchen eine besondere Rolle. Auf diesem Arbeitsblatt stellt ihr Informationen über Maria zusammen. Dazu recherchiert ihr auf folgenden Internetseiten:

- www.helles-koepfchen.de
- www.blinde-kuh.de

Beantwortet die Leitfragen in Stichpunkten.

Leitfragen:

Wer war Maria?

_____

_____

In welcher Konfession ist Maria von Bedeutung?

_____

_____

Welche Festtage gibt es für Maria?

_____

_____

Wie wird Maria verehrt?

_____

_____

Schreibt anschließend einen eigenen Lexikonartikel. Beantwortet in diesem Artikel auch die Frage, warum Maria, die Mutter Jesu, auch Maria, die Gottesmutter, genannt wird.

Lexikonartikel: Maria, die Mutter Jesu

Feiertage – Christ*innen erinnern sich

C6.2 Erinnern an besondere Menschen

Ihr arbeitet in Partnerarbeit

Martin Luther lebte vor etwa 500 Jahren. Er spielt in einer der beiden christlichen Kirchen eine besondere Rolle. Auf diesem Arbeitsblatt stellt ihr Informationen über Martin Luhter zusammen. Dazu recherchiert ihr auf folgenden Internetseiten:

- www.helles-koepfchen.de
- www.blinde-kuh.de

Beantwortet die Leitfragen in Stichpunkten.

Leitfragen:

Wer war Martin Luther?

_____

_____

In welcher Konfession ist Martin Luther von Bedeutung?

_____

_____

Welchen Festtag gibt es für Martin Luther?

_____

Wodurch wurde Martin Luther berühmt?

_____

_____

Schreibt anschließend einen eigenen Lexikonartikel. Beantwortet in diesem Artikel auch die Frage, warum der 31. Oktober ein wichtiger Tag für die Christinnen und Christen einer der beiden Kirchen ist.

Lexikonartikel: Martin Luther

Feiertage – Christ*innen erinnern sich | 37

C7 Maria und Martin sprechen miteinander

Bildet zusammen mit einer Partnergruppe, die Informationen über die andere Person gesucht hat, eine Kleingruppe. Lest euch gegenseitig eure Lexikonartikel vor.

Stellt euch vor, Maria und Martin Luther begegnen sich auf dem ökumenischen Kirchentag, den die evangelische und die katholische Kirche gemeinsam veranstalten. Sie kommen miteinander ins Gespräch. Was haben sie sich zu sagen? Was berichten sie von sich selbst? Welche Fragen haben sie an die andere Person?

AUFGABE:
Schreibt ein fiktives Gespräch zwischen Maria und Martin Luther auf.

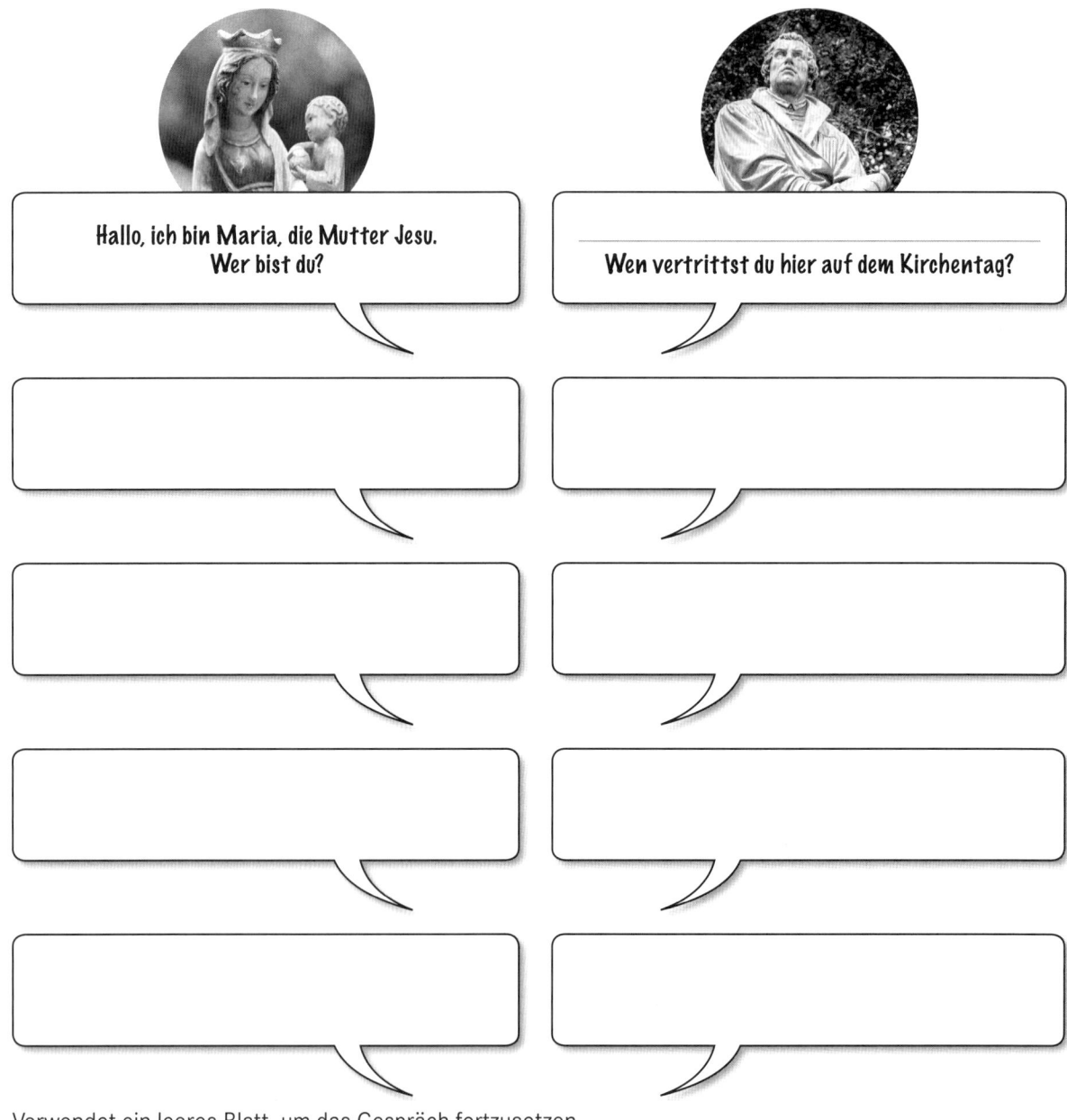

> Hallo, ich bin Maria, die Mutter Jesu. Wer bist du?

> Wen vertrittst du hier auf dem Kirchentag?

Verwendet ein leeres Blatt, um das Gespräch fortzusetzen.

38 | Feiertage – Christ*innen erinnern sich

C8 Halloween auch ein Fest für Christen?

Isabel freute sich heute sehr über die Einladung ihres Freundes Marcel zur Halloween-Party.

> **Einladung zur Halloween-Party**
> Liebe Isabel,
> am 31.10. feiere ich eine große Halloween-Party!
> Bitte verkleide und schminke dich gruselig, denn wir wollen nach keltischem Brauch den Todesfürsten vertreiben.
> Dazu höhlen wir Kürbisse aus, stellen Lichter auf und sammeln Süßigkeiten in der Nachbarschaft.
> Ich freue mich auf dein Kommen.
> Dein Marcel

Als sie ihren Eltern davon berichtet, erinnern sie Isabel daran, dass sie ihnen versprochen hat, mit ihnen am Abend des 31. Oktober zur Church Night ihrer Kirchengemeinde zu gehen. Und außerdem sei Allerheiligen ein »stiller Feiertag«. Es kommt zum Streit ...

AUFGABEN:
1. Findet Argumente (Begründungen), die für den Besuch der ...
   a) Halloween-Party sprechen (Schüler A).
   b) Church Night sprechen (Schüler B).
2. Entwickelt anschließend mithilfe eurer Argumente ein Streitgespräch zwischen Isabel und ihren Eltern.

Argumente für die Halloween-Party:
-
-
-

Argumente für die Church Night:
-
-
-

3. Wie würdest du dich an Isabels Stelle entscheiden? Begründe deine Meinung.

Ich würde ...

Martin Luther: Angstfrei glauben und leben

Stefan Klug / Malte van Spankeren

Religionspädagogischer Kommentar – konfessionelle Perspektiven – Lernchancen

Trotz der versöhnlichen Gesten, der gemeinsamen Erklärung zur Rechtfertigungslehre[1] und Erklärungen zum Jubiläumsjahr 2017[2] bleibt die Reformation, die durch Martin Luthers Thesenanschlag von 1517 ihren Anfang nahm, eine konfessionelle Konfliktgeschichte, die im KoKoRU zu den Themen gehört, die als kirchentrennend wahrgenommen werden müssen, in denen Unterschiede besonders offengelegt werden und differenzsensible Lernangebote gemacht werden sollen. Der Perspektivwechsel auf dieses Kapitel Kirchengeschichte sollte gründlich vorbereitet sein, um die unterschiedlichen Facetten der Person Martin Luthers und seiner Kontrahenten multiperspektivisch darzustellen.

Das hier vorgestellte Unterrichtsvorhaben dient dieser Vorbereitung, indem es den Schüler*innen an der Person Martin Luthers die *Lernchance* eröffnet, gemeinsam das existenzielle Thema »Angst und Angstbewältigung« unabhängig von konfessionellen Brillen zu erkunden. Bewusst wird deshalb in diesem Unterrichtsvorhaben auch auf eine die Kirchentrennung initialisierende Auseinandersetzung mit dem Thesenanschlag von 1517 verzichtet. Vielmehr wird in der Evaluation mit einem Text von Papst Franziskus deutlich, wie aktuell eine wichtige Person der katholischen Kirche das Thema »Angst und Angstbewältigung« aufgreift und damit über die Jahrhunderte hinweg zu einem wichtigen Gesprächspartner Martin Luthers wird.

Wie Martin Luther mit der Angst umgeht

Martin Luther kann als Prototyp eines modernen Menschen angesehen werden, der von seinen Ängsten gepeinigt lebensverändernde Konsequenzen zieht. Infolge seiner existenziellen Angsterfahrung im sogenannten Gewittererlebnis vollzog er eine lebensgeschichtliche Wende, die kaum zu überschätzende Folgen nach sich zog. Diese Angsterfahrung setzte sich in Luthers Grundfrage, wie bekomme ich einen gnädigen Gott, fort. Völlig zu Recht wird Luther deshalb als »Mensch zwischen Gott und Teufel«[3] beschrieben.

Anhand von Luther lässt sich freilich auch zeigen, wie ein produktiver Umgang mit Angst aussieht. Aufgrund seiner Zweifel und Befürchtungen hat sich der Wittenberger Theologieprofessor umso motivierter in die theologische Sacharbeit gestürzt und aus seiner Erkenntnis, die er selbst später als Turmzimmererlebnis beschreibt – »Der Gerechte wird aus Glauben leben« (Röm 1,17) –, die theologischen, beruflichen und persönlichen Konsequenzen gezogen. Nicht zuletzt lässt sich zeigen, dass das Thema Angst als Verbindung zwischen mittelalterlichem und »neuzeitlichem« Luther angesehen werden kann und sich somit angesichts des Reformationsjahrs 2017, in dem diese Frage zum Teil mit Vehemenz diskutiert wurde, mit Relevanz wieder stellt. Dabei ist zu beachten, dass das Thema Angst das Christentum seit seiner Entstehung begleitet (Jesus in Gethsemane, Paulus, Augustin, Bonhoeffer). Am Lebensweg dieser und anderer Christ*innen wird nicht zuletzt deutlich, wie infolge einer existenziellen Angst- und Furchterfahrung lebensverändernde Konsequenzen gezogen wurden und sich dabei in Einzelfällen eine wirkliche Lebenswende ergab.

»Und was sind eure Ängste, liebe Jugendliche?«[4]

So fragte Papst Franziskus in seiner Botschaft an den Weltjugendtag 2018. »Eine unterschwellige Angst in vielen von euch ist die Angst davor, nicht geliebt zu sein, nicht geschätzt, nicht akzeptiert zu werden für das, was ihr seid«[5] (Papst Franziskus).

Das Thema »Angst« ist in hohem Maß affektiv besetzt und dürfte eine Vielzahl von Schüler*innen in besonderer Hinsicht ansprechen. Denn es bildet einen Themenkomplex, der ihnen vertraut ist. Angst ist für sie eine intensive Erfahrung, die sie in unterschiedlichen Kontexten und konkreten Situationen erleben und zum Teil bewältigen. Infolgedessen dürfte eine erhöhte Beteiligung der Schüler*innen bei diesem Lerngegenstand erwartet werden. Es ist davon auszugehen, dass die Frage »Wer hilft mir, wenn ich Angst habe?« von ihnen als eine wichtige Schlüsselfrage jugendlicher Lebenswelt aufgefasst wird.

Dabei dürfte den Schüler*innen bewusst sein, dass die Erfahrung von und der Umgang mit Angst nicht auf ihre gegenwärtige Lebensphase beschränkt bleibt, sondern ein lebenslanges Thema darstellt.

In der Lernarbeit entdecken die Schüler*innen Angst als Lebensgefühl sowohl bei sich selbst als auch bei Martin Luther und profitieren von der Auseinandersetzung mit seiner reformatorischen Entdeckung bei der Bewältigung eigener Lebensängste.

Verlaufsplan

Einstieg – Diagnoseaufgabe

Die Diagnoseaufgabe auf **D1** knüpft an Grunderfahrungen aus der Lebenswelt von Schüler*innen an, wodurch eine Gemeinsamkeit mit dem Lebensgefühl Martin Luthers hergestellt werden kann. Natürlich sind die Ängste damals und heute sehr verschieden, denn Jugendliche erwarten etwa nicht, wie Luther, am Ende ihres Lebens vor einem endzeitlichen Gericht zu stehen. Die Angst vor Krankheit und Tod verbindet sie allerdings mit der Erfahrungswelt Luthers. Hinzu kommen Probleme wie Leistungsdruck, unerfüllbare Erwartungshaltungen etc. Mit dem gewählten Einstieg sollen solche alltäglichen Ängste und Sorgen von Schüler*innen aufgegriffen werden. Auf die Ergebnisse der Diagnoseaufgabe wird am Schluss des Unterrichtsvorhabens unter folgender Fragestellung nochmals Bezug genommen: »Wie gingen die Menschen damals, wie gehen sie heute damit um?«

> **D1** Aufgaben:
> 1. (Einzelarbeit) Notiere Sorgen und Ängste, die dich bewegen, in die Karten auf dem Arbeitsblatt.
> 2. (Kleingruppe) Stellt euch gegenseitig eure Ergebnisse vor. Trage nur die Karten vor, die du den anderen auch wirklich mitteilen willst. Wählt fünf Karten aus, die ihr in der gesamten Lerngruppe vorstellen wollt.
> 3. (Plenum) Stellt eure Auswahl vor der Lerngruppe vor. Sammelt eure Ergebnisse als Cluster an der Tafel/Pinnwand.

Die Schüler*innen entdecken in der Bündelung im Cluster auf der Tafel/Pinnwand gemeinsame und besondere Ängste. Im Verlaufe des Unterrichtsvorhabens wird auf das Cluster immer wieder zurückgegriffen. Deshalb sollte es im Lernraum präsent sein oder wird durch eine digitale Aufnahme gesichert.

Lernaufgaben

1. Phase: Bilder der (religiösen) Angst im Spätmittelalter

In der ersten Phase der Lernarbeit werden die Ängste spätmittelalterlicher Menschen anhand von eindrücklichen zeitgenössischen Bilddarstellungen thematisiert, die Vorstellungen vom Weltgericht, Fegefeuer oder über den Tod zum Ausdruck bringen. Hierzu eignet sich Albrecht Dürers Holzschnitt »Apokalyptische Reiter« (**D2**): Durch vier Reiter, die der Offenbarung des Johannes entlehnt sind, werden die Grundängste Krieg, Gewalt, Hungersnot und Tod symbolisch dargestellt.[6] Die Schüler*innen erarbeiten, welches Lebensgefühl darin ausgedrückt wird. Eine elementare Einsicht liegt darin, dass die Gegenwart des Todes ein wichtiger Teil für das Leben der damaligen Menschen war. Dies führte zu einer Stimmung, die den Weltuntergang erwartete, wie am Beispiel von Dürers Bild gezeigt werden kann. Ergänzend bearbeiten sie den Verfassertext (**D2**) zur Frömmigkeit im ausgehenden Mittelalter, indem sie die damalige Frömmigkeitspraxis zwischen Jenseitshoffnung und Höllenangst beschreiben.

> **D2** Aufgaben:
> 1. (Einzelarbeit) Beschreibe, welches Lebensgefühl in dem Bild zum Ausdruck kommt. Schreibe deine Ergebnisse auf die Karten neben dem Bild.
> 2. (Einzelarbeit) Der Text informiert über die Lebensverhältnisse im Mittelalter. Welche Möglichkeiten ergaben sich für die damaligen Menschen, mit ihren Ängsten umzugehen bzw. Hoffnung zu haben?
> 3. (Einzelarbeit) Lies den Text. Unterstreiche rot, wovor die Menschen Angst haben und grün, wie sie versuchen, ihre Ängste zu überwinden.
> 4. (Partnerarbeit) Stelle deine Ergebnisse einer Partnerin/einem Partner vor.

Die Lernarbeit wird gebündelt und gesichert, indem die Schüler*innen ausgewählte Karten von **D2** zum Cluster der Diagnoseaufgabe hängen. Die Karten sollten eine andere Farbe haben als die Ergebnisse von **D1**.

2. Phase: Luthers Ängste und das Gewittererlebnis

Nun rückt die Biografie Martin Luthers in den Fokus der Lernarbeit. Anhand zweier Selbstzeugnisse, in denen Luther seinen Freunden am Ende des Lebens rückblickend über seine Kindheit und Jugend erzählt und über sein Gewittererlebnis berichtet, lernen die Schüler*innen, dass Luther mit seinen Ängsten Kind seiner Zeit war und vergleichen seine Ängste und deren Ursachen mit ihren eigenen Ängsten (**D3**).

> **D3** Aufgaben:
> 1. (Einzelarbeit) Martin Luthers Ängste haben viele Ursachen. Welche Ursachen benennt er selbst?
> 2. (Plenum) Vergleicht die Ursachen der Ängste Martin Luthers mit euren Ängsten. Findet Gemeinsamkeiten und Unterschiede.
> 3. (Einzelarbeit) Beschreibe in eigenen Worten, warum Martin Luther ins Kloster geht.
> 4. (Plenum) Beurteile seine Gründe: Kannst du seine Überlegungen nachvollziehen? Warum/warum nicht?

3. Phase Martin Luther im Kloster

Nach dem Gewittererlebnis trat Martin Luther 1505 in das strenge Eremitenkloster der Augustiner ein, das seiner Suche nach einem gottgefälligen Leben entsprach. Zur Einführung kann es hilfreich sein, mit den Schüler*innen zu thematisieren, wie ein Tagesablauf in einem Kloster aussah, um dann zu überlegen, welche Vor- und Nachteile ein Leben dort mit sich brachte: einerseits einen geregelten Tagesablauf, regelmäßiges Essen, feste Unterkunft, Ruhe – andererseits: keine individuellen Freiheiten im Tagesablauf, etwas abgeschottetes Dasein hinter den Klostermauern. Während seiner Zeit im Kloster machte sich Luther viele Sorgen und Gedanken, die um seine Gottesbeziehung und um die Frage kreisten, wie er die Gnade Gottes erlangen kann (**D4**). Die Schüler*innen entwickeln aus ihren Ergebnissen ein szenisches Spiel: Martin unterhält sich mit einem Klosterbruder.

> **D4** Aufgaben:
> 1. (Einzelarbeit) Lies Luthers Gedanken während seines Lebens im Kloster. Formuliere auf mindestens drei seiner Fragen eine Antwort. Schreibe deine Antworten in die Sprechblasen.
> 2. (Partnerarbeit) Stellt euch gegenseitig eure Antworten auf Luthers Fragen vor. Gestaltet aus den Fragen und Antworten einen Dialog: Martin Luther stellt einem anderen Mönch seine Fragen, der Mönch antwortet …

4. Phase: Lebensgefühle – Ablasshandel vs. Turmerlebnis

Der nächste Lernschritt richtet den Blick auf die Angstverarbeitung der Menschen zur Zeit Luthers und die zweifelhafte Rolle von Ablassbriefen. Vorab ist es notwendig, dass die Lehrkraft eine erklärende Sachinformation zum Ablasswesen im Spätmittelalter einbringt: der Ablass als ein zeitlicher Nachlass von Sündenstrafen, für den bestimmte Leistungen wie z. B. Gebete, Teilnahme an Wallfahrten oder auch Geldspenden erbracht werden mussten.

Wenn möglich wird diese Information durch eine kurze Sequenz aus dem Film »Luther – er veränderte die Welt für immer«[7] unterstützt, in der der Mönch und Ablassprediger Johann Tetzel auf dem Marktplatz von Jüterbog eine Predigt über den Ablass hält (33:10–36:18 Min). Die Schüler*innen vergleichen das Lebensgefühl, das Tetzel mit seiner Predigt und seinem Ablasshandel bei seinen Zuhörer*innen erzeugt, mit dem Lebensgefühl, das Martin Luther während seines Turmerlebnisses erfährt (**D 5.1/D 5.2**).

Evaluation

In der Lernarbeit haben die Schüler*innen entdecken können, dass der Glaube an einen gnädigen, liebenden Gott Martin Luther geholfen hat, seinen Ängsten und Sorgen zu begegnen und bei Gott ganz angenommen zu sein. Darüber hinaus erkennen sie, dass dieses Gottesbild zutiefst biblisch und nicht mehr kirchentrennend ist, sondern beide Konfessionen verbindet.

Dazu untersuchen die Schüler*innen eine aktuelle Botschaft von Papst Franziskus an heutige Jugendliche (**D6**), in der er auf ihre Ängste eingeht und erläutert, wie man diesen Ängsten begegnen kann. Wo es sinnvoll erscheint, kann der Text zunächst auch ohne Nennung des Autors bearbeitet und Papst Franziskus erst in der Plenumsphase als Autor genannt werden.

> **D6** Aufgaben:
> 1. (Einzelarbeit) In den ersten drei Abschnitten zählt Franziskus Ängste heutiger Jugendlicher auf. Stelle eine Liste der Ängste zusammen, die Franziskus nennt.
> 2. (Einzelarbeit) Im fünften Abschnitt gibt Franziskus Ratschläge zur Überwindung der Angst. Fasse den Abschnitt zusammen, indem du eine Checkliste aufstellst: »Wenn du Angst hast, dann …«
> 3. (Partnerarbeit) Stellt euch gegenseitig eure Ergebnisse vor. Vergleicht die Liste der Ängste mit eurem Cluster der Ängste. Entdeckt Gemeinsamkeiten und Unterschiede.
> 4. (Plenum) Lest den umrahmten vierten Abschnitt. Diskutiert: Könnte Martin Luther diesen Satz auch sagen? Begründet eure Meinung.

Anmerkungen

1. http://www.vatican.va/roman_curia/pontifical_councils/chrstuni/documents/rc_pc_chrstuni_doc_31101999_cath-luth-joint-declaration_ge.html (Zugriff am 22.1.19).
2. Erinnerung heilen – Jesus Christus bezeugen. Ein gemeinsames Wort zum Jahr 2017, hg. v. d. DBK und EKD 2016.
3. Vgl. dazu die Monografie von Oberman, Heiko A.: Luther. Mensch zwischen Gott und Teufel, München 1991.
4. https://www.die-tagespost.de/feuilleton/online/Papst-an-Jugendliche-Angst-darf-nicht-das-letzte-Wort-haben;art4690,186211 (Zugriff am 22.1.19).
5. Aus der Botschaft von Papst Franziskus zum Weltjugendtag 2018, https://www.die-tagespost.de/feuilleton/online/Papst-an-Jugendliche-Angst-darf-nicht-das-letzte-Wort-haben;art4690,186211 (Zugriff am 22.1.19).
6. Weitere Darstellungen finden sich u. a. in Karsch, Manfred: Mit Martin Luther auf der Suche nach Gott. Buxtehude 2012.
7. Till, Eric: Luther – Er veränderte die Welt für immer (USA/GB/D 2003), Download für den Unterricht über das Medienportal der ev./kath. Kirchen unter www.medienzentralen.de.

D1 Was mir Angst macht

Manche Menschen sagen: »Ich habe keine Angst!« Aber stimmt das wirklich? Oder haben diese Menschen nur Angst, über ihre Ängste zu sprechen?

Martin Luther: Angstfrei glauben und leben | 43

D2 Ängste im späten Mittelalter

Dieses Bild stammt aus dem Mittelalter, Albrecht Dürer (1471–1528) hat es zu Beginn des 16. Jh. als Holzschnitt hergestellt.

Das Leben der Menschen zu Beginn des 16. Jahrhunderts war geprägt von Kriegen, Naturkatastrophen, Hungersnöten, Krankheiten und tödlichen Seuchen. Die Menschen wurden damals nicht sehr alt. Die meisten Kinder starben bereits vor dem fünften Lebensjahr.

Die Menschen suchten Hilfe in der Religion. Sie besuchten regelmäßig die Gottesdienste in den Kirchen. Nach damaligem Verständnis waren Leid und Elend eine Strafe Gottes für begangene Sünden. Darum waren die Menschen besonders fromm. Sie hofften, dadurch nach dem Tod der Hölle zu entgehen und ins Paradies gelangen zu können.

Die Beziehung zu Gott war von Angst geprägt, denn Gott galt als strenger Richter. In zahlreichen Bildern, Predigten und Erzählungen wurden den Gläubigen die Schrecken des Jüngsten Gerichts vor Augen geführt. Die Ankündigung teuflischer Qualen schürte Angst und Verzweiflung.

Viele Menschen fragten sich, was sie tun konnten, um gerettet zu werden. Sie suchten Wege, für das Jenseits vorzusorgen und die eigenen Sünden zu Lebzeiten zu bereinigen. Dazu gaben sie zum Beispiel Almosen. Oder sie verehrten Reliquien. Das sind körperliche Überreste von Heiligen oder Gegenstände aus dem persönlichen Besitz von Heiligen. Heilige galten als Vorbilder, zugleich erhoffte man sich durch ihre Verehrung Fürsprache und Hilfe bei Gott. Weit verbreitet waren auch Wallfahrten. Die Pilger wanderten oft unter beschwerlichen Bedingungen zu Fuß zu Orten, an denen Zeichen und Spuren von Heiligen aufgetaucht waren.

Martin Luther: Angstfrei glauben und leben

D3 Lebensgefühle Martin Luthers

Erlebnisse in Kindheit und Schule
Martin Luther (1483–1546) lebte zur gleichen Zeit wie Albrecht Dürer. Am Ende seines Lebens berichtet Martin Luther gegenüber seinen Freunden über seine Kindheit und Jugend:

»Ich wurde am 10. November 1483 in Eisleben geboren. Gleich am nächsten Tag, dem Martinstag, wurde ich getauft. Darum erhielt ich den Namen Martin. Mein Vater war ein armer Bergmann. Er fürchtete Gott sehr und machte mir klar, was ein Sünder alles zu erwarten hat. Ich ging ihm lieber aus dem Weg. Später zog meine Familie nach Mansfeld. Dort brachte es mein Vater zum Besitzer einer Kupfermine. Ich konnte zur Schule gehen, denn mein Vater verdiente nun genug Geld, um das Schulgeld zu zahlen und mir Bücher zu kaufen. In der Schule lernte ich Lesen, Schreiben, Rechnen und Latein. Dort herrschte ein strenger Wind. Prügel waren an der Tagesordnung. Es war eine Teufelsschule, von Tyrannen geleitet. Nur weil ich fleißig lernte, konnte ich auf eine höhere Schule in Magdeburg und Eisenach gehen. Mit 17 Jahren war ich fertig. Nun durfte ich an der Universität studieren. In dem ersten Studium studiert man Latein, Philosophie und man lernt, wie man diskutiert. Nach vier Jahren war ich fertig. Ich durfte mich nun ›Magister‹ nennen. Jetzt hätte ich weiterstudieren können. Mein Vater wollte aber, dass ich Rechtswissenschaft lerne. Damit kann man zum Beispiel Bürgermeister werden. Aber es kam anders! In der Zeit ist einer meiner besten Freunde gestorben und auch ich bin fast ums Leben gekommen. Und weil ich in dieser Zeit ein sehr ausschweifendes Leben geführt habe, war mir klar: Wenn ich jetzt sterbe, habe ich eine so große Schuld, dass ich bestimmt in die Hölle komme oder für ewige Zeiten im Fegefeuer schmoren muss!«

Martin Luther, zitiert und bearbeitet nach: Michael Landgraf, Reformation. Angst überwinden – Aufbruch wagen. Speyer 2004, S. 37.

Erlebnisse während einer Gewitternacht
Nach wenigen Jahren als Student in Erfurt änderte Martin Luther sein Leben radikal. Dies berichtete er seinem Eisenacher Freund Johannes:

»Während meines Studiums spekulierte ich viel über Gott und dachte über mein Leben nach. Dann entdeckte ich in der Bibliothek eine hebräische Bibel. Ich wollte lesen, was dort stand, also lernte ich Hebräisch. Dann kehrte der Schwarze Tod* nach Erfurt zurück! So viele starben! Auch ein Freund von mir wurde von der Krankheit dahingerafft. Er war noch so jung. Warum strafte Gott ihn so?

Dann stürzte ich und verletzte mich schwer. Aber der Herr wollte mich noch nicht zu sich holen, langsam wurde ich wieder gesund. Ich hatte viel Zeit zum Nachdenken. Immer wieder fragte ich, warum Gott mich so straft, mir Schmerzen schickt und die Freunde nimmt.

Schließlich passierte etwas, dass mein Leben völlig veränderte. Nach einem Besuch bei meinen Eltern geriet ich in ein schweres Gewitter: Blitze ängstigten mich fast zu Tode, ich wollte Schutz suchen, doch bevor ich einen Unterschlupf erreichte, schlug ein Blitz direkt neben mir ein. Es knallte, zischte und knisterte. Die Allmacht Gottes wurde mir mit jeder Faser meines Herzens bewusst. Ich flehte um mein Leben und legte einen Schwur ab, den ich an die Heilige Anna richtete, die Mutter unserer Mutter Gottes. Sollte ich dieses Gewitter überleben, würde ich Mönch werden.

Als ich nach Erfurt kam, zögerte ich. Was sollte ich tun? Ich hatte das Gewitter überlebt und diesen Schwur geleistet! Freunde sagten, ich solle die Sache vergessen, aber das konnte ich nicht. So werde ich morgen um Aufnahme ins Kloster bitten. Ich will Mönch werden, weil ich es geschworen habe.«

Martin Luther, zitiert und bearbeitet nach: Sabine Falter, Martin Luther und die Reformation. Themenhefte Religion. Mülheim an der Ruhr 2015, S. 9.

* Eine Bezeichnung für die Pest, eine Seuche, die im Mittelalter viele tausend Menschenleben kostete.

D4 Martin Luther im Kloster

Im Jahr 1505 trat Martin Luther in das Eremitenkloster der Augustiner ein. Sein Tagesablauf war streng geregelt. Anfangs hatte er Mühe, sich an das Leben im Kloster zu gewöhnen. Während dieser Zeit machte er sich viele **Sorgen und Gedanken:**

- Wann verzeiht Gott?
- Ich habe Angst vor Gott: Wie kann ich ihn gnädig stimmen?
- Ich habe die ganze Nacht nur gebetet. Aber genügt das, um meine Sünde zu vergeben?
- Wie kann ich nach Gottes Willen leben?
- Heute habe ich die ganze Nacht in der Bibel gelesen.
- Warum straft Gott?
- Heute habe ich drei Mal gebeichtet. Reicht das?
- Ich strenge mich an, Gott gerecht zu sein. Aber werde ich wirklich in Gottes Reich kommen?
- Gott sieht alles. Er richtet über alle Taten und Gedanken. Wie stimme ich Gott gnädig?

Martin Luther: Angstfrei glauben und leben

D5.1 Johann Tetzels Ablasspredigt

Johann Tetzel (ca. 1460–1519) ist einer der Prediger, die für Geld Ablassbriefe anboten, die den Menschen vor dem Fegefeuer retten sollten oder sogar schon Verstorbene aus dem Fegefeuer befreien konnten.

Der Ablasshandel basierte auf einer einfachen Rechnung: Die großen Heiligen haben so viel Gutes getan, dass es nicht nur für sie, sondern auch für andere reicht, um »in den Himmel zu kommen«. Deshalb gibt es im Himmel eine große Kiste mit all dem Guten. Die Kirche bzw. der Papst verwaltet diese Kiste und kann die Gnade verkaufen. »Wenn das Geld im Kasten klingt, die Seele (aus dem Fegefeuer) in den Himmel springt.« Warum haben die Menschen sich auf diesen Ablasshandel eingelassen?

AUFGABE:
Lies die folgenden Sätze aus einer Originalpredigt von Johann Tetzel. Welche Chancen und Möglichkeiten bietet er an? Überlege: Welche Lebensgefühle lösen seine Worte bei seinen Zuhörerinnen und Zuhörern aus? Wie fühlen sie sich, nachdem sie einen Ablassbrief gekauft haben?
Schreibe deine Ergebnisse in die Gedankenblase.

> Hört her, Gott und St. Peter rufen euch. Bedenkt die Rettung eurer Seele und die eurer verstorbenen Lieben …
> Hast du gedacht, dass du von einem wütenden Unwetter gepeitscht wirst mitten in den Versuchungen und Gefahren der Welt und dass du nicht weißt, ob du den Hafen erreichen kannst, weder für deinen sterblichen Leib, noch für deine unsterbliche Seele? Bedenke, dass alle, die bereut und gebeichtet und ihren Beitrag gezahlt haben, vollen Erlass all ihrer Sünden empfangen werden. Höre auf die Stimme deiner lieben verstorbenen Verwandten und Freunde, die dich anflehen und sagen: »Erbarm dich unser, erbarm dich unser. Wir sind hier in furchtbaren Qualen, von denen du uns loskaufen kannst für eine geringe Gabe.« Hast du nicht selbst diesen Wunsch? Öffne deine Ohren. Höre, wie der Vater zu seinem Sohn, die Mutter zu ihrer Tochter sagt: »Wir haben euch das Leben gegeben, wir zogen euch auf, hinterließen euch unser Gut und ihr seid so grausam und hartherzig, dass ihr nicht bereit seid, uns um so geringen Preis zu befreien! Wollt ihr uns hier in den Flammen liegen lassen? Wollt ihr die uns verheißene Herrlichkeit hinauszögern?« Erinnert euch daran, dass ihr imstande seid, sie zu erlösen, denn sobald das Geld im Kasten klingt, die Seele aus dem Fegefeuer springt. Wollt ihr denn nicht für einen Viertelgulden diesen Ablassbrief erhalten, durch den ihr eine göttliche und unsterbliche Seele ins Vaterland des Paradieses zu führen vermögt?

D5.2 Martin Luthers Turmerlebnis

Martin Luther hatte als Mönch Theologie studiert und war schließlich Professor an der Universität Wittenberg geworden. Das Turmzimmer im Kloster war sein Arbeitszimmer. Dort machte er beim Lesen der Bibel eine besondere Entdeckung, von der er Jahre später erzählt:

> Ich war von einer wundersamen Leidenschaft gepackt worden, Paulus in seinem Römerbrief kennenzulernen, aber bis dahin hatte mir nicht die Kälte meines Herzens, sondern ein einziges Wort im Wege gestanden, das im ersten Kapitel steht: »Die Gerechtigkeit Gottes wird in ihm [= Evangelium] offenbart« [Röm 1,17]. Ich hatte nämlich dieses Wort »Gerechtigkeit Gottes« zu hassen gelernt, … ich liebte nicht, ja, ich hasste diesen gerechten Gott, der Sünder straft … So raste ich in meinem wütenden, durch und durch verwirrten Gewissen … Endlich achtete ich in Tag und Nacht währendem Nachsinnen durch Gottes Erbarmen auf die Verbindung der Worte, nämlich: »Die Gerechtigkeit Gottes wird in ihm offenbart, wie geschrieben steht [Hab 1,4], ›Der Gerechte lebt aus dem Glauben‹.« Da habe ich angefangen, die Gerechtigkeit Gottes so zu begreifen, dass der Gerechte durch sie als durch Gottes Geschenk lebt, nämlich aus Glauben; …
>
> Nun fühlte ich mich ganz und gar neugeboren und durch offene Pforten in das Paradies selbst eingetreten … Nun, mit wieviel Hass ich früher das Wort »Gerechtigkeit Gottes« gehasst hatte, mit um so größerer Liebe pries ich dieses Wort als das für mich süßeste; so sehr war mir diese Paulusstelle wirklich die Pforte zum Paradies.

AUFGABE:
Beschreibe Martin Luthers »Entdeckung« und welche Lebensgefühle sie bei ihm auslöst. Schreibe deine Ergebnisse in die Gedankenblase.

Martin Luther: Angstfrei glauben und leben

D6 Angst darf nicht das letzte Wort haben

In Abständen von mehreren Jahren lädt der Papst zu einem internationalen Weltjugendtag ein. Vorbereitet werden diese Treffen durch nationale Weltjugendtage. Zum Weltjugendtag 2018 in Freiburg schickte Papst Franziskus eine Botschaft, aus der die folgenden Sätze stammen:

[Abschnitt 1]
Und was sind eure *Ängste*, liebe Jugendliche? Was macht euch im Innersten Sorgen? Eine unterschwellige Angst in vielen von euch ist die Angst davor, nicht geliebt zu sein, nicht geschätzt, nicht akzeptiert zu werden für das, was ihr seid.

[Abschnitt 2]
Es gibt heute viele junge Menschen, die beim Versuch, sich den oft künstlichen und hochtrabenden Standards anzupassen, das Gefühl haben, anders sein zu müssen, als sie es in Wirklichkeit sind. Ständig bearbeiten sie digital ihre Selbstportraits und verstecken sich hinter Masken und falschen Identitäten, was manchmal fast dazu führt, dass sie selbst ein »*Fake*« werden. Viele sind darauf versessen, eine möglichst große Zahl an »*Likes*« zu erhalten. Und aus diesem Gefühl des Ungenügens entspringen viele Ängste und Unsicherheiten.

[Abschnitt 3]
Andere fürchten keine affektive Sicherheit zu finden und allein zu bleiben. Für viele kommt angesichts der unsicheren Verhältnisse am Arbeitsmarkt die Angst hinzu, keine befriedigende berufliche Bestätigung zu finden, die eigenen Träume nicht verwirklichen zu können. [...]

[Abschnitt 4]

> Manche denken: Vielleicht verlangt Gott zu viel von mir, vielleicht wird er zu viel verlangen; vielleicht werde ich auf dem Weg, den er mir zeigt, nicht wirklich glücklich, oder ich werde nicht auf der Höhe dessen sein, was er von mir verlangt. [...]

[Abschnitt 5]
In den Momenten, wo Zweifel und Ängste auf unser Herz einstürmen, ist es nötig, unterscheiden zu können. Sie erlaubt uns, Ordnung in unsere Gedanken und Gefühle zu bringen, um richtig und weise zu handeln.

Der erste Schritt zur Überwindung dieser Ängste besteht bei diesem Prozess darin, sie klar zu erkennen, damit man nicht Zeit und Energie an Phantasievorstellungen ohne Gesicht und ohne Bestand verliert.

So lade ich euch alle ein, in euer Inneres zu schauen und euren Ängsten »einen Namen zu geben«. Fragt euch also: In dieser konkreten Situation heute, in der ich mich befinde, was fürchte ich, was macht mir am meisten Angst? Was blockiert mich und was hindert mich daran weiterzukommen? Warum habe ich nicht den Mut, die wichtigen Entscheidungen zu treffen, die ich tun muss? Habt keine Angst davor, ehrlich auf eure Ängste zu schauen, sie als das zu erkennen, was sie sind, und mit ihnen ins Reine zu kommen.

Botschaft von Papst Franziskus zum 33. Weltjugendtag 2018, aus: https://www.die-tagespost.de/feuilleton/online/Papst-an-Jugendliche-Angst-darf-nicht-das-letzte-Wort-haben;art 4690,186211 (Zugriff am 22.1.19). © Copyright – Libreria Editrice Vaticana

E Visionen einer gerechteren Welt

Andrea Schnieder / Christian Rasch

Religionspädagogischer Kommentar – konfessionelle Perspektiven – Lernchancen

Ist das wirklich passiert oder sind das nur Fake News?

Der Songtext von Tim Bendzko trifft einen Aspekt der aktuellen Lebenswirklichkeit nicht nur junger Menschen: »Muss nur noch kurz die Welt retten. Danach flieg' ich zu dir. Noch 148.713 Mails checken. Wer weiß, was mir dann noch passiert. Denn es passiert so viel.« Wer sich heute in der Welt zurechtfinden will, wird sich mit einer Vielzahl von divergierenden Informationen und damit verbundenen Wertesystemen auseinandersetzen müssen, deren »Halbwertzeit« oft kaum länger ist als ein Tag Stunden hat. »Fake News«[1] – der gezielte Einsatz von Falschmeldungen und vorgetäuschten Nachrichten – sind in diesem Kontext ein vielzitiertes Schlagwort, deren extensiver Gebrauch kaum zur Wahrheitsfindung beiträgt, da sie inzwischen in den *Social Media* u. a. von Politiker dazu eingesetzt werden, Medienberichte zu diffamieren, die ihrer politischen Position widersprechen.

Es trifft durch die medial geprägte Lebenswelt von Schüler*innen zu, dass die basale Kompetenz, Richtiges von Falschem, Wichtiges von Unwichtigem zu unterscheiden, unerreichbar erscheint oder nur mit erheblichem Aufwand angebahnt werden kann. Eindeutige, klare Kriterien zur Wahrheitsfindung können oft gar nicht mehr benannt werden. Individualismus, Profilierung und Wettbewerbskultur gehen Hand in Hand mit großen Unsicherheiten, Beeinflussbarkeit und Unselbstständigkeit.

Als *Lernchance* bekommen die Schüler*innen in diesem Unterrichtsprojekt erste Kriterien oder »Lesarten« an die Hand, mit denen sie sich in der heutigen medialen Welt, aber auch grundsätzlich in der Auseinandersetzung mit Texten, Meinungen, Haltungen zu positionieren lernen. Im Unterrichtsprojekt werden gezielt Schwerpunkte gesetzt in der Auseinandersetzung mit unterschiedlichen Text- und Bildformaten sowie Aufgabenzuschnitten.

Mithilfe von kleinen digitalen Lernarrangements, die jeweils als Alternative zu herkömmlichen Lernwegen angeboten werden, können sich Schüler*innen »inhalts- und prozessbezogene Kompetenzen dadurch aneignen, indem sie vertraute Medien aus ihrer Lebenswelt auch in den unterrichtlichen Kontext einbinden können«[2]. Es geht um die Schulung von Wahrnehmungsfähigkeit (hören, sehen und fühlen), um den Mut, sich über Ungerechtigkeiten zu empören (womöglich sogar laut) und zu klagen (fühlen und sprechen) und diese Haltung zu überführen in eine tragfähige Vision, in einen Weg (träumen und handeln).

Propheten – Verkündiger von Fake News oder Visionäre einer gerechteren Welt?

Wem kann man was glauben, welchen Worten kann man trauen? Die Texte und Geschichten der alttestamentlichen Propheten eignen sich als gute Grundlage für die Auseinandersetzung mit dem dargestellten Problemfeld. Diese »Rufer«, die im Unterschied zu heutigen »Propheten« nicht selbsternannte Sprecher, sondern von Gott Gerufene waren, oft genug unfreiwillig, lenkten den Blick ihrer Zuhörer*innen durch ihr bzw. Gottes Wort (Botenformel[3]) auf konkrete Situationen. Missstände werden angeklagt, für Veränderungen wird Mut gemacht, Handlungsspielräume werden aufgezeigt. Der Erhalt der Schöpfung, die verantwortungsvolle und auf Nachhaltigkeit und Gerechtigkeit angelegte Rolle des Menschen in diesem Lebenszusammenhang wird pointiert und zum Ziel allen Handelns. Dass ihre Zeitgenossen diese Botschaften oftmals auch als Fake News bewerteten, deutet sich im Schicksal eines Jeremia (Jer 11–20) oder eines Amos (Am 7,12–13) an.

Auch heute gibt es an den unterschiedlichsten Stellen in der Welt Menschen, die die aktuelle Situation nicht mehr einfach so hinnehmen wollen, deren Worte oft im Kleinen beginnen und erste Veränderungen schaffen. Nur selten gelangen sie an die große Weltöffentlichkeit, aber die kleinen Schritte sind die, die die Welt im Kern verändern können.

Im Rahmen eines konfessionell-kooperativen Religionsunterrichts stellt sich nun die Frage, auf welche Art und Weise hier konfessionelle Unterschiede oder Gemeinsamkeiten betrachtet bzw. zum Thema gemacht werden können. In der gemeinsamen Planung dieses Unterrichtsvorhabens haben wir darauf verzichtet, womöglich plakative Unterschiede zu suchen, die es so gar nicht gibt.

Vielmehr stand die Idee der konfessionellen Kooperation, »Gemeinsamkeiten zu stärken« im Mittelpunkt der Planungen, weniger der Gedanke, »Unterschiede wahrzunehmen«. Gerade in der Lernarbeit werden aber Texte und Berichte zu heutigen evangelischen und katholischen Christ*innen genutzt, die prophetisch handeln und durch ihr Leben und ihre Haltung »Gehör« gefunden haben. Und tatsächlich ist das intrinsische Interesse weniger ein konfessionell geleitetes, sondern ein zutiefst menschliches Ansinnen, Lebensbedingungen gerecht zu gestalten und die Welt als Lebensraum zu erhalten.

Verlaufsplan

Einstieg – Diagnoseaufgabe
Die Diagnoseaufgabe ist altersgerecht aufgebaut und stellt eine der Lebenswelt der Schüler*innen entsprechende Anforderungssituation: Ihnen werden Bilder von Speakers Corner (**E1**) im Londoner Hyde Park präsentiert mit der Aufgabe, darüber nachzudenken, worüber sie selbst heute die Welt bzw. ihre Mitschüler*innen informieren bzw. aufklären wollen würden.

Dazu richtet die Lehrkraft an einer Pinnwand im Klassenraum eine »Classroom Speakers Corner« ein, an der die Ergebnisse einer Kartenabfrage gesammelt werden. Alternativ hat sie auf einer der Internetplattformen www.answergarden.ch oder www.mentimeter.com zwei »Wordclouds« eingerichtet, in der die Häufigkeit der Nennung eines Begriffs durch die Schriftgröße hervorgehoben wird. Die Schüler*innen tragen ihre Antworten mithilfe ihrer Smartphones oder ausgelegter Tablets ein. Dazu hat die Lehrkraft einen QR-Code[4] erstellt und präsentiert ihn über den Beamer/das Whiteboard oder schreibt die Webadresse der Wordcloud[5] an die Tafel.

E1 Aufgaben für die Einzelarbeit:
Stell dir vor: In unserer Schule ist eine »Speakers Corner« eingerichtet. Über welche Themen und Sachverhalte möchtest du die Welt informieren und mit allen, die stehenbleiben, ins Gespräch kommen?
Ausführung analog:
1. Schreibe deine Antworten einzeln auf die ausgelegten grünen Karteikarten und hefte sie an unsere Speakers Corner im Klassenraum.
2. Welche innere Haltung, welche besondere Charaktereigenschaften musst du haben, damit du mit deinen Mitschülerinnen und Mitschülern über diese Themen sprechen kannst? Schreibe deine Antworten einzeln auf die ausgelegten gelben Karteikarten und hefte sie an unsere Speakers Corner im Klassenraum.

Ausführung digital:
1. Schreibe deine Antworten in eine Wortwolke, die du über den QR-Code/die angezeigte Webadresse ansteuerst. Schicke deine Antworten einzeln ab. Es können auch mehrere Antworten sein.
2. Welche innere Haltung, welche besondere Charaktereigenschaften musst du haben, damit du mit deinen Mitschülerinnen und Mitschülern über diese Themen sprechen kannst? Öffne die zweite Wortwolke und schicke deine Antworten einzeln ab.

Wichtig an diesem Einstieg ist, dass die hier aufgeworfenen Themen, Inhalte, Probleme und auch die beschriebenen Charaktereigenschaften die Grundlage für die weitere Planung des Unterrichtsprojekts bzw. einzelner Lernphasen bilden. Man kann also auf diesen Einstieg immer wieder verweisen und die eigene Vorgehensweise daran abgleichen, man kann auch mit den Schüler*innen gemeinsam das weitere Vorgehen planen und hier Ideen sammeln.

Lernaufgaben

1. Phase: Propheten des AT: Kritiker und Visionäre

In dieser Phase steht die Arbeit an biblischen Textstellen zu den Propheten Jeremia und Amos (**E2**, **E3**) im Zentrum der Lernarbeit. Die Schüler*innen arbeiten arbeitsteilig in Einzelarbeit *(think)*, dann in Partnerarbeit *(pair)* an einem der Propheten und stellen ihre Ergebnisse im Plenum *(share)* vor. Zusätzlich zu der Arbeit an den biblischen Textstellen wird der konkrete historische Kontext berücksichtigt.

Ausführung digital: Anstelle der Arbeit mit ausgelegten Bibeln können die Schüler*innen die Texte mit Smartphone/Tablets in einer Onlinebibel[6] aufrufen.

2. Phase: Das Mädchen, das für sechs Minuten die Welt zum Schweigen brachte

Nach der Diagnoseaufgabe und der Auseinandersetzug mit den Sprachformen und Handlungen, dem Auftrag und den Visionen alttestamentlicher Propheten wird in der zweiten und dritten Phase der Lernarbeit ein eigenverantwortliches Arbeiten an aktuellen Formen prophetischen Auftretens und Redens initialisiert.

Die Schüler*innen arbeiten in Kleingruppen in der zweiten Phase zunächst an einer Pflichtaufgabe: Nach der Sichtung eines Videos vergleichen sie die Rede der damals 12jährigen Severn Suzuki bei einer UN-Umweltkonferenz 1992 in Rio de Janeiro mit dem Auftreten der alttestamentlichen Propheten und erstellen zusammen mit den Ergebnissen der Diagnoseaufgabe in der »classroom speakers corner« eine Mindmap zum prophetischen Handeln (**E4**). Die Mindmaps entstehen entweder auf einem Plakat oder werden *digital* mit einer App oder online[7] erstellt.

Diese Phase schließt mit einer Plenumsdiskussion zur Frage: »Ist Severn Suzuki eine Prophetin?«

3. Phase: Visionäre und ihre Visionen einer gerechten Welt heute

Die Kleingruppen wählen aus dem Materialpool in **E5**–**E7** zwei Personen oder Gruppen aus, die sie für eine Präsentation vor der Lerngruppe bearbeiten.

Die Aufgaben für die Wahlaufgaben finden sich jeweils auf den Arbeitsblättern.

> **E5.1/E5.2** Aufgaben:
> 1. Lest beide Liedtexte aufmerksam durch und schaut euch die entsprechenden Videos dazu an.
> 2. Charakterisiert die jeweilige »Vision von einer gerechteren Welt«, die sich in den Liedtexten/Videos ausdrückt, aber auch die dort geäußerte Kritik an der Haltung der Menschen, die diese Vision erkennen und schließlich umsetzen sollten.
> 3. Beurteilt die Rolle der Künstler hinsichtlich solch »prophetischer« Äußerungen in der heutigen Welt.

> **E6** Aufgaben für Einzel- und Partnerarbeit:
> 1. Beschreibe die auf den Doppelbildern dargestellten Problemfelder. Beschreibe und beurteile dazu jeweils die links/oben abgebildete Haltung der (westlichen) Menschen und die Folgen für die rechts/oben darstellten Menschen in anderen Teilen der Welt.
> 2. Arbeite nun mit deinem Partner/deiner Partnerin/deiner Gruppe an einer Präsentation, die verdeutlicht, was hinter diesen Bildern »alles steckt« (welche Probleme zeigen sich hier, welche Kritik wird hier geäußert, was müsste für eine »gerechte« Welt alles anders werden, welche »prophetische« Rolle übernimmt eine Organisation wie die Caritas z. B. in diesem Kontext?)
>
> *Hilfestellungen für die zusätzliche Recherche (wenn erforderlich):*
> – Pflegenotstand, Pflegekräfte aus dem Ausland, Arbeitszeiten – Freizeiten, …
> – Wohlstandsgesellschaft, Ressourcen, Ausbeutung, Wassermangel als Fluchtursache, …

> **E7** Aufgaben für Einzel- und Partnerarbeit:
> 1. Mache dich mit dem Leben, den Idealen und den Todesumständen einer der beiden Personen (Oscar Romero oder Martin Luther King) vertraut.
> 2. Arbeite nun mit deinem Partner/deiner Partnerin/deiner Gruppe an einer Präsentation, die verdeutlicht, was hinter diesen beiden besonderen Persönlichkeiten an »prophetischer« Kraft (bis heute) steckt. Verdeutliche das z. B. durch Zitate, durch Menschen oder Organisationen, die sich bis heute auf sie berufen.

Die Präsentation der Ergebnisse der Wahlaufgaben kann *digital* durch *learning snacks*[8] unterstützt werden. Dabei werden im Sinne von »Lernen durch Lehren« online aus den recherchierten und erarbeiteten Ergebnissen kleine Lerneinheiten (snacks) erstellt mit dem Ziel, dass sich die Schüler*innen einer anderen Lerngruppe interaktiv (mithilfe einer App auf dem Smartphone, auf dem Tablet oder im Internetbrowser) damit auseinandersetzen.

Evaluation

Den Abschluss der Reihe und damit die Evaluation bildet dann, ganz im Sinne des Einstiegs, eine eigene Rede, die auf der Schulhomepage unter der Rubrik »Speakers' Corner« abgedruckt werden kann oder mit dem Smartphone/Tablet aufgenommen wird. Alternativ bietet sich auch eine Postkartenaktion an, mit der auf einen aktuellen (schulischen) Missstand hingewiesen wird (Vermüllung/Mülltrennung, überflüssige Plastikverpackungen – Einführung von Brotdosen, Klimaprojekt, Sponsored Walk zur Unterstützung von gemeinnützigen Organisationen u. a.).

Anmerkungen

1. https://de.wikipedia.org/wiki/Fake_News (Zugriff am 22.1.19).
2. https://anregungen.files.wordpress.com/2017/02/web-medienpaedagogische_broschuere-kurz.pdf (Zugriff am 22.1.19).
3. Z. B. Jer 16,5; Mi 2,3; https://www.bibelwissenschaft.de/wibilex/das-bibellexikon/lexikon/sachwort/anzeigen/details/botensendung-botenformel-botenspruch/ch/1a47de88e9c-6356c617c71a9890523ae/ (Zugriff am 22.1.19).
4. Der QR-Code kann z. B. mit dem Add-In Office QR für die MS Office Programme oder auf der Internetseite https://www.qrcode-generator.de/kostenlos erstellt werden und von den Schüler*innen mithilfe einer QR-App auf dem Smartphone/Tablet abgerufen werden.
5. Sinnvoll ist es dafür, vorher einen Kurzlink zu erzeugen, z. B. mit dem datenschutzfreundlichen Kurz-URL-Service https://t1p.de (Zugriff am 22.1.19).
6. Z. B. www.bibleserver.com; www.die-bibel.de (Zugriff am 22.1.19).; http://www.bibelwerk.de/Bibel.12790.html/Einheitsuebersetzung+online.12798.html (Zugriff am 22.1.19).
7. Z. B. www.mindmeister.com (Zugriff am 22.1.19).
8. www.learningsnacks.de – dort finden sich weitere Information zum Einstieg. Weitere Informationen auf https://www.betzold.de/blog/learning-snacks/; alternativ kann auch mit LearningApps auf https://learningapps.org/ gearbeitet werden (Zugriff bei allen Links am 22.1.19).

E1 Speakers Corner – was ich immer schon mal sagen wollte

In den letzten Ferien hat einer deiner besten Freunde mit seiner Familie eine Reise nach London unternommen und dir nach seiner Rückkehr natürlich seine Fotos auf dem Handy gezeigt. Unter anderem war er auch im Hyde Park und zeigt dir auf einem Bild einen besonderen Ort: »Speakers Corner«. Immer noch etwas irritiert berichtet er davon: »Da stellen sich Menschen einfach an diesen Ort, um mit den Passanten zu sprechen. Einige seien stehengeblieben, andere seien einfach weitergegangen. Irgendwie lag eine Faszination an diesem Ort …«

AUFGABEN:
1. Stell dir vor: In unserer Schule ist eine »Speakers Corner« eingerichtet. Über welche Themen und Sachverhalte möchtest du die Welt informieren/aufklären und mit allen, die stehenbleiben, ins Gespräch kommen?
2. Welche innere Haltung, welche besondere Charaktereigenschaften musst du haben, damit du mit deinen Mitschülerinnen und Mitschülern über diese Themen sprechen kannst?

Visionen einer gerechteren Welt | 53

E2 Propheten – zum Beispiel Jeremia

Propheten in der Bibel: Ihre Haltung und ihre Visionen einer gerechten Welt

AUFGABEN:

1. Lies folgende Textstellen sorgfältig durch.
   Schreibe Angaben zur Person, zu den Aufgaben und der Botschaft des Propheten Jeremia auf die Rückseite dieses Arbeitsblatts oder einen eigenen Notizzettel:

   Jer 1,4–10   Jer 1,13–19   Jer 7,1–11   Jer 19,1–11   Jer 22,13–19

2. Vergleiche deine Ergebnisse mit einer Partnerin/einem Partner.

3. Um diese Textstellen richtig einordnen zu können, muss man die Zeit kennenlernen, in der Jeremia gelebt hat. In dem Infokasten findest du wichtige Informationen. Lies den Text im Wechsel mit deiner Partnerin/ deinem Partner.

WO und WANN hat Jeremia gelebt?

Der Name Jeremia ist wie ein Lebensmotto. Er bedeutet: »Jahwe (Gott) richtet auf«.

Aus dem Buch im AT wissen wir, woher Jeremia stammt und wann er als Prophet auftritt: Seine Familie wohnt in Anatot, ca. 10 km nordöstlich von Jerusalem. Geboren ist er ca. 650 v. Chr., zum Propheten wird er 626 v. Chr. berufen. Sein Auftreten fällt unter die Regierungszeit der Könige Josia, Jojakim und Zedekia. Vermutlich war Jeremia unverheiratet. Die meisten Zeit seines Lebens hat er vermutlich in Jerusalem verbracht.

Jeremia tritt in einer sehr schwierigen Zeit auf. Das Volk Israel hatte sich schon vor vielen Jahren in zwei Staaten geteilt. Der nördliche Staat mit der Hauptstadt Israel existierte schon mehr als hundert Jahre nicht mehr. Die Assyrer hatten das Land überfallen, viele Menschen waren verschleppt worden, andere Völker wurden im Nordreich angesiedelt.

Der südliche Staat Juda mit der Hauptstadt Jerusalem war übrig geblieben, aber auch ihm drohte ein ähnliches Schicksal. Die Babylonier hatten 612 v. Chr. die Assyrer besiegt und suchten die Vorherrschaft im Alten Orient. König Josia von Juda fällt 609 v. Chr. in einer Schlacht gegen die Ägypter, sein Sohn Jojakim sucht den Schutz der Ägypter. Doch die Ägypter werden von den Babyloniern in der Schlacht bei Karekmisch 605 v. Chr. besiegt. Die Babylonier belagern Jerusalem, Jojakim und ein Teil der Jerusalemer Oberschicht (Adelige, Priester, Kaufleute) werden nach Babylon verschleppt.

Als der von den Babyloniern eingesetzte König Zedekia den Aufstand wagt, belagern die Babylonier die Hauptstadt Jerusalem ein zweites Mal, 587 v. Chr. erobern sie Jerusalem, zerstören den Palast und die Tempel. Und wieder werden viele Israeliten nach Babylon verschleppt und dort angesiedelt. Dieses »babylonische Exil« sollte 70 Jahre dauern.

Nach der Zerstörung Jerusalems bleibt nur ein kleiner Teil der Bevölkerung zurück. Unter ihnen auch Jeremia. Wo und wann er gestorben ist, wissen wir nicht.

E3 Propheten – zum Beispiel Amos

Propheten in der Bibel: Ihre Haltung und ihre Visionen einer gerechten Welt

AUFGABEN:
1. Lies folgende Textstellen sorgfältig durch.
   Schreibe Angaben zur Person, zu den Aufgaben und der Botschaft des Propheten Amos auf die Rückseite dieses Arbeitsblatts oder einen eigenen Notizzettel:

   Amos 7,10-17   Amos 3,3-8   Amos 6,3-6   Amos 5,21-24   Amos 5,7-12

2. Vergleiche deine Ergebnisse mit einer Partnerin/einem Partner.
3. Um diese Textstellen richtig einordnen zu können, muss man die Zeit kennenlernen, in der Amos gelebt hat. In dem Infokasten findest du wichtige Informationen. Lies den Text im Wechsel mit deiner Partnerin/ deinem Partner.

WO und WANN hat Amos gelebt?

Amos lebte etwa um 760 v. Chr. In dieser Zeit hatte sich das Volk Israel bereits in zwei Staaten aufgeteilt: Der Staat Israel mit der Hauptstaat Samaria im Norden und der Staat Juda im Süden mit der Hauptstadt Jerusalem. Beide Staaten waren verfeindet.

Damit die Bevölkerung des Nordstaates Israel nicht immer zum Tempel in die feindliche Hauptstadt Jerusalem pilgerte, hatte König Jerobeam II. einen Tempel in Bethel weihen lassen. Hier sollte sein Volk Jahwe (Gott) verehren und anbeten und vor allem auch seine Opferfeste feiern und damit auch sein Geld ausgeben.

Amos stammte ursprünglich aus dem Dorf Thekoa im Süden, wirkte aber in der zweiten Regierungshälfte Jerobeams II., also 760–750 v. Chr., in Israel im Norden. Er trat gegen die Korruption der Richter und Priester und die Ausbeutung der Landbevölkerung durch den Königshof und die Oberschicht von Samaria auf.

Denn in dieser Zeit erlebte Israel eine wirtschaftliche Blütezeit: Die Assyrer hatten bereits die Aramäer und deren Hauptstadt Damaskus im Norden Israels eingenommen, im Süden herrschten die Ägypter. So konnte Jerobeam II. die Handelswege zwischen Assyrien und Ägypten kontrollieren und verdiente dabei viel Geld durch Steuern und Zölle.

Aber im Staat Israel gab es große soziale Unterschiede zwischen Arm und Reich, Stadtbevölkerung und Landbevölkerung. Denn der König verlangte von den Bauern hohe Abgaben, die sie oft nicht zahlen konnten. Die ehemals selbstständigen Bauern mussten deshalb ihr Land verkaufen und arbeiteten als Landarbeiter für Großgrundbesitzer und die städtische Oberschicht, zu der die Königsfamilie und die obere Schicht der Priester gehörte.

E4 Severn Suzuki

Bekannt wurde Severn Suzuki als das Mädchen, das im Jahr 1992 für sechs Minuten die Welt zum Schweigen brachte. Damals war Severn Suzuki zwölf Jahre alt und hielt auf der ersten Konferenz der Vereinten Nationen über Umwelt und Entwicklung, die in Rio de Janeiro stattfand, eine Rede – und viele Menschen, nicht nur im Konferenzraum, sondern in aller Welt hörten ihr zu.

AUFGABEN:
Ihr arbeitet in einer Kleingruppe.

1. Nehmt euch sechs Minuten Zeit! Seht euch gemeinsam das Video an, das von der Rede aufgenommen wurde.
   Ihr findet das Video auf https://www.youtube.com/watch?v=Sj00vO48MTk (Zugriff am 22.1.19).
   Wenn ihr die Rede nachlesen wollt: Sie steht auf:
   https://die-kunst-zu-leben.de/die-rede-von-severn-suzuki/ (Zugriff am 22.1.19).
2. Vergleicht die Themen und Inhalte, die Severn anspricht mit euren eigenen Themen in unserer »Classroom Speakers Corner« und euren Erkenntnissen aus der Beschäftigung mit den biblischen Propheten Amos und Jeremia.
3. Beobachtet die Haltung, die Art und Weise wie Severn auftritt, mit den Haltungen, die ihr in der »Classroom Speakers Corner« gesammelt und bei Amos und Jeremia gefunden habt.

Zusammenfassende Aufgabe:

4. Entwickelt aus euren Entdeckungen in eurer Kleingruppe gemeinsam eine Mindmap zum Thema Propheten. Achtet dabei auf die verschiedenen Aspekte (Äste), die ihr dabei unterscheiden könnt, z. B. Themen, Handlungen, Auftreten usw.

Übrigens: Was macht Severn Suzuki eigentlich heute?
Severn wurde 1979 in Vancouver/Kanada geboren. Sie heißt heute Severn Cullis-Suzuki und arbeitet immer noch als Umweltaktivistin, Kulturbotschafterin, Fernsehmoderatorin und Autorin. 2012 hielt sie noch einmal eine Rede vor der Konferenz der Vereinten Nationen über nachhaltige Entwicklung – in Rio de Janeiro, dort wo ihr 1992 mit zwölf Jahren die Welt sechs Minuten lang zugehört hatte. Sie stellte fest: Nach 20 Jahren hat sich die Situation der Erde immer mehr verschlimmert.

E5.1 Tim Benzko: Nur kurz die Welt retten

Ich wär' so gern dabei gewesen
Doch ich hab viel zu viel zu tun
Lass uns später weiter reden
Da draußen brauchen sie mich jetzt
5 Die Situation wird unterschätzt
Und vielleicht hängt unser Leben davon ab
Ich weiß, es ist dir ernst, du kannst mich hier grad nicht entbehren
Nur keine Angst, ich bleib nicht allzu lange fern

10 Muss nur noch kurz die Welt retten
Danach flieg' ich zu dir
Noch 148 Mails checken
Wer weiß, was mir dann noch passiert,
denn es passiert so viel
15 Muss nur noch kurz die Welt retten
Und gleich danach bin ich wieder bei dir

Irgendwie bin ich spät dran
Fang schon mal mit dem Essen an
Ich stoß dann später dazu
20 Du fragst, wieso weshalb warum
Ich sag, wer sowas fragt, ist dumm
Denn du scheinst wohl nicht zu wissen, was ich tu
'Ne ganz besondere Mission
Lass mich dich mit Details verschonen
25 Genug gesagt, genug Information

Muss nur noch kurz die Welt retten
Danach flieg' ich zu dir
Noch 148 Mails, checken
Wer weiß, was mir dann noch passiert,
denn es passiert so viel 30
Muss nur noch kurz die Welt retten
Und gleich danach bin ich wieder bei dir

Die Zeit läuft mir davon, zu warten wäre eine Schande für die ganze Weltbevölkerung
Ich muss jetzt los, sonst gibt's die große Katastrophe 35
Merkst du nicht, dass wir in Not sind?

Ich muss jetzt echt die Welt retten
Danach flieg' ich zu dir
Noch 148 Mails checken
Wer weiß, was mir dann noch passiert, 40
denn es passiert so viel

Muss nur noch kurz die Welt retten
Danach flieg' ich zu dir
Noch 148.713 Mails checken
Wer weiß, was mir dann noch passiert, 45
denn es passiert so viel
Muss nur noch kurz die Welt retten
Und gleich danach bin ich wieder bei dir

Songwriter: Mo Brandis/Moritz Bernhardt/Simon Triebel/
Tim Bendzko © Sony/ATV Music Publishing LLC

Video auf: https://www.youtube.com/watch?v=4BAKb2p450Q
(Zugriff am 22.1.19)

E5.2 Pink: Dear Mr. President

Sehr geehrter Herr Präsident
Komm, mach einen Spaziergang mit mir
Lass uns so tun, als ob wir zwei normale Leute
wären und du nicht besser als ich wärst
5 Ich würde dir gerne ein paar Fragen stellen
Wenn wir ehrlich miteinander sprechen können

Was fühlst du, wenn du all die Obdachlosen auf der Straße siehst?
Für wen betest du nachts, bevor du schlafen gehst?
10 Was fühlst du, wenn du in den Spiegel schaust? Bist du stolz?

Wie schläfst du, während der Rest von uns weint?
Wie träumst du, wenn eine Mutter keine Chance hat, sich zu verabschieden?
15 Wie kannst du mit hocherhobenem Kopf gehen?
Kannst du mir überhaupt in die Augen schauen?
Und mir sagen: Warum?

Sehr geehrter Herr Präsident
Warst du ein einsamer Junge?
20 Bist du ein einsamer Junge?
Wie kannst du nur sagen, dass kein Kind alleine zurückgelassen wird?
Wir sind nicht dumm und wir sind nicht blind
Sie sitzen alle in deinen Gefängniszellen
25 Während du uns den Weg zur Hölle ebnest

Was für ein Vater würde seiner eigenen Tochter die Rechte nehmen?
Was für ein Vater würde seine eigene Tochter hassen, wenn sie lesbisch wäre?
30 Ich kann mir gut vorstellen, was die First Lady zu sagen hat
Du hast einen langen Weg hinter dir, voller Whiskey und Kokain

Wie schläfst du, während der Rest von uns weint?
Wie träumst du, wenn eine Mutter keine Chance hat, 35
sich zu verabschieden?
Wie kannst du mit hocherhobenem Kopf gehen?
Kannst du mir überhaupt in die Augen schauen?
Und mir sagen: Warum?

Lass mich dir über harte Arbeit erzählen: 40
Mindestlohn und schwanger
Lass mich dir über harte Arbeit erzählen:
Dein Haus wieder aufbauen, nachdem es von den Bomben zerstört wurde
Lass mich dir über harte Arbeit erzählen: 45
Sich ein Bett aus Pappkartons machen müssen
Lass mich dir was über harte Arbeit erzählen
Harte Arbeit, Harte Arbeit!
Du weißt überhaupt nichts über harte Arbeit
Harte Arbeit, Harte Arbeit! 50

Wie schläfst du nachts?
Wie kannst du mit hoch erhobenem Kopf gehen?

Sehr geehrter Herr Präsident,
du würdest nie mit mir einen Spaziergang machen, stimmt's? 55

Songwriter: Alecia Moore/Billy Mann © Sony/ATV Music Publishing LLC, BMG Rights Management US, LLC

Video auf: https://www.youtube.com/watch?v=1f8S5u01E0Y (Zugriff am 22.1.19)

Originaltext auf Englisch z. B. auf: https://www.songtexte.com/songtext/pnk/dear-mr-president-bdb7d22.html (Zugriff am 22.1.19)

E6 Globale Nachbarn – weit weg ist näher als du denkst

Die Caritas (dt. = Nächstenliebe) ist der Wohlfahrtsverband der Katholischen Kirche in Deutschland. Die zur Caritas gehörenden Verbände sind Träger von Krankenhäusern, Sozialstationen, Beratungsstellen für Obdachlose und vieles mehr. Jedes Jahr macht die Caritas-Kampagne auf eine besondere Situation aufmerksam. Im Jahr 2014 sind es die »Globalen Nachbarn«, die zeigen, wie unser Handeln sich auf die Welt auswirkt. Die Bilder auf diesem Arbeitsblatt zeigen Plakate aus dieser Kampagne:

Visionen einer gerechteren Welt | 59

E7 Visionen für eine gerechtere Welt

AUFGABEN:
1. Du arbeitest zunächst in Einzelarbeit. Mache dich mit dem Leben, den Idealen und den Todesumständen einer der beiden Personen vertraut.
2. Arbeite nun mit deinem Partner/deiner Partnerin/deiner Gruppe an einer Präsentation, die verdeutlicht, was hinter diesen beiden besonderen Persönlichkeiten an »prophetischer« Kraft (bis heute) steckt. Verdeutliche das z. B. durch Zitate, durch Menschen oder Organisationen, die sich bis heute auf sie berufen.

Oscar Romero (1917–1980)
war katholischer Erzbischof in dem lateinamerikanischen Staat El Salvador. Damals herrschte in seinem Land eine Militärdiktatur. Er forderte soziale Gerechtigkeit und politische Reformen.

Informationen findest auf diesen Internetseiten/per QR-Code:

https://www.adveniat.de/informieren/persoenlichkeiten/oscar-romero/;
https://www.swr.de/swr2/programm/sendungen/wissen/oscar-romero-el-salvador/-/id=660374/did=22367868/nid=660374/aczqy6/
(Zugriff am 22.1.19)

Martin Luther King (1929–1968)
war ein Baptistenpastor in den Vereinigten Staaten. Er wurde einer der wichtigsten Vertreter der amerikanischen Bürgerrechtsbewegung, die sich u. a. für die Aufhebung der Rassentrennung in den USA einsetzte.

Informationen findest auf diesen Internetseiten/per QR-Code:

https://www.zdf.de/kinder/logo/wer-war-martin-luther-king-100.html;
https://www.geo.de/geolino/mensch/2183-rtkl-weltveraenderer-martin-luther-king
(Zugriff am 22.1.19).

Füreinander da sein – Caritas/Diakonie

Manfred Karsch/Rudolf Hengesbach

Religionspädagogischer Kommentar – konfessionelle Perspektiven – Lernchancen

Diakonie und Caritas – zwischen Lebensäußerungen von Kirche und sozialem Wirtschaftsunternehmen

Seit den Anfängen (Apg 2,42) gehört die *diakonia* (Christ*innen helfen einander und anderen) neben der *liturgia* (Christ*innen feiern Gottesdienst), der *martyria* (Christ*innen erzählen von Gott und Jesus Christus) und der *coinonia* (Christ*innen leben in geliebter Liebe zusammen) zu den grundlegenden Lebensäußerungen von Kirche. Ohne die gelebte Nächstenliebe (Mk 12,28–34 par.) verliert der christliche Glaube ein wichtiges Standbein und seine Glaubwürdigkeit. *Caritas* (lat.: Liebe, Nächstenliebe) und *Diakonie* (griech. = Dienst) beschreiben als helfendes Handeln wichtige Aufgaben von Christ*innen jeder Konfession. Sobald Diakonie und Caritas über den Bereich des christlichen Alltagshandelns hinausreichen und zu Institutionen werden, erweisen sie sich aus kirchlicher Binnenperspektive wie in gesellschaftlicher Außenwahrnehmung als kirchliche Stieftöchter.[1] Diese Einsicht wurzelt in zwei Entwicklungen:

- Die organisierte Caritas und Diakonie wie sie sich heute im Deutschen Caritasverband und dem Diakonischen Werk der EKD[2] darstellen, haben ihre geschichtlichen Wurzeln in den Antworten einzelner engagierter Christ*innen des 18./19. Jh. angesichts der sozialen Fragen der industriellen Revolution.[3] Die Initiativen und Vereine der Caritas und Diakonie entwickelten sich zum großen Teil jenseits der Strukturen der verfassten Kirchen, schlossen sich Ende des 19. Jh. zu jeweiligen Verbänden zusammen und agieren heute in den Rechtsformen von Vereinen oder in Körperschaften des öffentlichen Rechts. Die Einrichtungen der Caritas und Diakonie mit zusammen über einer Million hauptamtlich Mitarbeitenden gehören zu den größten Arbeitgebern in Deutschland.
- Beide Organisationen zählen zu den sechs Spitzenverbänden der Freien Wohlfahrtspflege. Die Finanzierung ihrer Arbeit in den vielfältigen Bereichen[4] erfolgt nur in einem geringen Teil aus Kirchensteuermitteln, Spenden, Zuwendungen und Stiftungen, sondern zu weit über 90 Prozent aus staatlichen Mitteln oder den Sozialversicherungen. Caritas und Diakonie befinden sich deshalb in einer immer wiederkehrenden Diskussion um Fragen eines christlichen, an der Nächstenliebe orientierten Leitbildes einerseits und profitablen wirtschaftlichen Interessen andererseits.
- Ungeachtet dieser Entwicklungen ist die Zahl der ehrenamtlich in diesen Arbeitsfeldern tätigen Christ*innen hoch und geht auch hier über die Millionengrenze. Die Vernetzung von haupt- und ehrenamtlich Mitarbeitenden sowie die Motivation zum Ehrenamt ist eine besondere Aufgabe von Caritas und Diakonie.
- Der RU leistet für die Motivation zum helfenden Handeln einen wichtigen Beitrag. In vielen Schulen haben sich Sozial- und Diakoniepraktika etabliert. Die Lernarbeit bahnt die diakonische Kompetenz der Schüler*innen an.[5] Der KoKoRU zeigt nicht die marginalen Unterschiede zwischen Caritas und Diakonie auf, sondern bietet den Schüler*innen die *Lernchancen*, die gemeinsamen biblisch-christlichen Wurzeln einer Kultur der Zuwendung und des Helfens zu entdecken und zu beurteilen. Sie erhalten einen Einblick in die vielfältigen Aufgaben heutiger caritativer/diakonischer Aufgabenfelder.

Wer ist mein Nächster? – Das Dilemma helfenden Handelns im Alltag

Caritas und Diakonie finden eine Vielzahl von biblischen Wurzeln im Alten wie im Neuen Testament.[6] Herausragender Klassiker ist dabei die Geschichte vom barmherzigen Samariter (Lk 10,25–37). Sie klärt die Frage nach der Zielperson des helfenden Handelns in einer konkreten Situation: Der Helfer wird dem zum Nächsten, der seiner Hilfe bedarf: »Dann geh hin und handle genauso« (Lk 10,37). Christ*innen werden aufgefordert und ermutigt, in dieser Weise das Gebot der Nächstenliebe in die Tat umzusetzen.

Die folgende Unterrichtsskizze setzt voraus, dass die Schüler*innen in der Grundschule und den unteren Klassen der Sek I das Gleichnis bereits kennengelernt haben. Gerade im Hinblick auf eine leichtfertige Übertragung der Geschichte auf aktuelle Alltagssituationen deutet sich aber nicht nur für Jugendliche eine grundsätzliche Dilemmasituation an: Während das Gleichnis für den*die Hörer*in der Geschichte eine eindeutige Notsituation des Menschen, der unter die Räuber gefallen ist, konstruiert, also akute Hilfe notwendig ist, stehen gegenwärtig Menschen bisweilen vor der Frage, ob eine akute Notlage tatsächlich vorliegt oder nur simuliert wird.

Eine geeignete exemplarische Situation ist das immer wiederkehrende Dilemma des Verhaltens angesichts des Bettelns im öffentlichen Raum. Es eignet sich deshalb besonders für eine Diagnoseaufgabe (**F1**) und klärt Urteile und Vorurteile bei der Wahrnehmung und Deutung dieser uneindeutigen Notsituation. Die die Diagnose abschließende Diskussion der Ratschläge von Caritas und der Diakonie (**F2**) initiiert einen ersten Dialog über Fragen des helfenden Handelns und informiert in Grundzügen über die beiden zu untersuchenden Organisationen.

Die sieben Werke der Barmherzigkeit

Eine weitere Ursprungsgeschichte von Caritas und Diakonie stellt das Gleichnis vom Endgericht (Mt 25,31–45) dar: Der wiederkehrende Christus fragt nach dem helfenden Handeln und deutet dies als Christusbegegnung: »Christus selbst hat sich verborgen unter der Maske der Bedürftigen. ›Was ihr getan habt einem von diesen meinen geringsten Geschwistern, das habt ihr mir getan‹ (Vers 40).«[7]

Die Hungrigen speisen, die Durstigen tränken, die Fremden beherbergen, die Nackten kleiden, die Kranken pflegen, die Gefangenen besuchen – was im Gleichnis eingefordert wird, wurde in der christlichen Tradition – ergänzt um das weitere Werk »die Toten begraben« – zu den sieben Werken der Barmherzigkeit zusammengefasst. Diesen sieben Zielgruppen helfenden und unterstützenden Handelns lassen sich noch heute viele Arbeitsfelder der Caritas und Diakonie zuordnen. Mit den Lernaufgaben erhalten die Schüler*innen die *Lernchance*, exemplarische Arbeitsfelder von Caritas und Diakonie zu erkunden. Alternative und zu kombinierende Methoden und Sozialformen der Lernangebote können sich durch Schulpraktika in caritativen und diakonischen Einrichtungen, Exkursionen zu ausgewählten Lernorten, Befragung von Experten und authentischen Personen sowie die Internetrecherche ergeben.

Diakonisches Lernen im Religionsunterricht

Sofern es die schulischen Voraussetzungen ermöglichen, sollte die folgende Unterrichtsskizze für den KoKoRU mit einem Diakonie- oder Sozialpraktikum vernetzt werden. Aufgabe des KoKoRU ist es, über Informationen zu den Institutionen Caritas und Diakonie hinaus praktische Erfahrungen in ihren Handlungsfeldern zu ermöglichen. Hierzu können die eventuell bereits vorhandenen lokalen Kontakte zu Einrichtungen der Caritas und der Diakonie genutzt werden.

Im Zentrum des Praktikums steht das diakonische Lernen: »Indem die Jugendlichen Menschen und Orte aufsuchen, die nicht in ihrem alltäglichen Erfahrungsfeld liegen, fordern sie ihre eigene Umgebung heraus und werden selbst gefordert. Sie müssen physische wie psychische Belastungen aushalten, Stellung beziehen, neue Verhaltensweisen einüben, Verständnis und Toleranz lernen, Bestätigung suchen, können dabei erweiterte Einsichten und Selbstvertrauen gewinnen.«[8] Für die weitere Planung und methodische Ausgestaltung einer solchen Praktikumsphase sei auf die entsprechenden Praxisbücher zum diakonischen Lernen verwiesen.[9]

Verantwortung übernehmen als Kernkompetenz diakonischen Lernens

Hilfe durch dich gleich Herz hoch zwei – mit diesem Logo wirbt die Caritas im Erzbistum Paderborn für das ehrenamtliche Engagement in ihren Arbeitsfeldern.[10] Der Einsatz von Ehrenamtlichen in den Arbeitsfeldern von Caritas und Diakonie schlägt den Bogen von den institutionell organisierten Hilfs- und Unterstützungsangeboten zurück zu den Möglichkeiten caritativen und diakonischen Alltagshandelns jedes*jeder Einzelnen. Durch die Erkundung der Angebote von Caritas und Diakonie in der Lernarbeit erhalten die Schüler*innen die *Lernchance*, Möglichkeiten ehrenamtlichen Engagements für sich auch über das Unterrichtsprojekt hinaus zu entdecken. Schüler*innen der mittleren Jahrgänge der Sek I sollten dabei nicht überfordert werden.

Die Anbahnung diakonischer Kompetenz beginnt in kleinen Schritten. Die Evalutionsaufgabe wird deshalb zur realistischen Einschätzung der eigenen Handlungsmöglichkeiten gestellt. Die Schüler*innen setzen sich erneut mit der in der Diagnosesituation gestellten Situation auseinander, entdecken und beurteilen die Angebote von Caritas und Diakonie für diese Personengruppe sowie ihre eigenen Möglichkeiten des Handelns für diesen Personenkreis mithilfe einer modernen Übertragung der die sieben leiblichen Werke der Barmherzigkeit ergänzenden sieben geistlichen Werke der Barmherzigkeit: *Einem Menschen sagen: Du gehörst dazu, ich höre dir zu, ich rede gut über dich, ich gehe ein Stück mit dir, ich teile mit dir, ich besuche dich, ich bete für dich.*[11]

Verlaufsplan

Einstieg – Diagnoseaufgabe

Die Diagnoseaufgabe erfolgt in zwei Schritten. Die Schüler*innen nehmen auf Arbeitsblatt **F1** eine fast alltägliche Situation wahr: Ein Passant wirft einem Bettler eine Münze in den bereitgestellten Becher. Die Schüler*innen wählen vorgegebene Äußerungen zu dieser Szene aus und begründen ihre Auswahl. Kleingruppen diskutieren und nehmen Stellung.

> **F1** Aufgaben für Einzelarbeit/Kleingruppen:
> 1. Um das Bild herum findest du Sätze, die Menschen in einer solchen Situation denken oder sagen. »Das habe ich auch schon mal gedacht!« Wähle zwei der Sätze aus, begründe deine Wahl.
> 2. Drei Sprechblasen sind noch leer. Ergänze sie mit eigenen Gedanken zu dem Bild.
> 3. Stelle deine Ergebnisse in deiner Gruppe vor.

Die Kleingruppen nehmen anschließend die Kurzinfo zu Caritas und Diakonie auf **F2** zur Kenntnis und untersuchen die Texte auf ähnliche und andere Argumente zum Thema »Betteln in der Innenstadt«.

> **F2** Aufgaben für Partnerarbeit/Kleingruppen:
> Zwei Vertreter der Caritas und Diakonie äußern sich zum Thema »Betteln in der Innenstadt«.
> 1. Arbeite zusammen mit einem Partner/einer Partnerin. Jeder von euch entscheidet sich für einen der beiden Texte und markiert in seinem Text mit zwei Farben: Mit welchen Argumenten bestärkt oder entkräftet euer Text die Aussagen auf F 1? Welche Möglichkeiten zeigt er, dem Bettler zu helfen?
> 2. Stellt euch die Ergebnisse gegenseitig vor.
> 3. Stellt in eurer Gruppe eine Liste zusammen: »Geld für Straßenbettler – Pro und Contra«.

Ein Gespräch sammelt Pro- und Contra-Argumente an der Tafel. Die Lehrkraft hängt in die Mitte das Logo »Hilfe durch dich …«. Die Schüler*innen deuten das Logo: Helfen kann auch ich – aber wie? Die Pro-Contra-Liste wird für die Lernaufgaben gesichert.

Lernaufgaben

1. Phase: Barmherzigkeit als Motiv von Caritas und Diakonie

Die Schüler*innen entdecken das Gleichnis vom barmherzigen Samariter als Ursprungsgeschichte des helfenden Handelns.

> **F3** Aufgaben für Kleingruppen/Einzelarbeit:
> 1. Lest den Text in eurer Kleingruppe laut mit verteilten Rollen (Jesus – der Gesetzeslehrer).
> 2. Überlege: »Wenn ich in dieser Geschichte vorkäme, wäre ich am liebsten: der Mann, der überfallen wurde; der Priester; der Levit; der Wirt; der Esel; der Samariter?« Begründe deine Wahl.
> 3. Verteilt die Rollen in eurer Kleingruppe und erzählt nur(!) die eingerahmte Jesusgeschichte aus der Perspektive dieser Person. Dabei sollen auf jeden Fall die fettgedruckten Worte vorkommen: Liebe deinen Nächsten wie dich selbst, Mitleid, Sorge, Barmherzigkeit.

Im Plenum werden die Kernbegriffe des Textes auf die Diagnoseaufgabe bezogen: »Nächstenliebe, Mitleid, (Für-)sorge, Barmherzigkeit – welchen Argumenten unserer Pro-Contra-Liste zum Thema ›Betteln in der Innenstadt‹ können wir sie zuordnen?« Die Schüler*innen entdecken auch die Ambivalenzen zwischen der Geschichte und der aktuellen Situation: Helfendes Handeln beginnt mit der Wahrnehmung der Not des anderen – aber was tut dann not?

2. Phase: Was nottut – die sieben Werke der Barmherzigkeit

Zur Vorbereitung dieser Lernphase hat die Lehrkraft von **F5** die sieben Tafeln des Polyptychons mit den Werken der Barmherzigkeit vom Meister von Alkmaar (1504) auf DIN A3 kopiert und jeweils eine Tafel auf die linke Seite eines Plakatkartons geklebt.[12]

Im Plenum wird mit dem Beamer zunächst nur das mittlere Bild gezeigt, beschrieben und gedeutet: Christus schwebt zwischen zwei Gestalten (es sind Maria und Johannes der Täufer) über einer Beerdigungsszene. Der Text Mt 25,31–34 (**F4**) wird gelesen und auf das Bild bezogen. Anschließend wird das Gesamtkunstwerk als Projektion betrachtet. Der Titel des Bildes wird abschließend genannt.

Sechs Kleingruppen – das Bild in der Mitte wird nicht verteilt – erhalten je einen der vorbereiteten Plakatkartons, untersuchen das jeweilige Bild mithilfe des Textes auf **F4**, ordnen es einem der Werke der Barmherzigkeit zu und stellen es dem Plenum vor.

> **F5** (Bilder) Aufgaben für Kleingruppen:
> 1. Betrachtet euer Bild genau. Achtet vor allem auf die Einzelheiten: Wie sind die Personen dargestellt: arm–reich; alt–jung; Frauen–Männer.
> 2. Welches der Werke, die in Mt 25,35–36 genannt werden, ist auf eurem Bild dargestellt?
> 3. Lest noch einmal Mt 25,40. Auf eurem Bild ist Jesus Christus abgebildet. Wo findet ihr ihn?
> 4. In welcher Form wird im Bild einer oder mehrere der folgenden Begriffe dargestellt: Nächstenliebe, Mitleid, Fürsorge, Barmherzigkeit.
> 5. Bereitet eine Präsentation eures Bildes vor.

Die Bilderarbeitung und Textanalyse wird gesichert, indem die Schüler*innen auf **F5** die sechs Werke der Barmherzigkeit den Bildern zuordnen. Die Lehrkraft erläutert die Herkunft des siebten Werks der Barmherzigkeit: Der Kirchenvater Lactantius (um 250) hat es unter Bezug auf Tobit 1,17–20 hinzugefügt. Im Mittelalter bildeten sich besondere Gemeinschaften, die für Pilger, Menschen auf Reisen sorgten, sich um die Beerdigung von Armen und an der Pest oder anderen Epidemien Verstorbene ohne Angehörige kümmerten.

3. Phase: Helfen – wer, wem, wo, wie? – Entdeckungen in den Handlungsfeldern von Caritas und Diakonie

An dieser Stelle kann das Diakonie- oder Sozialpraktikum in ausgewählten Arbeitsbereichen der Caritas und

Diakonie eingebunden werden. Die Wahl der Handlungsfelder orientiert sich an den sieben Werken der Barmherzigkeit. Vorbereitend, ergänzend oder alternativ recherchieren Kleingruppen im Internet zu den Arbeitsfeldern. Auf **F6** finden sich erste Anregungen und Beispiele für Ausgangspunkte der Recherchearbeit. Diese Beispiele können oder sollen von der Lehrkraft durch Hinweise auf lokale und regionale Angebote ergänzt oder ersetzt werden.

F6 Aufgaben für Kleingruppen:
Eure Gruppe beschäftigt sich mit einem besonderen Arbeitsfeld der Caritas und der Diakonie. Eure Aufgabe ist es, Informationen über die Hilfsleistungen und Unterstützungsangebote des Arbeitsfeldes zusammenzustellen und für einen Galeriegang in eurer Lerngruppe vorzubereiten.
1. Beginnt eure Recherche bei den für das Arbeitsfeld angegebenen Seiten der Caritas oder Diakonie. Weitere Internetseiten findet ihr, wenn ihr in eine Internet-Suchmaschine den Titel eures Arbeitsfeldes und die Worte »Caritas« oder »Diakonie« eingebt.
2. Diese Informationen können wichtig sein:
   – Welche Personengruppen werden durch die Hilfsangebote angesprochen? Warum benötigen diese Menschen Hilfe und Unterstützung?
   – Wie sehen die Hilfs- und Unterstützungsangebote konkret aus? Was wird angeboten?
   – Wo (in eigenen Räumen, mobil auf der Straße oder Zuhause) gibt es diese Angebote? Wo befindet sich die nächste Anlaufstelle in unserer Stadt/Region?
   – Wer arbeitet in diesem Arbeitsfeld? Gibt es hauptamtlich Mitarbeitende und/oder Menschen, die ehrenamtlich ohne Bezahlung mitarbeiten?
   – Könntet ihr selbst in diesem Arbeitsfeld mitarbeiten? Was könntet ihr tun?
3. Stellt eure Ergebnisse auf der rechten Seite eures Plakats zusammen. Benutzt dazu geeignete Bilder, Grafiken oder Texte aus euren Rechercheergebnissen und ergänzt sie mit eigenen Texten.
4. Schreibt dazu: Welche Fragen zu dem Arbeitsfeld sind geblieben, die ihr nicht beantworten konntet?

Evaluation
Nach der Entdeckung der Ursprungsgeschichten des christlich motivierten helfenden Handelns und der Erkundung ausgewählter Arbeitsfelder der Caritas und Diakonie stellen sich die Schüler*innen der in der Diagnoseaufgabe implizit formulierten Anforderungssituation: Betteln in der Innenstadt – wie kann ich richtig helfen? Auf **F7** notieren sie eigene Möglichkeiten der Hilfe sowie die Angebote der in den Lernaufgaben untersuchten sieben Arbeitsbereiche von Caritas und Diakonie. Die Arbeitsaufträge dazu befinden sich auf dem Arbeitsblatt.

Anmerkungen

1. Zum Folgenden vgl. Hofmann, Beate: Diakonie, eine kirchliche Stieftochter – Grundlegende Überlegungen. In: Husmann, Bärbel/Biewald, Roland (Hg.): Diakonie – praktische und theoretische Impulse für sozial-diakonisches Lernen im Religionsunterricht. Leipzig 2010, S. 7–14.
2. Wichtige Informationen finden sich in den Internetauftritten www.caritas.de und www.diakonie sowie in den entsprechenden Wikipedia-Einträgen.
3. Z. B. Johann Hinrich Wichern, Theodor und Friederike Fliedner, Friedrich von Bodelschwingh [ev.]/Wilhelm Emmanuel von Ketteler, Franz Hitze, Lorenz Werthmann [kath.].
4. Einen Überblick bieten Ruddat, Günter/Schäfer, Gerhard K. (Hg.): Diakonisches Kompendium. Göttingen 2005.
5. Vgl. Klappenecker, Gabriele: Diakonische Kompetenz entwickeln – Verantwortung lernen – Didaktische Perspektiven für die Sekundarstufe I und II. Stuttgart 2014.
6. Zitt, Renate: Diakonie und Helfen. In: Zimmermann, Mirjam und Ruben (Hg.): Handbuch Bibeldidaktik. Tübingen 2013, S. 245–250.
7. Steffensky, Fulbert: Orte des Glaubens – die sieben Werke der Barmherzigkeit. Stuttgart 2017, S. 9.
8. Schmidt, Heinz: Sozial-diakonisches Lernen in der Schule. In: Glauben und Lernen 1/2014, S. 63.
9. Fricke, Michael/Dorner, Martin: Werkbuch Diakonisches Lernen. Göttingen 2015; Adam, Gottfried u. a. (Hg.): Unterwegs zu einer Kultur des Helfens – Handbuch des diakonisch-sozialen Lernens. Stuttgart 2006; Fricke, Michael u. a. (Hg.): Konzepte sozialer Bildung an der Schule: Compassion – Diakonisches Lernen – Service Learning. Münster 2018.
10. https://www.caritas-paderborn.de/hilfedurchdich (Zugriff am 22.1.19).
11. Die Ergänzung der sieben leiblichen um die sieben geistigen Werke der Barmherzigkeit gehen auf den Kirchenvater Augustin (354–430) zurück: »Unwissende lehren, Zweifelnden raten, Irrende zurechtweisen, Trauernde trösten, Unrecht ertragen, Beleidigungen verzeihen, für Lebende und Tote beten« (https://www.kathweb.de/lexikon-kirche-religion/w/werke-der-barmherzigkeit.html, Zugriff am 22.1.19).
12. Bilder in hoher Auflösung: https://de.wikipedia.org/wiki/Meister_von_Alkmaar#/media/File:Werken_van_Barmhartigheid,_Meester_van_Alkmaar_(1504).jpg (Zugriff am 22.1.19); eine gute Einführung in das Kunstwerk: https://www.theomag.de/102/am546.htm (Zugriff am 22.1.19); wichtig ist die Wahrnehmung, dass der im mittleren Bild dargestellte wiederkehrende Christus in jeder der in den sechs anderen Bildern dargestellten Personengruppen auftaucht.

F1 Hast Du mal 'nen Euro?

Du kennst die Situation. Irgendwo in der Einkaufsstraße sitzt ein Bettler. Manchmal hat er ein Schild vor sich stehen: »Habe Hunger!« – »Bin arbeitslos!« – »Habe keine Wohnung!« Viele Menschen gehen an ihm vorbei. Was denkst du oder was machst du, wenn du an einem solchen Menschen vorbeigehst?

- Ist das überhaupt erlaubt? Betteln hier in der Innenstadt sollte man verbieten.
- Ich gebe nichts. Der kauft sich doch nur Alkohol oder Drogen für das Geld.
- Manchmal gebe ich was. Dann habe ich ein gutes Gewissen.
- Der eine Euro hilft doch sowieso nichts. Da sind doch irgendwelche Organisationen für zuständig.
- Ich gehe dann einfach vorbei und schaue woanders hin, so als ob ich den gar nicht sehe.
- Ich habe jemandem schon mal einen Burger gegeben, den ich mir grade gekauft hatte. Der hat sogar Danke gesagt.
- Ich habe mal gehört, dass es da richtige Banden gibt, die die Leute zum Betteln schicken und ihnen dann das Geld wegnehmen.
- Wenn ich dran vorbei bin, habe ich manchmal ein schlechtes Gewissen. Eigentlich müsste ich was tun, aber was ist richtig?
- Die tun doch nur so. Vielleicht sind die gar nicht arm.
- Hoffentlich passiert mir das nie, dass ich betteln muss.
- Ich gebe was, aber ich kann nicht jedem was geben. Das sind zu viele.

Füreinander da sein - Caritas/Diakonie | 65

F2 Caritas und Diakonie antworten

Caritas und Diakonie – so heißen die großen Organisationen, in denen katholische und evangelische Einrichtungen und Vereine zusammengeschlossen sind, die alle ein und dasselbe Ziel haben: anderen Menschen zu helfen, ihnen Unterstützung und Rat zu geben.
Caritas – so heißt der katholische Verband. Caritas kommt aus dem Lateinischen und bedeutet **Liebe**.
Diakonie – so heißt der evangelische Verband. Diakonie kommt aus dem Griechischen und bedeuten **Dienen**.
Mehr als eine Millionen Menschen arbeiten für die Caritas oder die Diakonie. Und ebenso viele Menschen engagieren sich ehrenamtlich in den vielen Arbeitsfeldern, in denen Menschen geholfen wird.
Was sagen sie zum Thema Bettler in der Innenstadt?

Soll man bettelnden Menschen Geld geben?

Warum nicht? Auch auf die Gefahr hin, dass der bettelnde Mensch Alkohol oder andere Suchtmittel kauft und nicht etwas zu essen, so wie ich es mir vorstelle. Menschen, die auf der Straße leben, haben oft Suchtprobleme. Sie brauchen den Alkohol, um zu überleben, auch wenn sich das erst einmal paradox anhört. Ein kalter Entzug auf der Straße kann lebensbedrohlich sein.

Ob und wie viel ich gebe, entscheide ich selbst und was der bettelnde Mensch mit dem Geld macht, sollte man ihm überlassen. Vielleicht kann ich es auch so sehen: Es handelt sich bei meiner Geldgabe um ein Geschenk, eine Spende. Spenden sind freiwillig und rechtlich nicht an eine Gegenleistung gebunden. Wenn ich kein Geld geben möchte, kann ich stattdessen den bettelnden Menschen fragen, was er brauchen könnte. Vielleicht einen Einwegrasierer, ein Paar Socken, einen Schal oder neue Schuhe. Auch ein freundlicher Blick, ein Gruß oder ein paar Worte können eine Wertschätzung ausdrücken und mindestens so wertvoll sein wie eine im Vorbeigehen achtlos abgelegte Münze. Ich habe auch die Möglichkeit, mich ehrenamtlich in einer Einrichtung für Arme oder Obdachlose zu engagieren. Wenn ich dem bettelnden Menschen direkt kein Geld geben möchte, kann ich stattdessen finanziell Vereine, Verbände und Einrichtungen unterstützen, die sich speziell für obdachlose und arme Menschen einsetzen. Diese sind häufig auf Spenden angewiesen. Neben zugewanderten Obdachlosen nimmt auch die Zahl anderer Bedürftiger zu, wie ältere Menschen, die in Altersarmut gefallen sind.

(aus: Arm in Köln – Caritas-Leitfaden für den Umgang mit Betteln und Armut)

Wie umgehen mit Bettlern in der Innenstadt?

Mehr als 3000 Menschen sind in Hannover wohnungslos, etwa 300 leben auf der Straße, im Winter etwas weniger. Sie schlafen unter Brücken oder in den Eingangsbereichen von Kaufhäusern, so lange sie geschlossen haben. Das Leben auf der Straße ist hart, manche stellen sich gerade in kalten Nächten den Wecker, stehen immer wieder auf, um nicht allzu kalt zu werden oder zu erfrieren.

Entsprechend ist die Lebenserwartung Obdachloser deutlich geringer, sie liegt geschätzt bei 45 Jahren. Einige von ihnen betteln tagsüber in der Innenstadt. 1974 ist das Bettelverbot in Deutschland nach hundertjähriger Dauer abgeschafft worden. Das ist richtig so. Seitdem urteilen Gerichte, dass die Gesellschaft den Anblick von Armut in ihrer Mitte zu ertragen hat.

Ich kenne keinen Menschen, der gerne bettelt. Stundenlang zu sitzen, auf Almosen angewiesen zu sein, sich manchmal auch Beschimpfungen anhören zu müssen, ist harte Arbeit. Armut ist Teil unserer Welt, wir müssen ihre Anwesenheit mindestens ertragen. […] Jeder Mensch hat das Recht, sich im öffentlichen Raum aufzuhalten, wo er möchte. Das gilt eben genauso für Menschen, die sich nach dem Einkaufen in kein Wohnzimmer zurückziehen können, einfach weil sie keines haben. […]

Ärgerlich sind sog. mafiöse Bettlerstrukturen, die vermutet werden. Über Frauen, die mit kleinen Kindern im Arm betteln, mag sich mancher ärgern. Ärgerlicher aber ist die hohe Quote der Kinderarmut auch in unserer Stadt. Doch darüber wird kaum gesprochen. […] Wer unsicher ist, ob eine Spende auf der Straße wirklich hilft, kann viele Einrichtungen der Wohnungslosenhilfe mit einer finanziellen Hilfe unterstützen. Dort kommt die Spende sicher den Betroffenen zu Gute und dort wird sie auch dringend gebraucht.

(Aus der Internetseite des Diakonischen Werkes Hannover)

F3 Helfen – warum eigentlich?

Fangfrage	25 Und siehe, ein Gesetzeslehrer stand auf, um Jesus auf die Probe zu stellen, und fragte ihn: Meister, was muss ich tun, um das ewige Leben zu erben?
Gegenfrage	26 Jesus sagte zu ihm: Was steht im Gesetz geschrieben? Was liest du?
Antwort des Gesetzeslehrers	27 Er antwortete: Du sollst den Herrn, deinen Gott, lieben mit deinem ganzen Herzen und deiner ganzen Seele, mit deiner ganzen Kraft und deinem ganzen Denken, und **liebe deinen Nächsten wie dich selbst.**
Antwort Jesu	28 Jesus sagte zu ihm: Du hast richtig geantwortet. Handle danach und du wirst leben!
Erneute Frage	29 Der Gesetzeslehrer wollte sich rechtfertigen und sagte zu Jesus: Und wer ist mein Nächster?
Antwort Jesu	30 Darauf antwortete ihm Jesus: Ein Mann ging von Jerusalem nach Jericho hinab und wurde von Räubern überfallen. Sie plünderten ihn aus und schlugen ihn nieder; dann gingen sie weg und ließen ihn halbtot liegen. 31 Zufällig kam ein Priester denselben Weg herab; er sah ihn und ging vorüber. 32 Ebenso kam auch ein Levit zu der Stelle; er sah ihn und ging vorüber. 33 Ein Samariter aber, der auf der Reise war, kam zu ihm; er sah ihn und hatte **Mitleid**, 34 ging zu ihm hin, goss Öl und Wein auf seine Wunden und verband sie. Dann hob er ihn auf sein eigenes Reittier, brachte ihn zu einer Herberge und sorgte für ihn. 35 Und am nächsten Tag holte er zwei Denare hervor, gab sie dem Wirt und sagte: **Sorge** für ihn, und wenn du mehr für ihn brauchst, werde ich es dir bezahlen, wenn ich wiederkomme.
Gegenfrage Jesu	36 Wer von diesen dreien meinst du, ist dem der Nächste geworden, der von den Räubern überfallen wurde?
Antwort des Gesetzeslehrers	37 Der Gesetzeslehrer antwortete: Der **die Barmherzigkeit** an ihm getan hat.
Antwort Jesu	Da sagte Jesus zu ihm: Dann geh und handle du genauso!

F4 Wenn Jesus kommt …

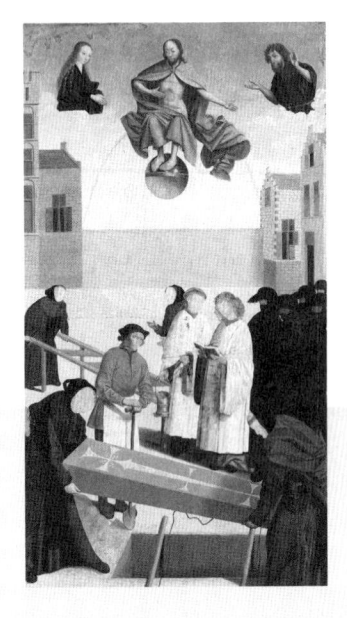

Im Matthäusevangelium (Mt 25,31–40) erzählt Jesus die folgende Geschichte:

31 Wenn der Menschensohn in seiner Herrlichkeit kommt und alle Engel mit ihm, dann wird er sich auf den Thron seiner Herrlichkeit setzen.
32 Und alle Völker werden vor ihm versammelt werden und er wird sie voneinander scheiden, wie der Hirt die Schafe von den Böcken scheidet.
33 Er wird die Schafe zu seiner Rechten stellen, die Böcke aber zur Linken.
34 Dann wird der König denen zu seiner Rechten sagen: Kommt her, die ihr von meinem Vater gesegnet seid, empfangt das Reich als Erbe, das seit der Erschaffung der Welt für euch bestimmt ist!

35 Denn ich war **hungrig** und ihr habt mir zu essen gegeben;
ich war **durstig** und ihr habt mir zu trinken gegeben;
ich war **fremd** und ihr habt mich aufgenommen;
36 ich war **nackt** und ihr habt mir Kleidung gegeben;
ich war **krank** und ihr habt mich besucht;
ich war **im Gefängnis** und ihr seid zu mir gekommen.

37 Dann werden ihm die Gerechten antworten und sagen: Herr, wann haben wir dich hungrig gesehen und dir zu essen gegeben oder durstig und dir zu trinken gegeben?
38 Und wann haben wir dich fremd gesehen und aufgenommen oder nackt und dir Kleidung gegeben?
39 Und wann haben wir dich krank oder im Gefängnis gesehen und sind zu dir gekommen?
40 Darauf wird der König ihnen antworten: Amen, ich sage euch:

Was ihr für einen meiner geringsten Brüder getan habt, das habt ihr mir getan.

F5 Die sieben Werke der Barmherzigkeit

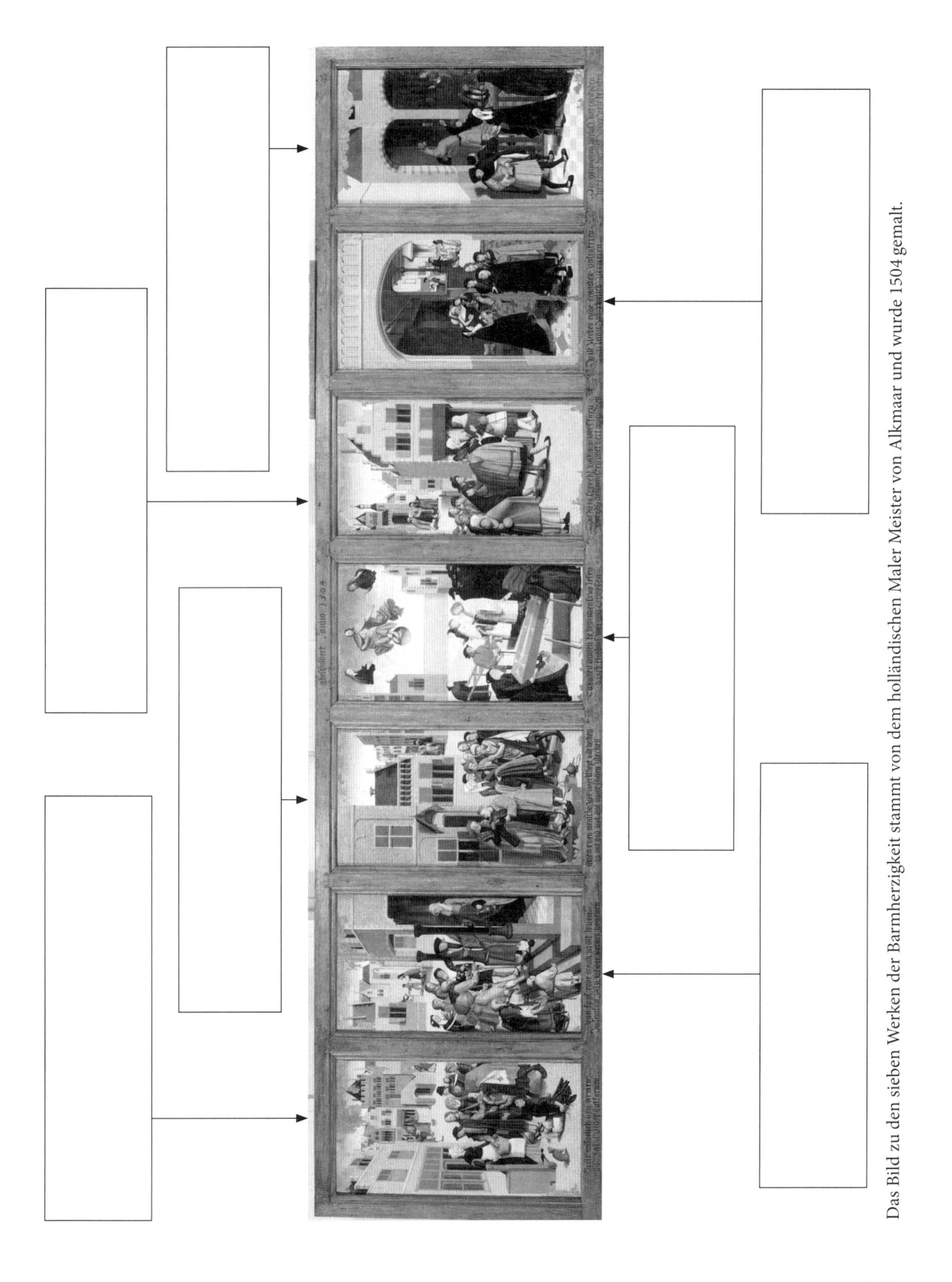

Das Bild zu den sieben Werken der Barmherzigkeit stammt von dem holländischen Maler Meister von Alkmaar und wurde 1504 gemalt.

F6 Aufgaben von Caritas und Diakonie

Die Einrichtungen der Caritas arbeiten in vielen Aufgabenbereichen. Die meisten davon können den sieben Werke der Barmherzigkeit zugeordnet werden, die der Meister von Alkmaar in seinem Bild dargestellt hat.
Was wird in diesen Aufgabenbereichen genau gemacht?
Wer macht was und wo für wen?
Auf den folgenden Internetseiten findet ihr erste Informationen. Für eure Arbeit in Kleingruppen an einem Arbeitsfeld erhaltet ihr weitere Arbeitsaufträge.

Bild 1 Tafeln – Lebensmittel für Menschen mit wenig Geld

https://www.caritas.de/neue-caritas/heft-archiv/jahrgang2015/artikel/mit-tafeln-gegen-armut-und-ausgrenzung (Zugriff am 22.1.19)

https://www.diakonie-hamburg.de/de/fach-themen/arbeitslosigkeit-armut/armut/FAQ--haeufige-Fragen-zu-Tafeln (Zugriff am 22.1.19)

Bild 2 Mittagstisch – eine warme Mahlzeit am Tag

https://www.caritas-iserlohn.de/sonstiges/iss_was_oekumenischer_mittagstisch/ (Zugriff am 22.1.19)

https://www.diakonisches-werk-hannover.de/beratung-leistung/menschen-in-jungen-jahren/paedagogischer-schuelermittagstisch (Zugriff am 22.1.19)

Bild 3 Kleiderkammern, Second-Hand-Läden und Sozialkaufhaus

https://www.pastoralverbund-verl.de/11734-Gruppen/11736-Caritas/3045,Verl%3A-Caritas-Warenkorb-und-Caritas-Second-Hand-Shop.html (Zugriff am 22.1.19)

https://www.diakoniedortmund.de/arbeit-und-beruf/jacke-wie-hose/sozialkaufhaus.html (Zugriff am 22.1.19)

https://www.diakonie-ruhr-hellweg.de/angebote/sozialkaufhaeuser/kaufnett/ (Zugriff am 22.1.19)

Bild 4 Tote bestatten – Beerdigungen für Menschen ohne Angehörige

https://www.erzbistum-koeln.de/export/sites/ebkportal/seelsorge_und_glaube/abschied-und-trost/.content/.galleries/downloads/Tote-begraben-NEU.pdf (Zugriff am 22.1.19)

https://www.emmaus.de/barmherzigkeit/tot.html (Zugriff am 22.1.19)

Bild 5 Keine Arbeit – kein Geld – keine Wohnung – Hilfe für Obdachlose

https://www.diakonie.de/wissen-kompakt/obdachlosigkeit/ (Zugriff am 22.1.19)

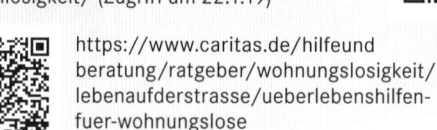

https://www.caritas.de/hilfeundberatung/ratgeber/wohnungslosigkeit/lebenaufderstrasse/ueberlebenshilfen-fuer-wohnungslose (Zugriff am 22.1.19)

https://www.caritas.de/glossare/suchtberatung (Zugriff am 22.1.19)

Bild 6 Alten- und Krankenpflege, Suchtberatung

https://www.diakoniedortmund.de/altern-und-pflege/diakoniestationen-diakonische-pflege-dortmund.html (Zugriff am 22.1.19)

https://www.caritasverband-dueren.de/angebote-beratung/senioren/tagespflegen/tagespflegen (Zugriff am 22.1.19)

Bild 7 Gefängnisseelsorge, Betreuung Straffälliger

http://www.diakonie-celle.de/pages/gefaengnisseelsorge/index.html (Zugriff am 22.1.19)

https://www.caritas-westeifel.de/caritassozialstation/service/glossar/gefaengnisseelsorger (Zugriff am 22.1.19)

F7 Hilfe ja – aber richtig

Du kennst die Situation aus der ersten Aufgabe des Unterrichtsprojekts: Ein Mensch bettelt auf einer Straße in der Innenstadt. Wer und was kann wo wirklich helfen?
Du hast im Unterrichtsprojekt einige Aufgabenbereiche der Caritas und Diakonie kennengelernt.

AUFGABEN:

1. Überlege welche der sieben Arbeitsbereiche der Caritas und der Diakonie diesem Menschen helfen können. Schreibe in die Kästen, welche Angebote dort hilfreich sein können.

Tafeln:

Obdachlosenhilfe:

Mittagstisch:

Betreuung Straffälliger:

Kleiderkammern, Second-Läden, Sozialkaufhaus:

Alten- und Krankenpflege, Suchtberatung:

Beerdigungen für Menschen ohne Angehörige:

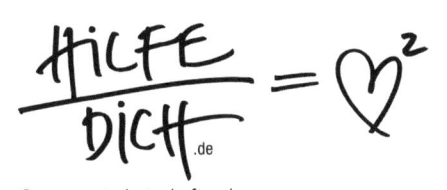

HILFE DICH .de = ♡²
© www.gute-botschafter.de

2. Und was kannst du tun? Hier findest du eine moderne Übertragung der sieben Werke der Barmherzigkeit (vom Bistum Erfurt). Unterstreiche das, was du bei der Begegnung mit einem Bettler auf der Straße tun könntest. Begründe deine Auswahl in dem Kasten. Wenn du mehr Platz brauchst, schreibe auf der Rückseite weiter.

> Einem Menschen sagen:
> Du gehörst dazu,
> ich höre dir zu,
> ich rede gut über dich,
> ich gehe ein Stück mit dir,
> ich teile mit dir,
> ich besuche dich,
> ich bete für dich

Füreinander da sein – Caritas/Diakonie | 71

G Evolution und Schöpfung

Christoph Glins/Ulrike Lipke

Religionspädagogischer Kommentar – konfessionelle Perspektiven – Lernchancen

Naturwissenschaft und Glaube – zwei Perspektiven auf unsere Welt[1]

Theologische Äußerungen von Vertreter*innen der evangelischen und katholischen Kirche markieren die konfessionsübergreifende Übereinstimmung in schöpfungstheologischer Perspektive und die Diskrepanzen zwischen naturwissenschaftlicher Weltsicht und Schöpfungsglaube: Menschen fragen seit jeher nach der Entstehung dessen, was sie umgibt. Eine Urerfahrung ist, dass der Mensch die Welt nicht allein aus seinen Erkenntnisfähigkeiten heraus zufriedenstellend erklären kann. Neben der Frage nach der Beschaffenheit der Welt stellt sich ihm auch immer wieder die Frage nach dem Sinn: *Warum ist eigentlich etwas und nicht vielmehr nichts? Woher kommen wir, wohin gehen wir? Was ist der Sinn des Lebens?* Gerade in menschlichen Krisen wird deutlich, dass diese Fragen existenziell sind.

Die Antwort auf diese Grundfragen des Menschseins zeichnete sich über Jahrtausende durch eine enge Verbindung von naturkundlicher Beobachtung und religiöser Lehre aus. Erst mit Galileo Galilei (1564–1642) und anderen begann im 17. Jahrhundert die Herausbildung der heutigen Naturwissenschaften mit ihrem empirischen Methodenkompendium. Solange eine einmütige Aufgabenteilung im Hinblick auf die Zugänge zur Welt gelingt – die Naturwissenschaften geben Antwort auf die Fragen nach dem *Was und dem Wie,* der Glaube antwortet auf die Fragen nach dem *Warum und Wozu* – ergänzen sich diese zwei Perspektiven auf unsere Welt. Szientismus auf der einen, Kreationismus auf der anderen Seite markieren aber die Grenzüberschreitungen beider Sichtweisen. Hier geraten sie für viele Menschen – auch für Schüler*innen der Sek I – in vermeintlichen Widerspruch zueinander, namentlich konkurrieren die Aussagen der Evolutionstheorie mit den Inhalten der Schöpfungserzählungen. Die Schüler*innen erhalten die *Lernchance,* beide Perspektiven zu entdecken und altersgemäß ihre Reichweiten und Grenzen zu diskutieren. Der RU ist gefragt, die Suche nach Antworten auf die aufkommenden Fragen zu unterstützen. In der Zeit der Pubertät, wenn Schüler*innen beginnen ihr abstraktes Denkvermögen zu entwickeln, bedarf es einer Intensivierung dieser Fragestellung, um konfliktäre Extrempositionen, wie z. B. Szientismus und Kreationismus, infrage zu stellen. Ursachen für solche extremen Einstellungen zu Naturwissenschaften oder schöpfungstheologischen Positionen sind Folge eines verkürzten bzw. falschen Verständnisses der Arbeitsweisen und Arbeitsbereiche von Naturwissenschaften und Schöpfungslehre.[2] Es bedarf auch im RU der Auseinandersetzung mit den Sachfragen der jeweiligen Perspektiven.

Weltbilddidaktik – eine religionspädagogische Herausforderung

Während Schüler*innen der Grundschule entweder ein theistisches oder hybrides – beide Sichtweisen einschließendes – Weltbild[3] aufweisen, besitzen Schüler*innen der Jg. 8–10 zumeist ein *alternativistisches Weltbild.* Sie sehen die natürliche und die übernatürliche Sichtweise als sich ausschließende Perspektiven auf die Welt an und lassen meist nur eine der beiden für sich zum Tragen kommen. Im Verlaufe der Pubertät haben sie die Chance, beide Perspektiven punktuell als gleichberechtigt nebeneinander wahrzunehmen, weil sie zunehmend in der Lage sind, ihr Denken und ihre Denkmittel zu reflektieren (abstraktes Denken). Je mehr sich dieses Abstraktionsvermögen entfaltet, desto mehr sind die Schüler*innen dazu im Stande, ihr Weltbild von einer ausschließenden Herangehensweise zu befreien und zu einer *integrierenden* oder einer *komplementären Sichtweise der naturwissenschaftlichen und theologischen Aussagen* zu gelangen.[4] Dies geschieht bei den Schüler*innen auf folgende Weise:

1. Sie berücksichtigen punktuell und partiell die konträre Sichtweise in ihren Überlegungen;
2. sie gelangen zu einer Anerkennung der grundlegenden Berechtigung der konträren Sichtweise;
3. sie tun dies teils ohne, teils mit einer reflektierenden Verhältnisbestimmung beider Positionen.

Eine systematische Reflexion dieses Denkens auf einer Metaebene erfolgt ab dem höheren Jugendalter (ab etwa dem 20. Lebensjahr, insgesamt: Sek I und II, Studienzeit).

Ein Unterrichtsvorhaben wird in den Jg. 8–10 das komplementäre Denken in Bezug auf Evolution und Schöpfung anbahnen, aber nicht vollständig erreichen.[5] Aufgrund neuer entwicklungspsychologischer Erkenntnisse ist es sinnvoll, die Auseinandersetzung mit kontroversen Sichtweisen auf die Welt anzuregen. Dabei werden die in der Entwicklung befindlichen Haltungen der Schüler*innen nicht als defizitär wahrgenommen, sondern sollen ihnen in einem konstruktiven Diskussionsprozess bewusst werden. So werden sie in der Konstruktion eines angemessenen Weltbildes gefördert und begleitet.

Lernen, die Perspektive zu wechseln

Das Verhältnis von Evolutionstheorie und Schöpfungserzählungen, von Naturwissenschaften und Glaube ist auf evangelischer und katholischer Seite wenig konfliktbehaftet und komplementär verstanden. An diesem Thema im KoKoRU wird kaum eine konfessionelle Prägung deutlich werden. Sie erschiene eher konstruiert. Gleichwohl kann eine Unterrichtseinheit zum Thema »Evolution und Schöpfung« konfessionell-kooperative Kompetenzen fördern, wenn sie die Aussagen der beiden Sichtweisen in ihrer bildsamen Differenz herausarbeitet, sowie eine »Verständigungs- und Konvivenzfähigkeit« fördert.[6]

Um ein solches Ziel zu verwirklichen, wählt dieses Unterrichtsvorhaben das Konzept des Theologisierens mit Jugendlichen, um gemeinsam mit den Schüler*innen eine für die Altersstufe möglichst trennscharfe Unterscheidung des Anliegens der Naturwissenschaften und der Theologie zu gewinnen. Weiterhin soll den Schüler*innen die Möglichkeit geboten werden, ihre persönlichen Weltbilder zu elaborieren. So können sie zu einem integrierenden bzw. komplementären Verständnis des naturwissenschaftlichen und des religiösen Modus der Weltbegegnung gelangen.[7]

Aufgrund dieser Annahmen muss das Unterrichtsvorhaben in den Jg. 8–10 einige Voraussetzungen berücksichtigen: Da es die Entwicklung des persönlichen Weltbildes der Schüler*innen anvisiert, arbeitet es mit ihren Einstellungen. Diese weisen eine kognitive, eine affirmative und eine handlungsbezogene Komponente auf. Zu Beginn haben die Schüler*innen die Möglichkeit, in einer Diagnoseaufgabe ihre tatsächlichen Einstellungen zu den Aspekten Evolution und Schöpfung zu entdecken. Diese Aufgabe ist die Ausgangsbasis für eine lebensweltorientierte, inhaltlich und kommunikativ angemessene Gestaltung des Unterrichtsvorhabens. Lernaufgaben, die die Erarbeitung von Basiswissen zur »Natur der Naturwissenschaften« und zur »Natur der Theologie« ermöglichen, schaffen eine gemeinsame Kommunikationsebene[8] und eröffnen einen Perspektivwechsel, der ein komplementäres Weltbild anbahnt. Die Evaluation als Fortsetzung der Diagnoseaufgabe ermöglicht die Anwendung erworbener Kompetenzen zum Dialog zwischen Naturwissenschaften und Schöpfungsglaube.

Verlaufsplan

Einstieg – Diagnoseaufgabe

Die Diagnoseaufgabe ermöglicht den Schüler*innen, ihre eigenen kognitiven und affektiven Zugänge zum Thema des Unterrichtsvorhabens darzustellen und zu kommunizieren. Dazu erhalten sie auf **G1** ein Bild von der Erde, das der Astronaut Alexander Gerst von der Raumstation ISS aufgenommen hat. Die Lehrkraft initialisiert die Aufgabe: »Dies ist die Perspektive von Alexander Gerst, Astronaut auf der ISS, auf unseren Planeten. Er stellte dieses Bild bei Twitter ein« und fordert zur Bearbeitung der Aufgaben auf **G1** auf *(think)*. Die Schüler*innen stellen ihre Antworten einer*m Partner*in vor *(pair)*. In der Plenumsphase tragen einige Schüler*innen ihre Twitter-Texte vor *(share)*.[9] Dazu schreibt die Lehrkraft die Worte »Naturwissenschaft« und »Religion« an die Tafel. Die Schüler*innen untersuchen ihre Twitter-Nachrichten, ob Sätze der einen oder der anderen Perspektive zugeordnet werden können. Um ihnen einen Horizont möglicher Aussagen dieser Positionen bewusst zu machen, schließt sich eine *Ampeldiskussion*[10] an, in der die Schüler*innen mit grünen, gelben und roten Karten ihre Haltung zu den jeweiligen Aussagen zum Ausdruck bringen können. Dieses niederschwellige Angebot wird nach jedem Item durch eine kurze Stellungnahme von zwei bis drei Schüler*innen zu ihrer Haltung (Farbwahl) erweitert. Mögliche Items können hierbei sein:

- Die Evolutionstheorie ist ausreichend sicher bewiesen.
- Die Entwicklung des Menschen kann nicht nur durch Zufall geschehen sein.
- Das Weltall ist aus dem Nichts entstanden.
- Irgendein Wesen oder eine Kraft muss die Evolution in Gang gesetzt haben.
- Der Mensch steht höher als andere Lebewesen.
- Adam und Eva waren die ersten Menschen und wurden von Gott geschaffen.
- Die Schöpfungsgeschichten der Bibel sind wissenschaftlich überholt.
- Die Evolutionstheorie kann nichts über den Sinn des Lebens aussagen.
- Religion und Wissenschaft sind miteinander vereinbar.

In der Bündelungsphase der Diagnoseaufgabe werden die auftretenden Fragen gesammelt. Die Schüler*innen versuchen in Partnerarbeit erste Antworten zu finden bzw. ihre Fragen zu präzisieren, zu ordnen und zu gewichten. Dazu bietet sich z. B. ein *Advanced Organizer* an, in dem die Schüler*innen ausgehend von den Begriffen »Evolution« und »Schöpfung« oder »Religion« und »Wissenschaft« ihre Fragen und Wissenslücken visualisieren und sichern. Die Vorstellung dieser Advanced Organizer kann entweder über eine Dokumentenkamera im Plenum erfolgen oder aber als Museumsgang mit anschließender Überarbeitungszeit für den eigenen Organizer.[11]

Lernaufgaben

In zwei Phasen eignen sich die Schüler*innen das Grundwissen über den Stand der Naturwissenschaft und die Botschaft der biblischen Schöpfungsgeschichte an. In einer dritten Phase erfolgt ansatzweise der erforderliche Perspektivwechsel für ein komplementäres Weltbild.

1. Phase: Die Naturwissenschaftler verstehen lernen

(Einzelarbeit) Die Schüler*innen entdecken mit **G2.1** die Möglichkeiten und Grenzen der naturwissenschaftlichen Erkenntnisfähigkeit, indem sie die Arbeitsweise der Naturwissenschaften in ihren Grundzügen erarbeiten. Diese Arbeitsweise ist auf folgende Schritte elementarisiert:
1. Beobachtung eines Phänomens in der Natur,
2. Hypothesenbildung,
3. Durchführung von reliablen, validen und objektiven Experimenten,
4. Deutung der Ergebnisse vor dem Hintergrund der Hypothesen (Verifizierung/Falsifizierung),
5. Theoriebildung durch Zusammenfassung mehrerer, verifizierter Hypothesen.

(Partnerarbeit) Anhand der Theorie eines gemeinsamen Vorfahrens von Affen und Menschen, wird die naturwissenschaftliche Methode exemplarisch nachvollzogen. Die Aufgaben finden sich auf **G2.1/G2.2**.

(Kleingruppen) Die Schüler*innen erfahren, welche Theorien die Naturwissenschaften für die Entstehung der Welt entwickelt haben. Mit **G3** wird ein Text zur biologischen Evolution erarbeitet.[12]

G3 Aufgaben für Kleingruppen:
Bildet Gruppen zu vier Personen, die die Buchstaben A, B, C, D zugeordnet bekommen.
1. Der Text auf Arbeitsblatt G3 hat acht Abschnitte. A liest den ersten Abschnitt.
2. B formuliert je eine Frage zu den fett geschrieben Worten im Abschnitt.
3. C gibt Antworten auf die Fragen. D überprüft, ob die Antworten richtig sind.
4. Anschließend wechseln die Rollen: B liest den nächsten Abschnitt, C stellt die Fragen usw.

---

2. Phase: Die Schöpfungsgeschichten untersuchen

Die Auseinandersetzung mit den Schöpfungserzählungen erfolgt auf der Ebene einer gattungskritischen Analyse. Dazu wird ein Auszug aus der ersten Schöpfungserzählung mit dem Text des Liedes »Auf uns« von Andreas Bourani verglichen (**G4.1/G4.2**). Die Schüler*innen gelangen über den Vergleich der äußeren Form (Wiederholungen, Strophenform) und des Inhalts (Lob auf Gott und die Schöpfung bzw. Lob auf die Gemeinschaft: »ein Hoch auf uns«) zu der Erkenntnis, dass es sich bei dem Schöpfungstext nicht um einen Bericht handelt, sondern Ähnlichkeit mit einem Hymnus, einem Loblied, dem Titel von Andreas Bourani entsprechend, besteht.

G4.1/G4.2 Aufgaben:
Die Partner/Partnerinnen erhalten arbeitsteilig eines der beiden Arbeitsblätter.
(Einzelarbeit)
1. Lies deinen Text aufmerksam durch.
2. Markiere bei einem zweiten Lesen wörtliche oder inhaltliche Wiederholungen. Teile den Text in Sinnabschnitte.
3. Formuliere die Kernaussagen des Textes und belege sie mit Stellenhinweisen am Text.
(Partnerarbeit)
3. Stellt euch gegenseitig eure Ergebnisse vor. Welche Gemeinsamkeiten fallen euch auf? Welche Unterschiede gibt es?
4. Diskutiert: Was wollten die Autoren der Texte ihren Adressaten sagen?

Auf eine Vertiefung der inhaltlichen Aussagen der Schöpfungstexte wird verzichtet, stattdessen werden die Schüler*innen angeregt, sich mit schöpfungstheologischen Positionen auseinanderzusetzen und diese zu diskutieren. Aufgrund ihres geringen theologischen Wissens fällt es Schüler*innen zum Teil schwer, selbst Positionen zu formulieren. Daher werden sie mit Vorformulierungen konfrontiert, die sie zunächst für sich durchdringen und bewerten (**G5**).

G5 Aufgaben für Einzelarbeit:
Welche Aussage trifft ins »Schwarze«? – Deine Meinung ist gefragt!
1. Schneide die Textkarten aus und ordne sie auf der Zielscheibe so an, dass die Aussage, der du am ehesten zustimmst, der Mitte am nächsten kommt.
2. Überlege dir, wie du einer Mitschülerin/einem Mitschüler deine Zielscheibe erklären könntest. Was muss sie/er wissen, um deine Zuordnung zu verstehen. Begründe deine Zuordnung.
3. Kugellager-Diskussion: Erkläre deinen Mitschülerinnen und Mitschülern deine Zuordnung. Begründe für jede Aussage, warum du ihr eher zustimmst oder sie eher ablehnst. Achte beim Zuhören auf die Argumente der anderen. Notiere dir neue Gedanken und Ideen.

Anschließend erklären und diskutieren die Schüler*innen ihre Meinung in einer *Kugellagerdiskussion*[13], um mit möglichst vielen verschiedenen Meinungen konfrontiert zu werden und das Argumentieren zu üben.

Die gewonnenen Erkenntnisse aus den beiden Lernphasen über die Arbeitsweisen und Aussagen der Naturwissenschaften und die Intention der ersten Schöpfungserzählung bzw. die möglichen Positionen zu den schöpfungstheologischen Aussagen werden nun in einer tabellarischen Gegenüberstellung festgehalten. Dabei wird in Frageform die Unterschiedlichkeit der Perspektiven bewusst gemacht.

3. Phase: Die Perspektiven wechseln

Die Fähigkeit zum Perspektivwechsel wird durch zwei Lernarbeiten angebahnt. **G6** eröffnet die Diskussion eines lebensnahen Dilemmas.[14] Die Schüler*innen entwickeln einen Briefwechsel zwischen einem Mädchen und einem Jungen, der die Gefühlswelt der verliebten Teenagerin mit dem naturwissenschaftlichen Anspruch ihres Schwarms konfrontiert. Dieses Dilemma ist gut geeignet, um die Schüler*innen in eine Diskussion eintreten zu lassen, die die Grenzbereiche einer rein vernunftgeprägten bzw. einer rein emotionalen Denkweise zutage bringt. Die Erfahrung, dass die naturwissenschaftliche Perspektive, vertreten durch die Antwort des Jungen, an ihre Grenzen kommen kann, führt zu einer Offenheit für andere Weisen der Weltbegegnung.

Die Schüler*innen vollziehen einen Perspektivenwechsel und verfassen aus der Sicht eines Verkäufers, eines Dichters, eines Biologen und eines religiösen Menschen genuine Texte über eine Rose (**G7**). In der Diskussion über die Vor- und Nachteile der einzelnen Sichtweisen können die Schüler*innen zu der Einsicht gelangen, dass ein Perspektivwechsel hilft, ein ganzheitliches Bild auf die Welt zu erhalten.

Evaluation

Als Kompetenzüberprüfungsaufgabe (**G8**) nehmen die Schüler*innen zu einem Interview des ISS-Astronauten Alexander Gerst Stellung und überprüfen damit, ob sie ihre Fähigkeiten zum komplementären Denken ansatzweise entwickelt haben. Abschließend verfassen die Schüler*innen einen Kommentar zu Gersts Videobotschaft an seine noch ungeborenen Enkel.

Anmerkungen

1 Zum Folgenden vgl. Dieterich, Veit-Jakobus (2018): Glaube und Naturwissenschaft. In: https://www.bibelwissenschaft.de/stichwort/200349/ (Zugriff am 22.1.19).
2 Konnemann, Christiane u. a.: Einstellungen Jugendlicher zu Schöpfung und Evolution. In: Dieterich, Veit-Jakobus/Roebben, Bert/Rothgangel, Martin: »Der Urknall ist immerhin, würde ich sagen, auch nur eine Theorie«, Schöpfung und Jugendtheologie, Jahrbuch für Jugendtheologie Bd. 2. Stuttgart 2013.
3 Eikermann, Sarah-Lena: Ich glaube manchmal, dass Gott die Erde geschaffen hat. Oder dass ein Urknall die Welt gemacht hat – Weltbilder von Grundschulkindern heute. In: Kalloch, Christina/Schreiner, Martin: Jahrbuch für Kindertheologie Bd. 11. Mit Kindern über Schöpfung und Weltentstehung nachdenken. Stuttgart 2012, S. 140–158.
4 vgl. Dieterich, Veit-Jakobus, ebd.
5 Zu dieser Frage ausführlich Stellung nimmt Dieterich in seinem Beitrag im Jahrbuch für Jugendtheologie: Dieterich, Veit-Jakobus/Imkampe, Matthias: »Es könnte doch sein, dass Gott der Natur geholfen hat, sich zu entwickeln.« – komplementäres oder/und hybrides Denken? Wie weit man in der Schulzeit in der Frage der Weltbildentwicklung realistischerweise kommen kann. In: Dieterich, Veit-Jakobus/Roebben, Bert/Rothgangel, Martin, ebd.
6 Vgl. Schambeck, Mirjam/Schröder, Bernd: Auf dem Weg zu einer Didaktik konfessionell-kooperativer Lernprozesse. In: Lindner u. a., S. 343–363.
7 Baumert, Jürgen: Deutschland im internationalen Bildungsvergleich. Vortrag von Prof. Dr. Jürgen Baumert anlässlich des dritten Werkstattgespräches der Initiative »McKinsey bildet«, im Museum für ostasiatische Kunst, Köln 2001. Zugriff im Internet unter: http://gaebler.info/pisa/baumert.pdf (Zugriff am 22.1.19).
8 Vgl. Konnemann, Christiane u. a., ebd.
9 Alternativ kann auf www.mentimeter.com eine Open-Ended-Folie erstellt werden, in die die Schüler*innen ihre Twitter-Nachrichten eintragen.
10 http://www.foerdern-individuell.de/userfiles/Foerdern_im_Unterricht/Lernstand_transparent_machen/Maske_Ampelmethode.pdf (Zugriff am 22.1.19).
11 Auch hier bietet sich alternativ die Eintragung und Präsentation der Fragen und möglichen Antworten in eine Präsentation auf www.mentimeter.com an.
12 Texte über die physikalische und chemische Entwicklung des Universums in Prosaform u. a. bei Oberthür, Rainer: Das Buch vom Anfang von allem: Bibel, Naturwissenschaft und das Geheimnis unseres Universums. München 2015.
13 Zur Methode siehe http://methodenpool.uni-koeln.de/techniken/unterricht.html#ü1 (Zugriff am 22.1.19).
14 Vgl Griese, Janine: Was haben »Schmetterlinge im Bauch« mit der biblischen Schöpfungserzählung zu tun? Eine Entdeckungsreise mit Jugendlichen. In: Dieterich, Veit-Jakobus/Roebben, Bert/Rothgangel, Martin: »Der Urknall ist immerhin, würde ich sagen, auch nur eine Theorie«, Schöpfung und Jugendtheologie, Jahrbuch für Jugendtheologie Bd 2. Stuttgart 2013.

G1 Unsere Erde von der ISS

Alexander Gerst (geb. 1976) ist Physiker und einer der wenigen Deutschen, die schon einmal im Weltraum waren. 2014 startete er zu seinem ersten Flug zur ISS, die Internationale Raumstation, die in ca. 400 km Höhe unsere Erde umkreist. Im Juni 2018 startete er zu seinem zweiten Weltraumflug zur ISS. Dort hat er sogar für drei Monate das Kommando übernommen.

Oft schickt Alexander Gerst über Twitter Fotos, die er aus der ISS von unserer Erde macht.

AUFGABE:
Überlege, was Alexander Gerst deiner Meinung nach zu diesem Bild auf Twitter geschrieben hat. Schreibe deine Überlegungen als Twitter-Text auf: Beachte: Eine Twitter-Nachricht darf nicht länger als 280 Zeichen lang sein!

76 | Evolution und Schöpfung

G2.1 Die Naturwissenschaften verstehen

Wie kommen Naturwissenschaftler zu ihren Theorien?

Der Mensch ist Teil der Natur. Er kann die natürliche Umwelt aber auch in großem Maße beeinflussen und nutzen. Voraussetzung dafür ist seine Fähigkeit, die Vorgänge in der Natur zu verstehen und daraus Theorien und Gesetze abzuleiten. Am Anfang dieser Wissenschaften von der Natur stand die genaue Beobachtung. Mit immer raffinierteren Hilfsmitteln dringen die Forscherinnen und Forscher in die Geheimnisse der Natur ein und versuchen ihre Rätsel zu entschlüsseln.

Wenn sich dabei eine **Frage** ergibt, überlegt der Naturwissenschaftler zunächst welche **begründeten Vermutungen** ihm einfallen. Um diese begründeten Vermutungen – **Hypothesen** genannt – zu überprüfen, erstellt er einen **Versuch**. Wissenschaftlich zu arbeiten bedeutet nun, diesen Versuch so zu gestalten, dass jeder Schritt möglichst exakt und wiederholbar angelegt ist. Jede andere Wissenschaftlerin sollte beim **Nachvollziehen** dieses Versuchs zum gleichen **Ergebnis** kommen. Darüber hinaus muss es immer eine oder mehrere **Messgrößen** geben: eine Größe, die Zeit, eine Anzahl, die Form von etwas, die Temperatur, die Entfernung etc.

Das Versuchsergebnis benutzt der Naturwissenschaftler nun, um seine begründeten Vermutungen vom Anfang zu überprüfen. Passt eine von ihnen zu den Versuchsergebnissen, gilt sie als bestätigt, die anderen werden entweder umformuliert oder müssen sogar als falsch verworfen werden. Wenn der Forscher einige begründete Vermutungen zu einer Beobachtung überprüft hat und mehrere **bestätigte Vermutungen** vorliegen, fasst er sie zu einer **naturwissenschaftlichen Theorie** zusammen. Diese Theorie kann nun so lange als richtig angesehen werden, bis ein anderer Versuch eine der zugrundeliegenden Hypothesen als falsch entlarvt. Nun muss die gesamte Theorie neu überprüft und vielleicht umgeschrieben werden.

AUFGABEN:
1. Lies den Text zunächst aufmerksam durch. Unterstreiche dabei Wörter, die du nicht kennst.
2. Lies den Text erneut und markiere nun Schlüsselwörter im Text.
3. Erstelle ein Flussdiagramm, das die Schritte der Naturwissenschaftler in der richtigen Reihenfolge zeigt. Schreibe dazu die Schlüsselbegriffe (fett gedruckt) auf Karten und lege sie als Flussdiagramm vor dich auf den Tisch.
4. Ordne die Schnipsel des Beispiels auf Arbeitsblatt G2.2 den Schlüsselwörtern auf den Karten zu und zeige an ihm, wie Naturwissenschaftlerinnen und Naturwissenschaftler vorgehen.
5. Schnelldenker: Diskutiere mit deiner Nachbarin/deinem Nachbarn: Welche Aussagen können mit dieser Methode gewonnen werden? Wo liegen ihre Grenzen?

G2.2 Stammt der Mensch vom Affen ab?

Der Urvorfahre passt zu beiden Vorfahren-Reihen und ist damit ein gemeinsamer Vorfahre von Menschen und Affen.

Mensch, Schimpanse und Gorilla sind nahe miteinander verwandt.

Experiment: Vergleich aller gefundenen Schädel/Fossilien von Affenvorfahren und Menschenvorfahren auf ihre Form, ihre Größe und ihr Alter.

Hauptfrage: Haben Menschen und Affen den gleichen Vorfahren?

Unterfrage II: Gibt es Überreste eines gemeinsamen Vorfahrens?

Mensch und Schimpanse haben zu 98 % das gleiche Erbgut, Mensch und Gorilla haben zu 95 % das gleiche Erbgut.

Ich vermute, dass Menschenaffen (Gorilla, Schimpansen) nahe Verwandte des Menschen sind, weil sie viele Ähnlichkeiten zu ihm aufweisen.

Menschen und Affen stammen von einem gemeinsamen Vorfahren ab.

Unterfrage I: Haben Menschen und Affen ein ähnliches Erbgut?

Experiment: Vergleich des Erbgutes von Gorilla, Schimpanse und Mensch.

Ich vermute, dass es Überreste eines gemeinsamen Vorfahren gibt, weil man immer wieder hört, dass neue Skelette aus verschiedensten Jahrtausenden gefunden werden.

Die gefundenen Fossilien lassen sich lückenlos in zwei Reihen von Vorfahren zusammenfassen, die am Ende von einem gemeinsamen Urvorfahren ausgehen.

G3 Wie hat sich das Leben entwickelt?

Alle Lebewesen haben eine jeweils besondere Struktur, einen besonderen Aufbau, einen besonderen **Bauplan**. Manche Baupläne ähneln sich stark, manche weniger stark. Je mehr sich die Baupläne ähneln, desto näher verwandt sind die verschiedenen Arten von Lebewesen. So vielfältig wie die Lebewesen sind, so vielfältig sind auch ihre Baupläne. Da fragt man sich: Wie konnte diese **Vielfalt** entstehen?

Heute gehen die Naturwissenschaftlerinnen und Naturwissenschaftler davon aus, dass sich diese Vielfalt über Jahrmillionen entwickelt hat. Aus einer einzigen, kleinen Zelle entwickelten sich über die Zeit immer kompliziertere Formen des Lebens bis zu den Lebensformen, die wir heute auf unserem Planeten finden. Immer noch stellt sich die Frage, wie diese **Evolution des Lebens** genau passieren konnte. Heute geht man davon aus, dass es ungefähr so geschehen ist und weiterhin geschieht:

In vielen Zellen auf dieser Welt gibt es einen **Kern,** der enthält alle Baupläne der Zelle. Sie gibt diese Baupläne weiter, sie vererbt sie. Deshalb nennt man diese Baupläne auch **Erbgut** der Zelle. Es besteht aus Desoxyribonukleinsäure, oder kurz: **DNS (engl.: DNA)**.

Bei den Vorgängen in der Zelle, die sie am Leben halten und die zur Vermehrung der Zelle führen, passieren im Erbgut rein zufällig **Schreibfehler, sogenannte Mutationen.** Ein Schreibfehler im Bauplan bedeutet, dass der **Aufbau der Zelle** verändert wird. Am Ende bilden sich so ganz **neue Eigenschaften** in den Zellen und den Lebewesen selbst. Wenn diese Fehler nicht berichtigt werden, sondern bestehen bleiben, können sie zum Teil an die nachfolgende Generation weitergegeben werden.

Bei der **Fortpflanzung** mit zwei Elternteilen bekommen die Nachfahren die eine Hälfte ihres Bauplanes von der Mutter und die andere vom Vater. Bei dieser **Rekombination** der Baupläne entsteht eine unglaubliche Fülle von verschiedenen Kombinationen an Eigenschaften und Merkmalen.

Jedes Lebewesen lebt in einem **Lebensraum.** Dieser Lebensraum hat eine bestimmte Beschaffenheit, er ist feucht oder trocken, heiß oder kalt, hält viel Nahrung bereit oder wenig. Wie gut ein Lebewesen in seinem Lebensraum überlebt, hängt davon ab, ob es von Geburt an die Eigenschaften besitzt, die es braucht, um an Nahrung zu kommen, sich fortzupflanzen und sich gegenüber seiner Konkurrenz durchzusetzen.

Manchmal hat ein Lebewesen eine Eigenschaft, die ihm einen Vorteil gegenüber seinen Artgenossen verschafft. Es ist also besser **angepasst** an das Leben in seinem Lebensraum als seine Konkurrenten. Dadurch wird es überleben und mehr Nachkommen zeugen. Befindet sich der Bauplan für diese Eigenschaft auch in den Spermien oder Eizellen des Lebewesens, wird es diese Eigenschaft vererben und seine Nachkommen sind ebenfalls besser angepasst. Alle Konkurrenten ohne diese Eigenschaft werden irgendwann aussterben. Diesen Prozess nennt man **natürliche Auslese** oder **natürliche Selektion.**

Auf diese Weise haben über Jahrmillionen zufällige Veränderungen der Baupläne (**Mutation**), die Durchmischung der Baupläne bei der sexuellen Fortpflanzung (**Rekombination**) und die **natürliche Selektion** dafür gesorgt, dass sich immer neue Arten von Lebewesen entwickelt haben. Diesen Vorgang nennen wir heute **Evolution des Lebens.**

G4.1 Auf uns

Andreas Bourani

Wer friert uns diesen Moment ein
Besser kann es nicht sein
Denkt an die Tage, die hinter uns liegen
Wie lang' wir Freude und
5 Tränen schon teilen
Hier geht jeder für jeden durchs Feuer
Im Regen stehen wir niemals allein
Und solange unsre Herzen uns steuern
Wird das auch immer so sein
10 Ein Hoch auf das, was vor uns liegt
Dass es das Beste für uns gibt
Ein Hoch auf das, was uns vereint
Auf diese Zeit (auf diese Zeit)

Ein Hoch auf uns (uns)
15 Auf dieses Leben
Auf den Moment
Der immer bleibt
Ein Hoch auf uns (uns)
Auf jetzt und ewig
20 Auf einen Tag
Unendlichkeit

Wir haben Flügel
Wir schwören uns ewige Treue
Vergolden uns diesen Tag
Ein Leben lang ohne Reue 25
Vom ersten Schritt bis ins Grab
Ein Hoch auf das, was vor uns liegt
Dass es das Beste für uns gibt
Ein Hoch auf das, was uns vereint
Auf diese Zeit (auf diese Zeit) 30

Ein Hoch auf uns (uns)
Auf dieses Leben
Auf den Moment
Der immer bleibt
Ein Hoch auf uns (uns) 35
Auf jetzt und ewig
Auf einen Tag
Unendlichkeit (Unendlichkeit)

[…]

Songwriter: Andreas Bourani/Julius Hartog/Thomas Olbrich
© BMG Rights Management

G4.2 Eine Geschichte vom Anfang

Erste Schöpfungserzählung
Genesis 1,1–20

1 Am Anfang schuf Gott Himmel und Erde. 2 Die Erde war noch leer und öde, Dunkel bedeckte sie und wogendes Wasser, und über den Fluten schwebte Gottes Geist.
3 Da sprach Gott: »Licht entstehe!«, und das Licht strahlte auf.
4 Und Gott sah das Licht an: Es war gut. Dann trennte Gott das Licht von der Dunkelheit
5 und nannte das Licht Tag, die Dunkelheit Nacht. Es wurde Abend und wieder Morgen: der erste Tag.

6 Dann sprach Gott: »Im Wasser soll ein Gewölbe entstehen, eine Scheidewand zwischen den Wassermassen!«
7 So geschah es: Gott machte ein Gewölbe und trennte so das Wasser unter dem Gewölbe von dem Wasser, das darüber war.
8 Und Gott nannte das Gewölbe Himmel. Es wurde Abend und wieder Morgen: der zweite Tag.

9 Dann sprach Gott: »Das Wasser unter dem Himmelsgewölbe soll sich alles an einer Stelle sammeln, damit das Land hervortritt.« So geschah es.
10 Und Gott nannte das Land Erde, die Sammlung des Wassers nannte er Meer. Und Gott sah das alles an: Es war gut.

11 Dann sprach Gott: »Die Erde lasse frisches Grün aufsprießen, Pflanzen und Bäume von jeder Art, die Samen und samenhaltige Früchte tragen!« So geschah es:
12 Die Erde brachte frisches Grün hervor, Pflanzen jeder Art mit ihren Samen und alle Arten von Bäumen mit samenhaltigen Früchten. Und Gott sah das alles an: Es war gut.
13 Es wurde Abend und wieder Morgen: der dritte Tag.

14 Dann sprach Gott: »Am Himmel sollen Lichter entstehen, die Tag und Nacht voneinander scheiden, leuchtende Zeichen, um die Zeiten zu bestimmen: Tage und Feste und Jahre.
15 Sie sollen am Himmelsgewölbe leuchten, damit sie der Erde Licht geben.« So geschah es:
16 Gott machte zwei große Lichter, ein größeres, das den Tag beherrscht, und ein kleineres für die Nacht, dazu auch das ganze Heer der Sterne.
17 Gott setzte sie an das Himmelsgewölbe, damit sie der Erde Licht geben,
18 den Tag und die Nacht regieren und Licht und Dunkelheit voneinander scheiden. Und Gott sah das alles an: Es war gut.
19 Es wurde Abend und wieder Morgen: der vierte Tag.

20 Dann sprach Gott: […]

G5 »Gott sprach und es geschah«

Wie kann man sich die Erschaffung der Welt vorstellen?

Es war genauso, wie es in der biblischen Schöpfungserzählung steht. Die Evolutionstheorie ist eben nur eine Theorie und außerdem falsch.	Die Schöpfungserzählung sagt nur, das Gott die Welt geschaffen hat und das sie gut ist. Wie er das gemacht hat, weiß man nicht.	Unsere Erde von oben, ein Sonnenaufgang – unsere Welt ist wunderschön. Da muss Gott seine Finger im Spiel haben.
Gott schiebt die Entwicklung der Welt an. Wie er dies genau macht, kann der Mensch mit seinem beschränkten Geist nie erfahren.	Gott hat nicht nur den Urknall verursacht, sondern greift immer wieder in die Welt ein. Er verändert sie bis heute. Deshalb kann ich ihn auch bitten, in meinem Leben etwas zu verändern oder auch es genauso zu lassen.	Gott schuf die Welt, indem er die Naturgesetze erschuf, die die Naturwissenschaftlerinnen und Naturwissenschaftler heute untersuchen. Danach hat er sich zurückgelehnt und alles sich entwickeln lassen.

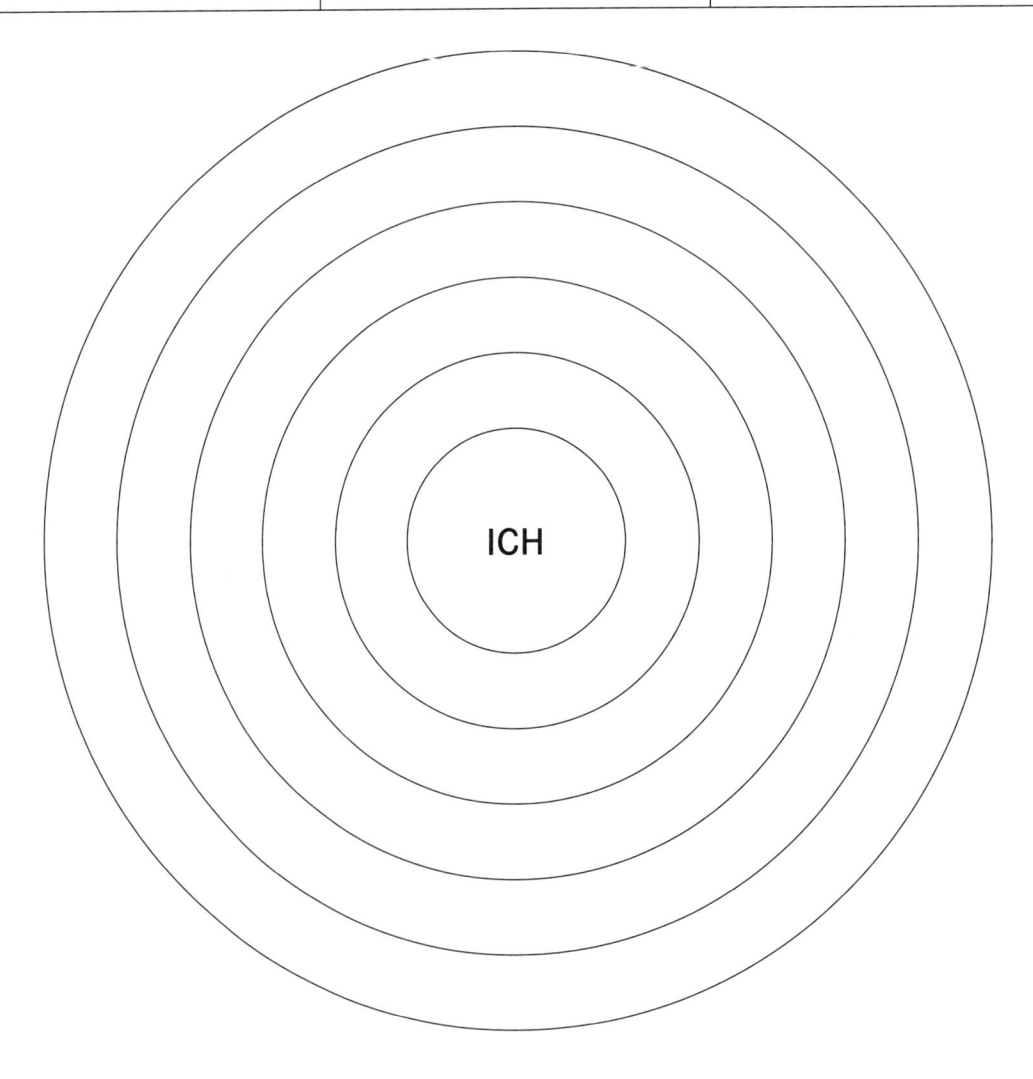

ICH

Evolution und Schöpfung

G6 Wo die Liebe hinfällt …

Lieber Markus,

jeden Morgen, wenn wir uns sehen, schlägt mein Herz wie verrückt nur für Dich.

Sobald ich nur an Dein süßes Lächeln denke, fliegen tausende Schmetterlinge durch meinen Bauch.

Ich fühle mich, als könnte ich schweben, auf die 7. Wolke und noch höher.

In Liebe
Deine Lara

Liebe Lara,
zunächst einmal danke ich Dir für Deinen Brief, ich habe mich sehr gefreut.
Morgens in der Schule haben wir uns tatsächlich schon des Öfteren gesehen. Dennoch muss ich dir in einigen Punkten widersprechen:
1. Dein Herz schlägt nur für deinen Körper, denn es versorgt ihn mit dem lebensnotwendigen Sauerstoff und Nährstoffen, gleichzeitig sorgt es für den Transport von Abfallstoffen aus deinem Körper heraus.
2. Es ist wichtig zu wissen, dass dein Magen-Darm-Trakt, nach dem Gehirn, die zweitgrößte Ansammlung von Nervenzellen besitzt. Er reagiert also äußerst empfindlich auf Glücks- bzw. Stresshormone. Das Gefühl, das du beschreibst, hat also sicher nichts mit Tagfaltern zu tun. Die würden in deinem Magen direkt sterben und verdaut werden.
3. Zu Deiner Idee, Du könntest schweben, will ich an dieser Stelle lieber schweigen.
Ich empfehle Dir dringend Dich mit den Gesetzen der Erdanziehung und der Anatomie auseinanderzusetzen.
Trotzdem danke ich Dir für den Brief und muss sagen, dass auch ich mich körperlich zu dir hingezogen fühle. – Markus

AUFGABEN:
1. Was hälst du von diesem Briefwechsel? Nimm Stellung.
   - Versetze dich in Laras Lage: Was denkt sie? Wie wird sie auf die Antwort von Markus reagieren?
   - Versetze dich in Markus hinein: Was denkt er? Warum wählt er diese Art zu antworten?
2. Diskutiere mit deiner Nachbarin/deinem Nachbarn: Ist Markus' Antwort angemessen? Schreibt eure Meinung auf nach folgendem Schema:
   a) Eure Meinung in einem Satz,
   b) eine ausführliche Begründung,
   c) ein passendes Beispiel.

G7 Eine Rose – viele Sichtweisen

Bearbeite eine der folgenden Aufgaben:

1. Du bist Verkäuferin oder Verkäufer. Verfasse einen Werbetext oder ein Werbeplakat zum Verkauf dieser Rose.
2. Du bist Naturwissenschaftlerin oder Naturwissenschaftler. Beschreibe die Rose aus Sicht der Biologie. Du könntest z. B. einen Artikel für eine Fachzeitschrift verfassen.
3. Du bist eine verliebte Dichterin oder ein verliebter Dichter. Verfasse ein Gedicht, eine kurze Erzählung oder eine Parabel über die Rose.
4. Du bist ein religiöser Mensch. Schreibe ein Gebet oder eine Predigt zur Rose.

G8 Zwei Sichtweisen auf unsere Welt

In einem Interview vor seinem ersten Weltraumflug zur ISS wurde der Astronaut Alexander Gerst gefragt:

Schlägt die Reise ins All auch eine Seite außerhalb ihres Forscherdaseins in Ihnen an?

5 **Gerst:** Ich bin mit religiösen Werten aufgewachsen. Aber als Wissenschaftler möchte ich Dinge wertneutral von außen anschauen und – ich weiß, dass man das meiste noch nicht weiß. Ich bin mir klar darüber, dass es nicht bei dem rationalen Weltbild bleibt, das
10 wir jetzt haben, sondern dass es noch sehr viel mehr dahinter gibt. Das kann ich sehr gut vereinbaren mit der Position als Wissenschaftler.

Das Buch »Pale Blue Dot« beschreibt die Perspektive, die die Voyagersonde auf dem Weg raus aus dem
15 Sonnensystem noch einmal auf die Erde hatte: Man sieht sie als kleinen blauen Pixel […] Das zeigt sehr gut, wie zerbrechlich und einsam unsere Erde doch ist. Und wir haben nichts weiter als dieses kleine blaue Raumschiff. Das ist eine Perspektive, die einzigartig ist.

Aus: http://www.general-anzeiger-bonn.de/news/wissen-und-bildung/Interview-mit-dem-deutschen-Astronauten-Alexander-Gerst-article1359816.html (Zugriff am 22.1.19).

AUFGABEN:

1. Erläutere: Was meint Alexander Gerst mit dem Begriff »rationales Weltbild«?

2. Beurteile: Was meint er damit, wenn er sagt, »dass es noch sehr viel mehr dahinter gibt«?

3. Entscheide: Kannst du der Antwort, die Alexander Gerst gibt, zustimmen, dass er beide Sichtweisen auf die Welt gut vereinbaren kann? Nimm Stellung und begründe deine Stellungnahme.

4. Schau dir das Video von Alexander Gerst an, das er für seine (noch nicht geborenen) Enkelkinder aus der ISS aufgenommen hat, kurz bevor er am 18. Dezember 2018 zur Erde zurückgekehrt ist: https://t.co/95ROq4F40g (Zugriff am 22.1.19)
Alexander Gerst sagt: »*Wenn ich auf die Erde runterschaue, da denke ich, dass ich mich bei euch wohl leider entschuldigen muss. Zur Zeit sieht es so aus, als ob wir – meine Generation – euch unseren Planeten nicht im besten Zustand hinterlassen werden.*«

Was wird eine Naturwissenschaftlerin oder ein Naturwissenschaftlicher zu diesem Satz sagen?
Was wird eine gläubige Christin oder ein gläubiger Christ dazu sagen?
Formuliere je einen Kommentar!

Evolution und Schöpfung | 85

Gott und das Leid der Welt

Manfred Karsch/Rudolf Hengesbach

Religionspädagogischer Kommentar – konfessionelle Perspektiven – Lernchancen

Theodizee – ein Thema der Religionen und des Religionsunterrichts

Warum eigentlich? Warum gibt es das Böse und das Leid in der Welt? Warum gibt es Krankheiten und Tod, Krieg und Gewalt gegen Unschuldige, Unfälle und Naturkatastrophen? Und vor allem: Warum betrifft es gerade mich? Und was hat Gott damit zu tun? Wer ist schuld oder wer trägt die Verantwortung?

Vermutlich seit Menschen sich reflektierend mit den Zuständen der Welt auseinandersetzen, entdecken sie die Widersprüche zwischen ihrem Wunsch nach einer guten Welt und einem glücklichen Leben unter der Obhut eines guten und allmächtigen Gottes und ihren Erfahrungen in und mit einer Welt, in der sie leben, und die nicht so ist, wie sie sein könnte. Die Geschichten der biblischen Urgeschichte Gen 1–11 spiegeln solche Erfahrungen und geben bereits erste Antworten, indem sie den Weg skizzieren von ehemals paradiesischen Zuständen in eine Welt, in der keiner des Anderen Sprache versteht.

Menschen stellen die W(arum)-Fragen, Philosophien und Religionen geben ihre D(arum)-Antworten auf diese W-Fragen, für die der Philosoph Gottfried Wilhelm Leibniz (1646–1716) das Kunstwort Theodizee (gr. theos = Gott; dike = Rechtfertigung) erfunden hat: die Rechtfertigung Gottes angesichts des Leids und des Übels in der Welt.

Generationen von Schüler*innen haben sich im RU mit den in der Theodizee liegenden (theo-)logischen Dilemmata auseinandergesetzt und sich durch mögliche Antwortmuster zur Lernarbeit inspirieren lassen. Eine Durchsicht alter und aktueller Schulbücher des RU beider Konfessionen zeigt, dass die Behandlung der Theodizee darin kaum Unterschiede aufweist. Häufig wird das Hiobbuch als Schwerpunkt gewählt, eine Geschichte, in der wie in einem Kompendium viele W-Fragen, die es zur Theodizee gibt, eine D-Antwort finden. Auch im KoKoRU werden die Schüler*innen deshalb nicht so sehr das Konfessionsspezifische oder -trennende in den D-Antworten zur Theodizee entdecken, sondern ein Thema bearbeiten, das den christlichen Glauben insgesamt als bleibenden »Pfahl im Fleisch« durchzieht. Als interkonfessionelle Lerngemeinschaft erhalten sie die *Lernchance*, ihre eigenen Fragen zu ihren Erfahrungen mit den von Menschen verursachten Leiden (den moralischen Übeln) und den Naturgegebenheiten (den natürlichen Übeln) zu artikulieren. Sie werden Antworten der biblisch-christlichen Tradition diskutieren, reflektieren und beurteilen.

Theodizee – die klassischen Antworten

Philosophien, biblische Texte und Theologien machen unterschiedliche Angebote zur Bewältigung der Theodizeefrage.[1] Mit Julia Gebler und Ulrich Riegel[2] lassen sich insgesamt vier Strategien aus der Fülle der Antworten zusammenfassen:

1. *Leid wird begründet mit der Freiheit der Geschöpfe Gottes:* Der Mensch hat die Freiheit zum Guten wie zum Bösen. Leid ist die Konsequenz einer falschen Entscheidung des Menschen. Die Theodizee entwickelt sich zur Anthropodizee.
2. *Leid ist die Folge einer Reaktion Gottes auf menschliche Defizite:* Menschliche Fehlleistungen werden von Gott bestraft oder sind das Instrument einer Prüfung Gottes zur Besserung des Menschen.
3. *Leid ist genuiner Teil der göttlichen Schöpfung:* Nur im Kontrast zum Leid kann der Mensch das Gute erkennen, schätzen lernen und auch danach leben und handeln. Zu dieser Strategie gehört auch die Antwort, die Leibniz auf die Theodizeefrage gibt: Gott schuf die beste aller möglichen Welten, Leid ist ein Teil dieser bestmöglichen Welt.
4. *Im Leid ist der liebende Gott solidarisch mit seinen Geschöpfen:* Mit dem Menschen Jesus von Nazareth und seiner Kreuzigung nimmt Gott selbst teil am Leiden seiner Kreatur. Das Paradigma des allmächtigen Gottes wird ergänzt, wenn nicht sogar abgelöst durch das Gotteskonzept des ohnmächtigen und mitleidenden Gottes.

Gott und das Leid in der Welt – ein Thema von und für Jugendliche?

Aber ist die Theodizee überhaupt ein Thema, das Schüler*innen heute angeht, existenziell wie auch emphatisch? Die aktuell – nicht nur im KoKoRU – anzubahnende religionsdidaktische Korrektur bei diesem Thema betrifft vor allem die Wahrnehmung der Schüler*innen zum Thema. Denn die These von Karl-Ernst Nipkow (ev.) aus den Achtzigerjahren des letzten Jahrhunderts, dass die Theodizeefrage »die erste Einbruchstelle für den Verlust des Glaubens an Gott«[3] im Jugendalter darstelle und damit die Gefahr des Atheismus provoziere, muss aus mehreren Gründen korrigiert bzw. ergänzt werden:

- Einerseits nehmen Kinder und Jugendliche durch Fernsehen, Internet und Social Media globale und lokale Leidszenarien oft zeitnah wahr, andererseits wachsen sie in einem gesellschaftlichen und kulturellen Klima der Leidvermeidung und Leidverdrängung auf. Gleichzeitig mangelt es ihnen selbst an eigenen, konkreten Leiderfahrungen, die die Theodizeefrage erst existenziell werden lassen. Es muss davon ausgegangen werden, dass Schüler*innen angesichts von wahrgenommenem Leid nicht grundsätzlich die Theodizeefrage stellen.
- Auf der anderen Seite entdecken die empirischen Untersuchungen zur Kinder- und Jugendtheologie, dass Kinder und Jugendliche nicht nur nach dem Zusammenhang von Leid und Gott fragen, sondern auch ihre eigenen Antworten entwickeln, hinter denen sich nicht selten die Strategien der klassischen Antworten wiederfinden lassen.[4] Die Theodizeefrage provoziert also nicht zwingend eine Glaubenskrise, sondern initialisiert biografische Arbeit am eigenen Gotteskonzept, ermöglicht auch den Abschied »vom Leiden an falschen Gottesvorstellungen«[5].
- Andere Untersuchungen kommen zu der Einsicht, dass sich Kinder und Jugendliche aufgrund ihres veränderten Gotteskonzepts von der Frage nach der Theodizee verabschieden.[6] Jugendliche haben nicht selten ein deistisches Gotteskonzept: »Gott existiert, aber er greift nicht in das Geschehen auf der Erde ein.«[7]

Aus diesen Einsichten entwickeln Gebler und Riegel drei zusätzliche Strategien zur Bewältigung der Theodizeefrage, die sie bei Kindern und Jugendlichen wahrnehmen:
5. *Gott ist nicht der Verursacher des Leids,* muss also auch nicht zur Rechenschaft gezogen werden.
6. *Leid gibt Anlass zum Zweifel an Gott,* weil er das Leid nicht verhindert.
7. *Leid ist Schicksal,* dem auch Gott unterworfen ist. Gott kann das Schicksal nicht ändern.

Der RU wird den Schüler*innen die *Lernchance* ermöglichen, diese sieben unterschiedlichen Strategien auf ihre Tragfähigkeit im Diskurs über die Wahrnehmung von Leid zu diskutieren, zu beurteilen und kritisch zu bewerten.

Unsicherheitstoleranz als Kompetenzhorizont – der notwendige Perspektivwechsel im KoKoRU

Die klassischen D-Antworten auf die Theodizeefrage sind Lösungsangebote, die dem Leiden Sinn zusprechen. Ein Lernangebot im RU, das lediglich Verfügungswissen um diese Antworten vermittelt, beendet die Theodizeefrage, bevor sie überhaupt von Schüler*innen gestellt wurde.[8]

Ein Unterrichtsprojekt im kompetenzorientierten KoKoRU wird deshalb den Schüler*innen ermöglichen, in einer Diagnoseaufgabe ihre individuellen Zugänge zu Leidsituationen wahrzunehmen, also sowohl Apathie wie auch Sympathie, Empathie und Solidarität zuzulassen, ohne dass die Frage »Warum, mein Gott?« schon gestellt ist. RU mit der Theodizee-Frage hat nicht die Aufgabe, alle aufkommenden W-Fragen zu lösen, sondern vielmehr zur bleibenden »Unsicherheitstoleranz«[9] im Umgang mit eigenem und fremdem Leid zu ermutigen.

Die Angebote der Lernaufgaben greifen deshalb auf Leidensgeschichten, Klage und Anklage, Vertrauensaussagen und Trostworte aus dem biblisch-christlichen Sprachreservoir zurück. Bewusst wird dabei in der vorliegenden Unterrichtsskizze auf die Hiobsgeschichte verzichtet, nicht nur, weil dazu eine Vielzahl von Unterrichtsentwürfen vorliegt, sondern auch, um die der Geschichte immanente »Vergeltungstheologie«[10] nicht in das Zentrum der Lernarbeit zu stellen, die die Allmacht Gottes preist und dem Menschen seine Ohnmacht vor Augen führt. Stattdessen erweisen sich die »Passionsgeschichten des NT als erzählte Theodizee«[11] und darin besonders die Kreuzesworte Jesu als Interpretation des Leidens Jesu sowie Psalmverse (aus Ps. 22 und Ps. 23) als *geeignete Lernangebote,* die angesichts der Theodizeefrage die Arbeit der Schüler*innen am eigenen Gottesbild unterstützen.[12]

Mit Texten von Martin Luther und Dietrich Bonhoeffer sowie den beiden Päpsten Benedikt XVI. und Franziskus entdecken die Schüler*innen, wie Menschen ihrer eigenen und der anderen Konfession die Frage nach Gott und dem Leid in der Welt in ihrem eigenes Leben und Handeln reflektieren.

Lässt Gott einen (nicht) fallen? – Am Ende des Unterrichtsprojekts werden die Schüler*innen in einer Evaluationsaufgabe an einer aktuellen Diskussion um die Änderung der siebten Bitte des Vaterunsers darstellen und erproben können, ob die Lernarbeit jene oben genannte Unsicherheitstoleranz im Umgang mit Leiderfahrungen und eine Arbeit am eigenen Gottesbild, das die göttliche Allmacht in Konkurrenz zur Ohnmacht Gottes setzt und dem solidarischen Mitleiden Gottes mit seiner Kreatur Raum gibt, als Kompetenzhorizont anbahnen konnte.

Verlaufsplan

Einstieg – Diagnoseaufgabe

Die Diagnoseaufgabe erfolgt in zwei Schritten: Die Schüler*innen erproben anhand **H1** in Einzelarbeit ihre Erfahrungen in der Wahrnehmung und im Umgang mit Leid an jeweils zwei Beispielen aus der Kategorie des moralischen und des natürlichen Leids. Ein Zwischenplenum kann die Ergebnisse kommunizieren und sichern und erste Unterschiede im Umgang mit den beiden Leidkategorien festhalten.

In einem zweiten Schritt entwickeln die Schüler*innen mit Arbeitsblatt **H2** erste Fragehaltungen zu Leiderfahrungen (WARUM?) und mögliche, in der Lerngruppe bereits vorhandene Antworten (DARUM!).[13] Indem die Arbeitsblätter in einer kombinierten think-pair-Phase bei der Bearbeitung durch die Lerngruppe gereicht werden, setzen sich die Schüler*innen mit den WARUM-Fragen und DARUM-Antworten ihrer Mitschüler*innen auseinander. Die Ergebnisse der Diagnoseaufgabe werden mit einer Mindmap an der Tafel oder am Whiteboard ausgehend von dem Wort WARUM gebündelt. Sofern nicht bereits durch die DARUM-Antworten der Schüler*innen provoziert, initiiert die Lehrkraft die Gelenkstelle zu den Lernaufgaben durch die Ergänzung an der Tafel: WARUM, MEIN GOTT?

Lernaufgaben
Für die Bearbeitung der Lernaufgaben werden Kleingruppen gebildet, die in vier Phasen zusammenarbeiten und ihre Zwischenergebnisse auf einem Theodizee-Plakat sichern.

1. Phase: Aus dem Antwortreservoir der Gelehrten schöpfen

Auf **H3** wird der Begriff Theodizee eingeführt. Im Plenum werden die dort zusammengestellten Antworten zur Theodizee (in einer dem Alter der Schüler*innen angemessenen Sprachform) vorgelesen.

Die Ergebnisse der Diagnoseaufgabe fließen in die erste Phase der Bearbeitung der Lernaufgaben ein: Die Lehrkraft hat die ausgefüllten Arbeitsblätter **H2** an den gestrichelten Linien auseinandergeschnitten und verteilt die so entstandenen Zettel unsortiert an Kleingruppen, die entsprechend der folgenden Aufgaben arbeiten:

H3 Aufgaben für Kleingruppen:
1. Schneidet die Textbausteine aus und verteilt sie auf eurem Tisch. In die Mitte legt ihr den Stapel mit den WARUM/DARUM-Texten von H2.
2. Reihum lest ihr die WARUM/DARUM-Texte vor. Nach jedem Text entscheidet die Gruppe gemeinsam, welcher Theodizee-Antwort die DARUM-Antwort zugeordnet werden kann.
3. Betrachtet euer Ergebnis und nehmt ggf. Veränderungen vor.
4. Gestaltet ein THEODIZEE-Plakat mit eurem Ergebnis.

2. Phase: Klage, Anklage, Vertrauen – Psalmbeter*innen bringen Leiderfahrungen vor Gott zur Sprache

In den Kleingruppen wird in Einzelarbeit, dann als Gruppe gearbeitet. Die Schüler*innen gestalten aus einem der beiden Psalmen auf **H4** ein Blackout-Poem[14]: wichtige Worte werden markiert, andere geschwärzt. Es entsteht ein Kunstwerk. Unter Verwendung der markierten Worte schreiben die Schüler*innen ein neues Psalmgebet.

H4 Aufgaben:
1. (Kleingruppe) Lest gemeinsam die beiden Psalmen auf dem Arbeitsblatt laut vor. Jede/jeder von euch entscheidet sich für einen Psalm, schneidet ihn aus und arbeitet ab dann in Einzelarbeit weiter.
2. (Einzelarbeit) Der Psalmbeter redet mit Gott über seine Lebenserfahrungen. Wähle zehn Worte aus, die dir in deinem Psalm besonders auffallen und wichtig sind. Markiere sie mit einem Textmarker!
3. Alle anderen Worte streichst du mit einem dicken schwarzen Filzstift durch, sodass man sie nicht erkennt.
4. Schreibe mit den markierten Worten ein eigenes Gebet. Jedes Wort soll mindestens einmal vorkommen.
3. (Kleingruppe) Stelle dein Ergebnis in der Gruppe vor.
4. Klebt die Produkte auf das THEODIZEE-Plakat.

3. Phase: Die Evangelien interpretieren das Leiden Jesu

Die Kreuzigung Jesu (Mk 15) wird in der Lutherbibel/Einheitsübersetzung gelesen. Die Lehrkraft informiert, dass die Kreuzesworte keine historischen Jesusworte sind, sondern Interpretationen der Evangelisten.

Auf Arbeitsblatt **H5** befinden sich alle Kreuzesworte der Evangelien zusammen mit vier Kreuzesdarstellungen aus der Kunst. Die Schüler*innen sichten und diskutieren die Kreuzesworte und sichern sie auf den in der 1. Phase erstellten Plakaten:

H5 Aufgaben für Kleingruppen:
1. Schneidet die Textbausteine und die Bilder von H5 aus und verteilt sie auf eurem Tisch.
2. Lest die Texte und betrachtet die Bilder gemeinsam. Welche Texte passen zu welchen Bildern? Stellt Text-Bilder-Gruppen zusammen.
3. Nehmt eine Karteikarte und schreibt zu jeder Text-Bild-Gruppe eine eigene DARUM-Antwort auf.
4. Sichert eure Ergebnisse, indem ihr sie auf euer THEODIZEE-Plakat klebt.

4. Phase: Ev./kath. Christ*innen auf der Suche nach Antworten für eigenes und fremdes Leid

In den Kleingruppen wird arbeitsteilig in Partnerarbeit gearbeitet. Die Partner*innen untersuchen alternativ die Aussagen der vier ev./kath. Christ*innen zu Leiderfahrungen auf **H6/H7**. Die Aufgaben befinden sich auf den Arbeitsblättern.

Die Ergebnisse werden in der Kleingruppe vorgestellt und in Auswahl auf das Plakat geklebt.

Evaluation

Die Schüler*innen bereiten sich mit Arbeitsblatt **H8** auf ein Gespräch über den Vorschlag von Papst Franziskus vor, die siebte Bitte des Vaterunsers (»… und führe uns nicht in Versuchung«) durch die Formulierung »Lass uns nicht in Versuchung geraten« zu ersetzen.

> **H8** Aufgabe für Einzelarbeit:
> Bereite dich auf ein Gespräch vor, in dem der Vorschlag des Papstes diskutiert wird.
> 1. »Und führe uns nicht in Versuchung – Lass uns nicht in Versuchung geraten.« Beschreibe, wie sich der Sinn und die Bedeutung dieser Bitte ändert, wenn man dem Vorschlag des Papstes folgt.
> 2. Welche Gründe können für oder gegen die Änderung des Vaterunsers genannt werden?
> 3. Auf welche Antworten zur Theodizeefrage könnte sich Franziskus berufen? Untersuche deine Ergebnisse aus dem Unterricht.
> 4. »Sondern erlöse uns von dem Bösen« – Wenn man die siebte Bitte des Vaterunsers ändert, sollte man nicht auch gleich die achte Bitte ändern? Was meinst du? Begründe deine Meinung.
> 5. Formuliere abschließend schriftlich eine Stellungnahme, die du im Gespräch vortragen kannst.

Die Schüler*innen entdecken und beziehen Stellung, wie durch die Veränderung der Bitte eine Veränderung des Gottesbildes erfolgt und dass dadurch die Frage nach Gott und dem Menschen in ihrer Verantwortung gegenüber dem Leid in der Welt eine neue Antwort erhält.[15] Zu erwarten ist, dass die individuellen Ergebnisse der Schüler*innen die große Bandbreite zwischen theodizee-sensiblen und theodizee-resistenten Gotteskonzeptionen abbilden.[16]

Anmerkungen

1. Einen Überblick relevanter Texte bietet: Loichinger, Alexander/Kreiner, Armin: Theodizee in den Weltreligionen. Paderborn 2010.
2. Gebler, Julia/Riegel, Ulrich: »Ich wende mich an Eltern, Freunde, Opas, Omas … und Gott« – Eine explorativ-qualitative Studie zu den Theodizee-Konzepten von Kindern und Jugendlichen der vierten Jahrgangsstufe. In: Jahrbuch für Kindertheologie Sonderband 4. Stuttgart 2011, S. 141 ff.; ähnlich auch Loichinger, Alexander: Sinn des Leids? Das Theodizeeproblem und seine modernen (Glaubens-)Antworten. In: RelliS 3 (2015), S. 10–14.
3. Nipkow, Karl-Ernst: Erwachsenwerden ohne Gott? Gotteserfahrungen im Lebenslauf. München 1987, S. 57.
4. Oberthür, Rainer: Kinder fragen nach Leid und Gott. München 1998; Stögbauer, Eva-Maria: Konkret reden: Theologien und Theodizeen Jugendlicher. In: Jahrbuch für Jugendtheologie Bd. 1. Stuttgart 2013, S. 50–59; Gebler, Julia/Riegel, Ulrich: »Ich wende mich an Eltern, Freunde, Opas, Omas … und Gott« – Eine explorativ-qualitative Studie zu den Theodizee-Konzepten von Kindern und Jugendlichen der vierten Jahrgangsstufe. In: Jahrbuch für Kindertheologie Sonderband 4. Stuttgart 2011, S. 140–156.
5. Brändle, Werner: Wie kann Gott Leiden zulassen? – oder: Vom Leiden an falschen Gottesvorstellungen. In: Loccumer Pelikan 1/1996, S. 7.
6. Ritter, Werner H.: Verabschieden sich Kinder und Jugendliche von der Theodizee? Eine Problemanzeige. In: MThZ 59 (2008), S. 231–238; ders. u. a.: Leid und Gott aus der Perspektive von Kindern und Jugendlichen. Göttingen 2006.
7. Ritter 2008, S. 237.
8. Eine vertiefende Auseinandersetzung mit den Theodizee-Konzepten der Philosophie- und Theologiegeschichte hat zudem erst seinen Ort in der Sek II.
9. Dressler, Bernhard: Über die Sinnlosigkeit des Leidens. Religionspädagogische Erwägungen über Sinnsuche und Leiderfahrungen von Kindern und Jugendlichen. In: Loccumer Pelikan 1/1996, S. 16.
10. Brändle 1996, S. 7.
11. Kaiser, Gerhard: Theodizee als biblisch erzählte Geschichte. In: ZThK 1/2005, S. 132.
12. In dieser Unterrichtsskizze nicht verwendete mögliche weitere Inhalte aus dem Sprachreservoir der Bibel: Teile der o. g. Urgeschichte Gen 1–11; Heilungsgeschichten, weitere Texte aus der Passionsgeschichte, Texte aus den Paulusbriefen (z. B. 2. Kor 4,7–12; 12,9; Phil 1,20; 3.10).
13. Zur Methode siehe Arnhold/Karsch 2014, S. 17–23.
14. Infos zur Methode: https://www.satzsitz.de/blackout-poetry-versteckte-verse/ (Zugriff am 22.1.19).
15. Der Änderungsvorschlag von Papst Franziskus hat Ähnlichkeiten mit der Auslegung der siebten Bitte in Luthers kleinem Katechismus: »Gott versucht zwar niemand; aber wir bitten in diesem Gebet, dass uns Gott behüte und erhalte, damit uns der Teufel, die Welt und unser Fleisch nicht betrüge und verführe in Mißglauben, Verzweiflung und andere große Schande und Laster; und wenn wir damit angefochten würden, dass wir doch endlich gewinnen und den Sieg behalten« (https://www.ekd.de/Kleiner-Katechismus-Das-Dritte-Hauptstuck-11533.htm, Zugriff am 22.1.19).
16. Siehe Stögbauer 2013, S. 59.

H1 Was so alles passiert in unserer Welt

Über das Fernsehen, das Internet, Social Media (Facebook, Instagram, Twitter, WhatsApp & Co.), aber auch aus Zeitungen und dem, was uns andere Menschen berichten, sind wir über viele Ereignisse, die überall in unserer Welt passieren, informiert. Diese Nachrichten erreichen uns oft tagesaktuell, manchmal sogar »live«!

AUFGABEN:

1. Betrachte die Bilder über »Nachrichten aus aller Welt« und lies die Informationen. Schreibe mit Stichworten deine spontanen Reaktionen und Gedanken dazu auf.

> Herbst 2015: Ein toter Junge aus Syrien liegt am Strand. Zusammen mit seiner Familie musste er über das Mittelmeer fliehen. Denn in Syrien herrscht Krieg. Das Boot ging unter. Allein im Jahr 2015 starben fast 4000 Menschen auf der Flucht im Mittelmeer. Der tote Junge hat einen Namen: Er heißt Ailan Kurdi.

> Progeria nennt sich die Erbkrankheit, unter der diese Kinder leiden. Haarausfall, Kleinwuchs, Knochenschwund führen dazu, dass diese Menschen im Zeitraffertempo wie ein alter Mensch aussehen und meist noch vor dem vierzehnten Lebensjahr sterben.

> 24. März 2015, 10.41 Uhr: Ein Flugzeug zerschellt an einem Berg in den Alpen, 150 Menschen sterben, darunter 16 Schülerinnen und Schüler, zwei Lehrerinnen eines Gymnasiums in Haltern. Vermutlich hat der Co-Pilot die Maschine absichtlich zum Absturz gebracht.

> Indonesien 2010: Die 800 Grad heißen Schwaden, die der Vulkan Merapi ausspuckt, sind tödlich, über hundert Menschen kommen ums Leben, viele werden verletzt. In der Leichenhalle eines kleinen Ortes stapeln sich die Leichen.

2. Menschen reagieren ganz unterschiedlich auf solche Nachrichten. Lies die folgenden Begriffe. Welche der Begriffe passen zu deinen spontanen Reaktionen und Gedanken? Schreibe Sie zu den Bildern. Wenn dir ein Wort einfällt, das nicht aufgeführt wird, schreibe es dazu.

Wut, Neugier, Trauer, Mitleid, Schweigen, Enttäuschung, Betroffenheit, Ekel, Spaß, Machtlosigkeit, Verzweiflung, Hoffnung, Reden, Nachdenken, Entsetzen, Gleichgültigkeit, Tränen, Lachen, Hilflosigkeit

H2 Leid in der Welt – warum eigentlich?

Nur vier Bilder, hinter denen Nachrichten und Geschichten stehen, die darüber berichten, wie Menschen Leid, Krankheit, Katastrophen und Tod erleben. Viele Menschen fragen sich bei solchen Bildern und Nachrichten: »Warum? Warum muss das passieren?« und suchen nach Antworten. Welche Warum-Fragen hast du, wenn du diese Bilder siehst?

Warum …? – Wie könnte die Frage nach den drei Punkten weitergehen?
Ergänze die Frage und schreibe deine Ergänzung in das erste der Felder unten.
Nach einem Signalton gibst du dein Blatt an deine/n linke/n Sitznachbar/in weiter. Von deinem/r rechten Sitznachbar/in erhältst du ihr/sein Blatt.
Ergänze den Satz noch einmal (mit einer anderen Ergänzung!) und schreibe sie in eines der zwei verbleibenden Felder.
Beim zweiten Signalton wiederholst du das Ganze noch einmal. Nun sind alle drei Felder mit einer Satzergänzung gefüllt.

Warum …

Darum:

Warum …

Darum:

Warum …

Darum:

Gott und das Leid der Welt | 91

H3 »Warum, mein Gott?« – Theodizee

Wenn Menschen eigenes Leid oder das Leiden und den Tod anderer Menschen erleben, fragen sie sich oft, ob Gott etwas damit zu tun hat: »Warum, mein Gott? – Ist Gott nicht allmächtig und hätte das verhindern können?«

Der Philosoph Gottfried Wilhelm Leibniz (1646–1716) hat für diese Fragen und mögliche Antworten darauf ein neues Wort erfunden: THEODIZEE – das bedeutet: Die Rechtfertigung Gottes für das Leid in der Welt.

»Warum, mein Gott?« – Darum ...

Viele Menschen haben ganz unterschiedliche Antworten gefunden. Du findest einige davon auf diesem Arbeitsblatt.

ICH BIN SO FREI. – Gott hat uns die Freiheit geschenkt, selbst zu entscheiden, ob wir etwas Gutes oder etwas Böses tun. Manchmal machen wir eben einen Fehler. Das passiert schon mal. Dann leiden wir unter den Folgen unserer Fehler!

STRAFE MUSS SEIN. – Manchmal machen wir einen Fehler. Gott bestraft uns dafür. Darum müssen wir leiden.

GOTT HAT EINFACH WEGGESCHAUT. – Es passiert so viel auf der Welt, in jedem Augenblick. Gott kann doch nicht auf alles und jeden achten. Da passiert schon mal etwas, ohne dass Gott das merkt.

DAS IST EBEN SO. – Die Welt ist nicht vollkommen. Gott wollte zwar alles gut machen, als er die Welt geschaffen hat. Hat aber nicht ganz geklappt. Deshalb kommt es einfach mal vor, dass Menschen leiden müssen.

GOTT LEIDET MIT. – Gott tut das auch leid, dass Menschen leiden. Aber er kann das Leid nicht verhindern.

GOTT HAT MIT DEM LEID GAR NICHTS ZU TUN. – Macht doch nicht immer Gott für all das Leiden in der Welt verantwortlich. Wenn etwas nicht richtig ist und Menschen leiden, sind vielleicht andere Menschen schuld.

VIELLEICHT GIBT ES GAR KEINEN GOTT. – Sag ich doch! Wenn es einen Gott gäbe, würde es doch kein Leid geben, denn Gott würde alles richtig machen.

DAS PASSIERT SCHON MAL. – Manche Menschen nennen das einfach Schicksal. Zur falschen Zeit am falschen Ort. Da kann Gott auch nichts dagegen tun.

PRÜFUNG BESTANDEN? – Manchmal will Gott einfach nachschauen, ob wir noch an ihn glauben. Dann macht er Leid und schaut nach, ob wir noch zu ihm beten oder so.

H4 Mit Gott über das Leid sprechen

Im Alten Testament finden sich viele Psalmgebete, in denen Menschen ihr Leid vor Gott zum Ausdruck bringen. Auf diesem Arbeitsblatt findest du zwei Psalmen:

Psalm 22
Mein Gott, mein Gott, warum hast du mich verlassen?
Ich schreie, aber meine Hilfe ist ferne.
Mein Gott, des Tages rufe ich,
doch antwortest du nicht,
und des Nachts, doch finde ich keine Ruhe.
Aber du bist heilig, der du thronst über den Lobgesängen Israels.
Unsere Väter hofften auf dich;
und da sie hofften, halfst du ihnen heraus.
Zu dir schrien sie und wurden errettet,
sie hofften auf dich und wurden nicht zuschanden.
Ich aber bin ein Wurm und kein Mensch,
ein Spott der Leute und verachtet vom Volk.
Alle, die mich sehen, verspotten mich,
sperren das Maul auf und schütteln den Kopf:
»Er klage es dem HERRN,
der helfe ihm heraus und rette ihn, hat er Gefallen an ihm.«
Sei nicht ferne von mir, denn Angst ist nahe;
denn es ist hier kein Helfer.

Lutherbibel

Psalm 23
Der HERR ist mein Hirt, nichts wird mir fehlen.
Er lässt mich lagern auf grünen Auen
und führt mich zum Ruheplatz am Wasser.
Meine Lebenskraft bringt er zurück.
Er führt mich auf Pfaden der Gerechtigkeit, getreu seinem Namen.
Auch wenn ich gehe im finsteren Tal, ich fürchte kein Unheil;
denn du bist bei mir, dein Stock und dein Stab, sie trösten mich.
Du deckst mir den Tisch vor den Augen meiner Feinde.
Du hast mein Haupt mit Öl gesalbt, übervoll ist mein Becher.
Ja, Güte und Huld werden mir folgen mein Leben lang
und heimkehren werde ich ins Haus des HERRN für lange Zeiten.

Einheitsübersetzung

H5 Gott – Jesus – das Leiden am Kreuz

Jesus von Nazareth wurde ca. 30 Jahre nach seiner Geburt hingerichtet. Er starb durch Kreuzigung. In den vier Evangelien sagt Jesus insgesamt sieben sogenannte »Kreuzesworte«. Diese letzten Worte Jesu sind keine »historischen Worte Jesu«, sondern mit ihnen versuchen die Evangelisten, den Tod Jesu zu deuten. Sie sind damit auch DARUM-Antworten auf die WARUM-Fragen.

Mein Gott, mein Gott, warum hast du mich verlassen? (Mk 15,34; Mt 27,46)	Wahrlich ich sage dir: Heute wirst du mit mir im Paradies sein. (Lk 23,43)	Siehe, das ist dein Sohn … Siehe, das ist deine Mutter. (Joh 19,26–27)
Vater, vergib ihnen, denn sie wissen nicht, was sie tun. (Lk 23,34)	Vater, ich befehle meinen Geist in deine Hände. (Lk 23,46)	Mich dürstet (Joh 19,28)
		Es ist vollbracht. (Joh 19,30)

Auch Künstler haben immer wieder Jesus am Kreuz dargestellt. Auch sie antworten damit auf die WARUM-Fragen.

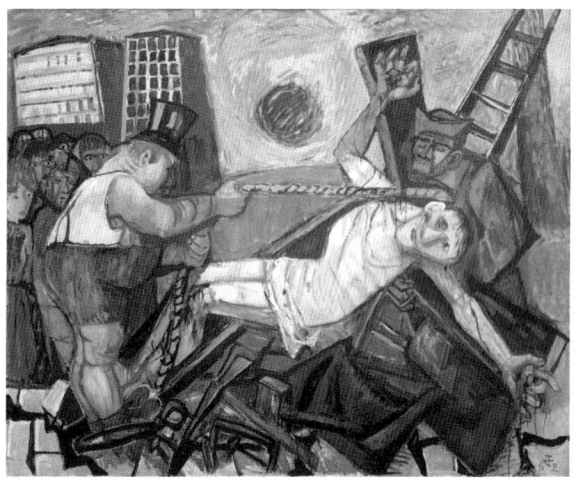

Otto Dix, Große Kreuzaufrichtung

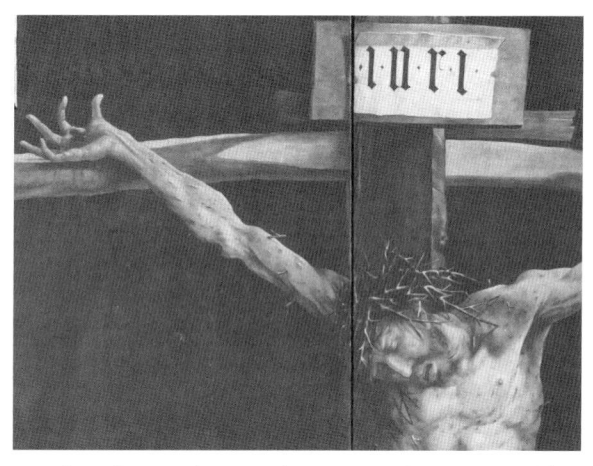

Detail aus dem Isenheimer Altar von Matthias Grünewald

Oskar Kokoschka, Christus hilft den hungernden Kindern

Diese weltgrößte Christus-Statue (36 Meter hoch) steht in Swiebodzin (Polen)

Gott und das Leid der Welt

H6 Die Frage nach Gott und dem Leid

Christinnen und Christen haben sich immer wieder mit ihrem Leiden und dem Leiden anderer Menschen auseinandergesetzt. Auf diesem Arbeitsblatt findest du Texte von zwei evangelischen Christen.

Martin Luther

Martin Luther (1483–1546) ist eine wichtige Person der evangelischen Reformation. Er entdeckt die Botschaft von der befreienden Liebe Gottes zu den Menschen neu.

Mit seiner Frau Katharina hat er sechs Kinder. Als ihre Tochter Magdalene mit zwölf Jahren stirbt, geraten die Eheleute in eine tiefe Krise des Glaubens. Luther schreibt seinem Freund Justus Jonas einen Brief:

Ich glaube, das Gerücht wird zu Dir gedrungen sein, dass meine liebste Tochter Magdalene wiedergeboren ist zu dem ewigen Reiche Christi. Obwohl ich und meine Frau nur fröhlich Dank sagen sollten für einen so glücklichen Hingang und seliges Ende, […] so ist doch die Macht der natürlichen Liebe so groß, dass wir es ohne Schluchzen und Seufzen des Herzens, ja ohne große Abtötung nicht vermögen. Es haften nämlich tief im Herzen das Aussehen, die Worte und Gebärden der lebenden und der sterbenden […] Tochter, sodass selbst Christi Tod […] dies nicht ganz hinwegnehmen kann, wie es sein sollte. Sage Du daher Gott an unserer statt Dank! […] Sie hatte (wie Du weißt) einen sanften und angenehmen und allen lieben Charakter. Gelobt sei der Herr Jesus Christus, der sie berufen, erwählt und herrlich gemacht hat. […] In ihm [Gott, dem Vater allen Trostes und aller Barmherzigkeit] gehab Dich wohl mit allen Deinen Angehörigen, Amen.

Dietrich Bonhoeffer

Dietrich Bonhoeffer (1906–1945) ist ein evangelischer Theologe. Wegen seiner Beteiligung am Widerstand und dem Attentat auf Adolf Hitler wurde er 1943 verhaftet und 1945 im Konzentrationslager Flossenbürg hingerichtet. Aus der Gefangenschaft hat er seinem Freund Eberhard Bethge Briefe geschrieben, darunter auch einige Gebete, Gedichte und Lieder:

Ich glaube, dass Gott aus allem, auch aus dem Bösesten, Gutes entstehen lassen kann und will. Dafür braucht er Menschen, die sich alle Dinge zum Besten dienen lassen.
Ich glaube, dass Gott uns in jeder Notlage soviel Widerstandskraft geben will, wie wir brauchen. Aber er gibt sie nicht im Voraus, damit wir uns nicht auf uns selbst, sondern allein auf ihn verlassen …

In mir ist es finster, aber bei dir ist Licht.
Ich bin einsam, aber du verlässt mich nicht.
Ich bin kleinmütig, aber bei dir ist die Hilfe.
Ich bin unruhig, aber bei dir ist Frieden.
In mir ist Bitterkeit, aber bei dir ist die Geduld.
ich verstehe deine Wege nicht, aber du weißt den rechten Weg für mich.

Von guten Mächten wunderbar geborgen
erwarten wir getrost, was kommen mag.
Gott ist bei uns am Abend und am Morgen,
und ganz gewiss an jedem neuen Tag.

AUFGABEN für eine Einzelarbeit in eurer Gruppe:
1. Lest euch abwechselnd die beiden Texte vor. Jede/jeder bearbeitet anschließend einen der beiden Texte.
2. Unterstreiche die Worte und Sätze in deinem Text, die dir besonders wichtig sind.
3. Martin Luther: Was mag Justus seinem Freund Martin geantwortet haben? Womit kann er ihn trösten und ermutigen? Schreibe in seinem Namen einen Brief an Martin. Antworte dabei auf Worte und Sätze, die dir im Text von Martin Luther wichtig sind. Was sagt Justus dazu?
ODER
Dietrich Bonhoeffer: Viele Jahre später hat Eberhard Bethge die Briefe seines Freundes Dietrich in einem Buch veröffentlicht. Er nennt das Buch »WIDERSTAND und ERGEBUNG«. Warum hat er das Buch so genannt? Schreibe eine Begründung. Verwende dazu Worte und Sätze Bonhoeffers, die dir besonders wichtig sind.

H7 Die Frage nach Gott und dem Leid

Christinnen und Christen haben sich immer wieder mit ihrem Leiden und dem Leiden anderer Menschen auseinandergesetzt. Auf diesem Arbeitsblatt findest du Texte von zwei Päpsten der katholischen Kirche.

Papst Benedikt XVI.
Papst Benedikt XVI. war von 2005 bis 2013 Oberhaupt der katholischen Kirche. 2006 hat er als erster deutscher Papst das Konzentrationslager Auschwitz-Birkenau in Polen besucht. Dort wurden von 1940 bis 1945 mehr als eine Millionen Menschen von den Nationalsozialisten ermordet. In seiner Rede sagt Benedikt XVI.:

An diesem Ort versagen die Worte, kann eigentlich nur erschüttertes Schweigen stehen – Schweigen, das ein inwendiges Schreien zu Gott ist: Warum hast du geschwiegen? Warum konntest du dies alles dulden? … Die Worte des Psalm 44 kommen uns in den Sinn, die Klage des leidenden Israel: »… Du hast uns verstoßen an den Ort der Schakale und uns bedeckt mit Finsternis …« (Ps 44,20).

Wir können in Gottes Geheimnis nicht hineinblicken – wir sehen nur Fragmente und vergreifen uns, wenn wir uns zum Richter über Gott und die Geschichte machen wollen. … Wir rufen zu Gott, dass er die Menschen zur Einsicht bringe, damit sie erkennen, dass Gewalt keinen Frieden stiftet, sondern nur wieder Gewalt hervorruft – [Zum Abschluss seiner Rede spricht Benedikt den ganzen 23. Psalm]: Der Herr ist mein Hirte … Auch wenn ich gehe im finsteren Tal, ich fürchte kein Unheil; denn du bist bei mir, dein Stock und dein Stab, sie trösten mich.

Aus: http://w2.vatican.va/content/benedict-xvi/de/speeches/2006/may/documents/hf_ben-xvi_spe_20060528_auschwitz-birkenau.html (Zugriff am 22.1.19) © Copyright 2006 – Libreria Editrice Vaticana

Papst Franziskus
Papst Franziskus ist seit 2013 Oberhaupt der katholischen Kirche. Auch er besuchte 2016 das Konzentrationslager Auschwitz-Birkenau. Im Gegensatz zu seinem Vorgänger hielt er dort keine Rede. Eine Zeitschrift berichtet über seinen Besuch:

Zunächst durchschritt er allein und mit gesenktem Haupt das Eingangstor des früheren Stammlagers, über dem der zynische Spruch »Arbeit macht frei« steht. Dann zog er sich zwischen den Blocks auf eine Bank zurück und verharrte dort etwa 15 Minuten im stillen Gebet.

Franziskus traf mehrere Überlebende des Holocaust und wechselte einige Worte mit ihnen, dann zündete er eine Kerze an vor der »Todeswand«, an der während der NS-Herrschaft Häftlinge erschossen wurden. Im Keller des Blocks 11 saß und betete der Papst in der Todeszelle des Franziskanermönchs Maximilian Kolbe, der vor 75 Jahren ermordet wurde. Dann verließ er das Stammlager erneut zu Fuß durch das Tor.

[…] Seine einzige Botschaft hinterließ Franziskus schriftlich im Gästebuch des Konzentrationslagers: »Herr, hab Erbarmen mit deinen Menschen«, schrieb er, und: »Herr, vergib so viel Grausamkeit.«

http://www.spiegel.de/panorama/gesellschaft/papst-in-polen-franziskus-schweigt-in-auschwitz-a-1105333.html (Zugriff am 22.1.19) Papst Franziskus in Auschwitz »Herr, vergib so viel Grausamkeit«. mxw/dpa/AFP/AP. 29.07.2016

AUFGABEN für eine Einzelarbeit in eurer Gruppe:
1. Lest euch abwechselnd die beiden Texte vor. Jede/jeder bearbeitet anschließend einen der beiden Texte.
2. Unterstreiche die Worte und Sätze in deinem Text, die dir besonders wichtig sind.
3. Beide Päpste versuchen auf ihre Art und Weise eine Antwort auf die Fragen der Theodizee zu geben. Verfasse eine fiktive Stellungnahme des Papstes nach seinem Besuch in Auschwitz. Beschreibe und begründe zunächst sein Verhalten an diesem Ort des Leidens unzähliger Menschen. Anschließend ergänze in seiner Stellungnahme die folgenden Sätze:
    Mir war wichtig zu zeigen, dass … | Die Menschen sollen wissen, dass Gott … | Wenn Menschen sagen: »Nach diesen vielen Toten in Auschwitz kann ich nicht mehr an Gott glauben«, dann sage ich ihnen: …

H8 Lässt Gott einen (nicht) fallen?

Du hast dich in der letzten Zeit mit dem Thema »Die Frage nach Gott und das Leiden in der Welt« beschäftigt. Deshalb kannst du jetzt einen Beitrag zu einer aktuellen Diskussion leisten:

Das Vaterunser ist das Gebet, das von allen Christinnen und Christen aller Konfessionen gebetet wird. Das Vaterunser ist in viele Sprachen übersetzt worden. Im Evangelium des Matthäus steht es in der Bergpredigt (Mt 6,9–13). Mit sieben Bitten beten die Christinnen und Christen um alles, was im Leben wichtig ist. Jesus selbst lehrt dort seine Jünger, mit diesen Worten zu beten:

Vater unser im Himmel
Geheiligt werde dein Name.
Dein Reich komme.
Dein Wille geschehe,
wie im Himmel, so auf Erden.
Unser tägliches Brot gib uns heute.
Und vergib uns unsere Schuld,
wie auch wir vergeben unsern Schuldigern.
Und führe uns nicht in Versuchung,
sondern erlöse uns von dem Bösen.
Denn dein ist das Reich
und die Kraft und die Herrlichkeit
in Ewigkeit. Amen.

2017 überraschte Papst Franziskus mit einer Kritik an der deutschen Übersetzung der siebten Bitte des Vaterunsers »… und führe uns nicht in Versuchung«.

Eine Internetzeitung berichtet unter der Überschrift »Gott lässt einen nicht fallen«:

> Grund für die Zweifel des Papstes ist die Überlegung, Gott könne gar nicht in Versuchung führen. »Derjenige, der uns in Versuchung führt, ist Satan«, sagte Franziskus. Ein Vater lasse einen nicht fallen. »Ein Vater hilft dabei, sofort wieder aufzustehen«, sagte der Papst und wies auf einen Beschluss der französischen Bischofskonferenz hin, die das Vaterunser in der Passage neu fassen ließ. In katholischen Gottesdiensten in Frankreich wird seit dem ersten Adventssonntag die Formel **»Lass uns nicht in Versuchung geraten«** verwendet.
>
> Aus: https://www.rundschau-online.de/politik/-fuehre-uns-nicht-in-versuchung--papst-franziskus-startet-debatte-ueber-das-vaterunser-29263886 (Zugriff am 22.1.19) »Führe uns nicht in Versuchung« Papst Franziskus startet Debatte über das Vaterunser. Von Julius Müller-Meiningen. 8.12.2017

AUFGABE:
Von Christinnen und Christen aller Kirchen gab es Zustimmung und ablehnende Kritik.
Was meinst du zu dem Vorschlag? Formuliere einen Kommentar.

Die Botschaft der Bergpredigt

Rudolf Hengesbach/Manfred Karsch

Religionspädagogischer Kommentar – konfessionelle Perspektiven – Lernchancen

Gerechtigkeit als Kern der Bergpredigt[1]
»Wenn eure Gerechtigkeit nicht besser ist ...« (Mt 5,20), ruft Jesus in der Bergpredigt aus und trifft damit einen Grundbegriff der biblischen Botschaft. Immer wieder werden wir als Christ*innen aufgerufen, gerecht zu handeln, wobei es nicht um einzelne Taten, sondern um eine Grundhaltung geht. Gerechtigkeit ist biblisch immer auch verbunden mit Barmherzigkeit im Sinne von Gemeinschaftstreue: Jede*r bekommt so viel, wie er*sie braucht.

Da gesellschaftlich häufig ein Gerechtigkeitsbegriff im Sinne von »allen das Gleiche« gebraucht wird, bildet sich die Bedeutung der Bergpredigt (Mt 5–7) darin ab, den *Anspruch* der christlichen Botschaft anzumelden und gleichzeitig den *Zuspruch* der Unterstützung Gottes zu formulieren. In diesem Sinne hat die Bergpredigt in ihrer Rezeptionsgeschichte für Provokationen gesorgt mit der Frage, ob man mit ihr Politik »machen« könne.[2] Konfessions- und religionsunabhängig inspirierte sie unter anderem Franz von Assisi, Martin Luther, Mahatma Gandhi, Martin Luther King und Carl Friedrich von Weizsäcker. Ihre Botschaft wurde und wird oft als utopisch abgetan, die auf ein zukünftiges Reich Gottes zielt. Die aktuelle Diskussion in beiden Konfessionen zielt gegenwärtig auf die Frage, wie Aussagen der Bergpredigt in den gesellschaftlichen Alltag hineingeholt werden können:
- Papst Franziskus nennt in einer Predigt an Allerheiligen 2016 die Seligpreisungen (Mt 5,1–12) den »Personalausweis der Christen«, aktualisiert und ergänzt sie um sechs weitere Seligpreisungen.[3] 2018 bezeichnet er die Seligpreisung als »Quelle der Hoffnung, Menschen dazu treibt, ihre Komfortzone zu verlassen in der Absicht, Jesus nachzufolgen.«[4]
- Margot Käßmann, ehemalige Ratsvorsitzende der EKD, fordert dazu auf, mit dem Gebot der Feindesliebe (Mt 5,43–48) Ernst zu machen: »Für Terroristen, die meinen, Menschen im Namen Gottes töten zu dürfen, sei das die größte Provokation.« Käßmann: »Wir sollten versuchen, den Terroristen mit Beten und Liebe zu begegnen.«[5]

Nicht ohne Grund hat Matthäus die vielen Logien, die er und andere gesammelt haben, zu einer gut strukturierten Rede zusammengefasst und das Symbol des Berges genutzt, um von dort in Gottes (neue) Welt schauen zu lassen. Die Schüler*innen erhalten die *Lernchancen,* an ausgewählten Texten der Bergpredigt zu entdecken und zu beurteilen, ob dieser Reiseführer auch in ihrer Welt zum Ziel einer besseren Gerechtigkeit (Mt 5,20) führen kann.

Erschließungsperspektiven im konfessionell-kooperativen Religionsunterricht
Im KoKoRU enthält dieses Unterrichtsvorhaben Fragestellungen, die in beiden Konfessionen eine ähnliche oder gleiche Antwort oder Betrachtungsweise haben. Darüber hinaus können zumindest perspektivisch interreligiöse Fragestellungen z. B. im Sinne des Projekts Weltethos[6] in den Blick genommen werden. Für das Unterrichtsvorhaben empfiehlt es sich aufgrund des begrenzten Zeitkontingents und mit Blick auf die angestrebte Progression in der Sek II exemplarisch vorzugehen.

Den Kern der Bergpredigt berücksichtigend bietet es sich an, die Seligpreisungen an die Gerechtigkeit Suchenden, die Barmherzigen, die Friedensarbeiter*innen und die Verfolgten sowie die Antithesen vom Vergelten und von der Feindesliebe exemplarisch zu behandeln, um abschließend die Goldene Regel und das Vaterunser zu thematisieren.

Im Anschluss an die Diagnoseaufgabe und den Problemaufwurf geht es in einem ersten Schritt darum, die bessere Gerechtigkeit als Kern der Bergpredigt und in Verbindung damit den Aufbau des biblischen Textes mithilfe einer Strukturskizze zu untersuchen. »Entscheidend ist die Abfolge, in der Jesus die ›bessere Gerechtigkeit‹ zwischen Gott, Mitmensch und Gott beleuchtet.«[7] Auf die Seligpreisungen, die höhere Gerechtigkeit von Gott her, folgen die sogenannten Antithesen, die auf das Verhältnis der Menschen untereinander zielen und die Fragestellung, wie wir mit Gott verfahren. In diesen Kontext gehört auch das Gebet, das Jesus uns zu beten gelehrt hat, das Vaterunser. Diese verschiedenen Perspektiven fasst das Doppelgebot der Gottes-, Nächsten und Selbstliebe zusammen. Auf Basis dieser Grundkonzeption begründet sich die Auswahl der vier Seligpreisungen.

Mt 5,6 und Mt 5,10: *Gerechtigkeit* wird in diesem Kontext als lebensnotwendig, aber auch immer wieder als bedroht und gefährdet dargestellt. Im Sinne des aufbauenden Lernens kann an dieser Stelle eine Querverbindung zum Propheten Amos und seiner Bedeutung für heute hergestellt werden.[8]

Mt 5,7: *Barmherzigkeit* erweist sich als zwischenmenschliche Grundhaltung. Eine lebensweltliche Anbindung mit Blick auf den Umgang mit Benachteiligten und besonders mit Flüchtlingen bietet sich in diesem Zusammenhang an.

Mt 5,9: *Friedensarbeit* als Grundlage der Gemeinschaft. An dieser Stelle könnte man ausgehend von der ungenauen Übersetzung Luthers[9] die Begriffe »Gerechtigkeit« und »Frieden« erschließen sowie den umfassenderen Begriff »shalom« erarbeiten. Die Schüler*innen können adäquate Begriffe suchen und darstellen. Im KoKoRU bietet es sich an, die den Konfessionen gemeinsame Verurteilung von Präventiv- und Vergeltungskriegen zur Sprache zu bringen.

Leitmotiv der Antithesen ist die *Nächstenliebe:* Die Hörer*innen der Bergpredigt können sich anders zueinander verhalten, weil sie von Gott anders angesehen sind. Für das gesamte Verständnis der Antithesen ist die sechste Antithese von der Feindesliebe konstitutiv. Die *Feindesliebe* ist nur möglich, wenn sie im Gottesglauben d.h. im Gottesbild Jesu, das man mit dem Begriff »ABBA« treffend beschreiben kann, verankert ist: Auf dem »Umweg« über Gott ändert sich auch meine Einstellung zum Nächsten und ich versuche, mich in die Lebensnot meines »Feindes« zu versetzen. Auf diese Weise wird Feindesliebe zur entgrenzten Nächstenliebe.

Die *Antithese vom Vergelten* (Mt 5,38–42) vermittelt auf den ersten Blick den Eindruck von Weltferne. Ihr geht es aber in einer Welt, die nicht frei von Gewalt ist, darum, die aktive Kreativität der Schwächeren zu fördern und einen Humanismus des Umgangs miteinander zu pflegen. Methodisch kann die Lernarbeit an dieser Stelle auch mit der Arbeit an Fallbeispielen/Dilemmageschichten ergänzt werden.

Die *Goldene Regel* (Mt 6,12) ist eine Empfehlung, die alle Unterschiede überbrücken und alle Lebensläufe umspannen kann. Methodisch bietet sich ein Vergleich mit Formulierungen in den Weltreligionen an, wie sie Hans Küng in seinem Projekt Weltethos vornimmt. Theologisch kommt es darauf an, die Gottes-, Nächsten- und Selbstliebe in den Blick zu nehmen. Nächstenliebe kann nur gelingen, wenn Selbstliebe gelingt. Die Initiative zur Nächstenliebe liegt somit bei mir; meinen Nächsten zu »tolerieren« ist ein aktives Zugehen auf ihn.

Abschließend bündelt eine Beschäftigung mit dem *Vaterunser* als Mitte der Bergpredigt[10] wesentliche Aspekte des Unterrichtsvorhabens und wird somit zur Evaluation herangezogen. Das Vaterunser ist deswegen besonders geeignet, ist doch dieses Gebet, das vermutlich von Jesus selbst stammt, auch für glaubens- und kirchenferne Jugendliche Bestandteil religiöser Erinnerung. Zudem ist das Vaterunser so etwas wie das Herzstück der Bergpredigt. Unter Berücksichtigung der Erfahrungsdimension könnte an dieser Stelle eine Gestaltungsaufgabe über Nähe und Distanz zu den verschiedenen Bitten eingebracht werden. Wenn das Vaterunser als »Wir-Gebet« gelesen wird, beinhaltet es ein gleich-würdiges Lebensrecht für alle sowie eine gleich-wichtige Bedürftigkeit, die deutlich macht, dass Christ*innen nicht einen Gott für uns und einen Gott gegen andere haben.

Diagnoseaufgabe – Lernaufgaben – Evaluationsaufgabe

Ausgehend von dem Gedanken, dass die Bergpredigt einen Einblick in Gottes (neue) Welt bietet, ist das Unterrichtsvorhaben unter dem Motiv der Reisevorbereitung gestaltet. Als Diagnoseaufgabe mit lebensweltlicher Relevanz, die eine Anforderungssituation beschreibt und unabhängig von der Konfession individuelle Zugänge zu Aussagen der Bergpredigt ermöglicht, bietet sich die Arbeit mit Bildern aus dem Fütterer Verlag an, die einzelne Aussagen der Bergpredigt thematisieren und zu Anfragen anregen. Auf Basis dieser »Ansichtskarten aus Gottes (neuer) Welt« erinnern sich die Schüler*innen an Sätze aus der Bergpredigt und deuten die Bilder von Ralf Fütterer. Aus dieser Deutung werden Fragen entwickelt, die sich auf die Anwendbarkeit der Bergpredigt beziehen. Die Lernaufgaben dienen der Erschließung der Struktur der Bergpredigt (Landkarte), beschäftigen sich mit Deutungen ausgewählter Seligpreisungen (Wegweiser, Personalausweis), Antithesen (kulturelle Besonderheiten) und der Goldenen Regel (Visitenkarten) mit Blick auf Anwendungssituationen. Die Evaluationsaufgabe bündelt auf Basis der Beschäftigung mit dem Vaterunser (Reiseerinnerungen) das Erarbeitete und schafft unter Berücksichtigung des Kerns einen »Durchblick« durch die Botschaft der Bergpredigt.

Verlaufsplan

Einstieg – Diagnoseaufgabe
Ansichtskarten aus Gottes neuer Welt

Die Diagnoseaufgabe beginnt mit der Einführung in das Reisemotiv des Unterrichtsvorhabens. Die Schüler*innen erschließen jeweils eines von vier Bildern von Ralf Fütterer (**I1**), formulieren die Botschaft sowie eine mögliche Irritation. Sie tauschen sich zu zweit und dann in einer Kleingruppe über die Botschaft der Bilder und die Irritationen aus. Die Ergebnisse werden auf Plakaten festgehalten, auf die im Laufe des Unterrichtsvorhabens immer wieder zurückgegriffen werden kann.

I1 Aufgaben für Einzelarbeit/Kleingruppen:
1. Beschreibe und deute das Bild: Was ist die Botschaft des Bildes?
2. Welche Fragen ergeben sich für dich im Zusammenhang mit dieser Botschaft?
3. Tausche dich in deiner Gruppe aus.
4. Schreibt die Botschaft und die Fragen auf ein Plakat.

Nach einer Präsentation der Plakate diskutieren die Schüler*innen die Frage: »Ansichtskarten aus Gottes neuer Welt – ist das unsere Welt oder eine andere Welt?«

Lernaufgaben

1. Phase: Die Landkarte von Gottes neuer Welt – ein Überblick über die Bergpredigt

Die Schüler*innen verschaffen sich einen Überblick über die Struktur der Bergpredigt als Landkarte. Die Lehrkraft hat die Strukturskizze[11] der Bergpredigt auf **I2** großformatig für die Arbeit in Kleingruppen kopiert. Die Schüler*innen arbeiten mit Bibeln.

Alternativ kann statt der Lektüre des Bibeltextes mit der Präsentation der Bergpredigt als Tondokument[12] oder in einer Filmsequenz[13] gearbeitet werden.

> **I2 Aufgaben für Kleingruppen:**
> 1. Schaut euch die Strukturskizze genau an und schlagt die Bibelstellen nach.
> 2. Überlegt euch, wie ihr euren Mitschülerinnen und Mitschülern den Aufbau der Bergpredigt erklären könnt.

2. Phase: Wegweiser zum Glücklichsein – Vorbereitung zur Erarbeitung von ausgewählten Seligpreisungen

Für das Verständnis der Seligpreisungen wird der Begriff »selig« untersucht. Mithilfe des griechischen Begriffes »MAKARIOS« sowie Äußerungen von Jugendlichen prüfen die Schüler*innen ausgewählte Übertragungsmöglichkeiten auf ihre Alltagstauglichkeit.

> **I3 Aufgaben für Einzelarbeit/Kleingruppen:**
> 1. Jugendliche antworten auf die Fragen »Was ist Glück? Was brauchst du zum Glücklichsein?« Markiere, welchen Aussagen du zustimmen kannst.
> 2. Formuliere eine eigene Antwort in dem freien Kasten und stelle sie in deiner Gruppe vor.
> 3. Überprüft, ob das Wort *makarios* zu den verschiedenen Äußerungen über das Glück passt.
> 4. Welche Übersetzung für das Wort findest du passend? Schreibe mit dieser Übersetzung eine der Seligpreisungen von Arbeitsblatt I1 in den Kasten und trage sie in der Kleingruppe vor.
> 5. Diskutiert und nehmt Stellung: »Glück und Seligkeit« – der Name für ein Restaurant in einer Kirche! Ist das geschmacklos oder kreativ?

*3. Phase: Der Personalausweis der Christ*innen – Erarbeitung von ausgewählten Seligpreisungen*

Exemplarisch erschließen die Schüler*innen arbeitsteilig die Seligpreisungen, die sich an die Gerechtigkeit Suchenden, die Barmherzigen, die Friedensarbeiter*innen sowie die Verfolgten wenden, um anschließend die Erweiterungen, die Papst Franziskus vorgenommen hat, mit der Botschaft dieser Bibelstellen zu vergleichen. Ziel ist es, eine mögliche Aktualisierung kennenzulernen.

> **I4 Aufgaben für Einzelarbeit/Kleingruppen:**
> 1. In den Seligpreisungen geht es um Menschen, die Hunger, Durst, Gerechtigkeit, Unbarmherzigkeit, Krieg, Gewalt und Verfolgung erleiden. – Wo nehmt ihr aktuell davon etwas wahr? Wer tut etwas dagegen? Stellt eine Liste für den Personalausweis der Christen zusammen.
> 2. Überprüfe, ob und inwieweit eine oder mehrere der von Franziskus formulierten neuen Seligpreisungen sich auf eine Formulierung aus dem Matthäusevangelium beziehen und darüber hinaus gehen.
> 3. Beurteile und entscheide: Welche der neuen Seligpreisungen von Papst Franziskus gehören unbedingt in den »Personalausweis der Christen« heute? Ergänzt eure Liste um Menschen, auf die die neuen Seligpreisungen hinweisen.

4. Phase: Kulturelle Besonderheiten – Erarbeitung von ausgewählten Antithesen

Die Schüler*innen untersuchen die Aussagen über das Vergelten und über die Feindesliebe, sodass sie alle an dieser Stelle einen gezielten Einblick in diesen Abschnitt der Bergpredigt bekommen.

> **I5.1/I5.2 Aufgaben für Einzelarbeit/Partnerarbeit (A/B) und abschließende Kleingruppendiskussion:**
> *Erste Phase: Arbeitsteilige Einzelarbeit (5 Min):*
> A: Lies die 5. Antithese durch und lass sie auf dich wirken, bevor du an die Erarbeitung der Textstelle gehst. Notiere deine ersten spontanen Gedanken zu deiner Textstelle. Überlege, ob du zu deiner Textstelle schon etwas weißt bzw. was du über die Aussage denkst. Lies nun die weiteren Informationen auf dem Arbeitsblatt durch und mache dir Notizen.
> B: Lies die 6. Antithese durch und lass sie auf dich wirken, bevor du an die Erarbeitung der Textstelle gehst. Notiere deine ersten spontanen Gedanken zu deiner Textstelle. Überlege, ob du zu deiner Textstelle schon etwas weißt bzw. was du über die Aussage denkst. Lies nun die weiteren Informationen auf dem Arbeitsblatt durch und mache dir Notizen.

Zweite Phase: Austausch (10 Min):
Tauscht euch darüber aus, was ihr in der Einzelarbeitsphase erarbeitet habt. Erarbeitet anschließend die Hintergrundinformation zur Textstelle.
Dritte Phase: Meinung/Bewertung (10 Min):
Diskutiert in Kleingruppen (AA-BB), ob ihr der Aussage der evangelischen Pfarrerin Margot Käßmann auf I5.2 zustimmen könnt.
Begründet eure Meinung und bereitet eure Argumente so vor, dass ihr sie im Abschlussgespräch anschaulich und prägnant vorstellen könnt.

5. Phase: Die Visitenkarte – Vergleich der Botschaft der Goldenen Regel mit Formulierungen in den Weltreligionen

Nach der Beschäftigung mit der Botschaft der Bergpredigt untersuchen die Schüler*innen, ob und inwieweit andere Weltreligionen ähnliche Formulierungen kennen, sie benennen und erläutern deren Schwerpunkte. I6 enthält die Formulierungen aus vier Religionen. Zur Verstärkung des Lebensweltbezugs überlegen sich die Schüler*innen, wie die Goldene Regel im Schulalltag umgesetzt werden kann.

I6 Aufgaben für Einzelarbeit/Kleingruppen:
Gestaltet ein Plakat:
1. Klebt die Visitenkarte »Christentum« auf das Plakat und schreibt einen Text: Wie sieht die Welt aus, wenn sich alle Menschen nach dieser Regel richten?
2. Lest euch die Formulierungen der Goldenen Regel in den Weltreligionen durch.
3. Entscheidet euch für zwei Formulierungen und vergleicht diese Formulierungen mit dem, was in der Bergpredigt gemeint ist.
4. Klebt die Visitenkarten auf das Plakat und ergänzt eure Arbeitsergebnisse.
5. Eine Visitenkarte ist leer: Gestalte deine Visitenkarte: Die Goldene Regel in meiner Sprache für meinen Schulalltag.

Evaluation

Die Schüler*innen bündeln ihr Wissen über die Bergpredigt. Im Fokus steht dabei das Herzstück, das Vaterunser, das darüber hinaus mit den Überlegungen zum Begriff »MAKARIOS« in Verbindung gebracht werden soll.

I7 Aufgaben für Einzelarbeit/Plenum:
Das Vaterunser steht als Herzstück in der Mitte der Bergpredigt.
1. Schau dir noch einmal an, was du über die Bergpredigt herausgefunden hast. Wo siehst du Verbindungen zu einer Bitte im Vaterunser?
2. Findest du im Vaterunser so etwas wie eine Anleitung zum Glücklichsein im Sinne des Wortes *makarios*?
3. Gestalte auf einem Plakat das Vaterunser im Hinblick auf Schriftart, Illustration, Farben etc., sodass deine Nähe oder Distanz zu einzelnen Bitten deutlich wird. Beispiele findest du auf I7.
4. Stellt euch eure Plakate gegenseitig vor.

Im Plenumsgespräch in Verbindung mit der Vorstellung der Plakate sollte deutlich werden, dass die Schüler*innen die zentrale Botschaft der Bergpredigt verstanden haben und auf ihr Leben anwenden können. Im Sinne der konfessionellen Kooperation geht es darum, zu verdeutlichen, dass die Bergpredigt ein gemeinsamer Text ist, auf den es zwar unterschiedliche, aber nicht konfessionsabhängige Zugriffe gibt.

Anmerkungen

1 Zum Folgenden vgl. Köhnlein, Manfred: Die Bergpredigt. Stuttgart 2005.
2 Einen Überblick bieten Stiewe, Martin/Vouga, Francois: Die Bergpredigt und ihre Rezeption als kurze Darstellung des Christentums. Tübingen und Basel 2001.
3 http://www.katholisch.de/aktuelles/aktuelle-artikel/papst-nennt-sechs-neue-seligpreisungen (Zugriff am 22.1.19).
4 https://de.catholicnewsagency.com/story/raus-aus-der-komfortzone-papst-franziskus-predigt-zu-seligpreisungen-2759 (Zugriff am 22.1.19).
5 https://www.evangelisch.de/inhalte/133148/28-03-2016/kaessmann-terroristen-mit-beten-und-liebe-begegnen (Zugriff am 22.1.19).
6 Vgl. dazu z. B. https://www.weltethos.org/uploaded/documents/unterrichtseinheit-knoblauch.pdf (Zugriff am 22.1.19).
7 Köhnlein 2005, S. 39.
8 Siehe dazu Modul 8 Prophetien und Visionen einer gerechteren Welt.
9 Vgl. Köhnlein 2005, S. 56.
10 Vgl. ebd., S. 135 ff.
11 Nach Niehl, Franz W. (Hg.): Leben lernen mit der Bibel. München 2003, S. 179.
12 Die große Hörbibel. Stuttgart: Deutsche Bibelgesellschaft, weitere Ausgaben auf https://www.die-bibel.de/shop/bibelausgaben/hoerbibeln/ (Zugriff am 22.1.19) und Download auf www.audible.de.
13 Pasolini, Pier Paolo: Das erste Evangelium Matthäus. Stuttgart 1964 (Matthias Film).

11 Ansichtskarten – Bilder zur Bergpredigt

Die Bergpredigt im Matthäusevangelium (Mt 5–7) ist einer der wichtigsten Texte der Christinnen und Christen: Jesus hat seine Jünger auf einem Berg versammelt und erzählt ihnen von Gottes Welt. Ein Maler hat zu einigen Sätzen aus dieser Predigt Bilder gemalt – Ansichtskarten für eine Reise in Gottes neuer Welt!

Selig, die hungern und dürsten nach der Gerechtigkeit; denn sie werden gesättigt werden. (Mt 5,6)	①
Selig die Barmherzigen; denn sie werden Erbarmen finden. (Mt 5,7)	②
Selig, die Frieden stiften; denn sie werden Kinder Gottes genannt werden. (Mt 5,9)	③
Selig, die verfolgt werden um der Gerechtigkeit willen; denn ihnen gehört das Himmelreich. (Mt 5,10)	④

Die Botschaft der Bergpredigt

12 Die Landkarte – der Aufbau der Bergpredigt

Landkarten verschaffen uns einen Überblick über ein Land oder einen Ort, den wir noch nicht genau kennen: Wo bin ich eigentlich? Wo muss ich eigentlich hin? Mit dieser Landkarte kannst du entdecken, wo du dich in der Bergpredigt gerade befindest und was du dort lesen kannst. Alles, was du noch brauchst, ist eine Bibel.

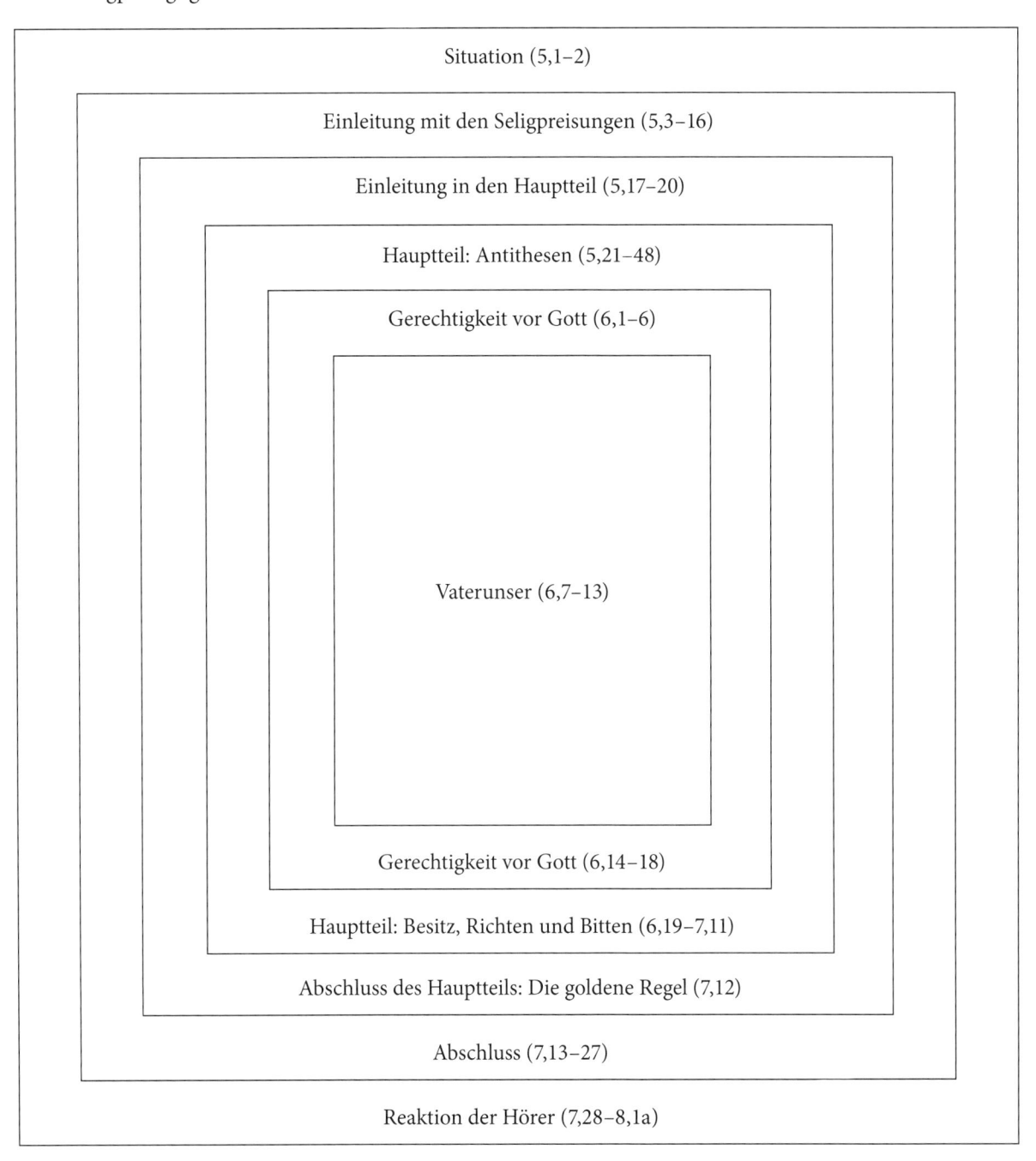

- Situation (5,1–2)
  - Einleitung mit den Seligpreisungen (5,3–16)
    - Einleitung in den Hauptteil (5,17–20)
      - Hauptteil: Antithesen (5,21–48)
        - Gerechtigkeit vor Gott (6,1–6)
          - Vaterunser (6,7–13)
        - Gerechtigkeit vor Gott (6,14–18)
      - Hauptteil: Besitz, Richten und Bitten (6,19–7,11)
    - Abschluss des Hauptteils: Die goldene Regel (7,12)
  - Abschluss (7,13–27)
- Reaktion der Hörer (7,28–8,1a)

Die Botschaft der Bergpredigt | 103

13 Wegweiser zu Glück und Seligkeit

Jugendliche antworten auf die Fragen
»Was ist Glück?
Was brauchst du zum Glücklichsein?«

»Ich bin glücklich, wenn ich zusammen mit meinen Freunden Zeit verbringen kann. Manchmal brauche ich ein wenig mehr Hilfe als meine Klassenkameraden. Wenn der Berg so steil ist, dass ich mit meinem Rolli nicht hochkomme, macht es mich glücklich, wenn mir jemand seine Hilfe anbietet, ohne dass ich fragen muss.« (Luca, Schülerin)

»Für mich ist Glück, wenn mir etwas gelingt und ich Erfolg habe. Dann bin ich stolz und glücklich [...]. Wenn ich glücklich bin, kann ich mich zurücklehnen und mein Glück genießen. Glück ist aber nie von Dauer. Das finde ich gut so, weil man es so zu schätzen weiß und man sich bei jedem neuen Glück noch mehr freut.« (Mirjam, Schülerin)

»Glück ist für mich eine Verkettung von mehreren positiven Zufällen. Gesundheit und Freude gehören für mich dazu, Freunde zu haben, aber auch Geld und oft zu gewinnen.« (Björn, Schüler)

Ursprünglich wurden die Schriften des Neuen Testaments in griechischer Sprache geschrieben. Die Seligpreisungen beginnen alle mit dem griechischen Wort »MAKARIOS«. Die Bibelausgaben übersetzen dieses Wort unterschiedlich:

- Selig
- Glückselig
- Glücklich
- Göttlich glücklich
- Freuen dürfen sich, die …
- Gesegnet sind, die …

Manche Menschen sagen auch ganz locker:
- Happy
- Gut drauf sind, die …
- Läuft bei euch, wenn …
- Frei seid ihr. Denn …

In Bielefeld wurde vor einigen Jahren eine Kirche in ein Restaurant umgewandelt. Es trägt den Namen »Glückundseligkeit«.

Findet ihr den Namen lustig, provokativ, blöd, geschmacklos oder kreativ? Wenn ihr eine Seligpreisung der Bergpredigt für das Restaurant auswählt: Welche könnte passen?

14 Der Personalausweis der Christen

Papst Franziskus bezeichnet in einer Predigt zu Allerheiligen 2016 die Seligpreisungen als »Personalausweis des Christen, der ihn als Anhänger Jesu ausweist«. Tatsächlich sind sich die Theologinnen und Theologen einig: Einige der Seligpreisungen gehen auf Jesus selbst zurück. Und vermutlich beziehen sie sich auf ganz konkrete Menschen und ganz konkrete Taten:

- Selig, die hungern und dürsten nach der Gerechtigkeit …
  Menschen haben Hunger und Durst, Notleidenden soll geholfen werden.
  Aber auch Gerechtigkeit ist wichtig:
  Wo und wann nimmst du heute Ungerechtigkeit wahr und was können wir dagegen tun?

- Selig die Barmherzigen …
  Menschen brauchen Hilfe, Jesus hat Menschen geholfen!
  Wer sind heute die Menschen, die unsere Hilfe gebrauchen können, bei uns und in der weiten Welt?

- Selig sind, die Frieden stiften …
  Die Menschen zur Zeit Jesu lebten in einem von römischen Soldaten besetzten Land.
  Krieg und Gewalt gibt es immer – heute?
  Wo entdeckst du in deiner Umgebung Gewalt? Gibt es Menschen, die etwas dagegen tun?

- Selig sind, die um der Gerechtigkeit willen verfolgt werden …
  Die ersten Christinnen und Christen wurden wegen ihres Glaubens auch verfolgt,
  manchmal sogar getötet.
  Wo leben heute Menschen, die wegen ihres Glaubens angefeindet werden, oft sogar aus ihrer Heimat fliehen müssen?

Papst Franziskus möchte, dass noch mehr Seligpreisungen im »Personalausweis der Christen« stehen. In einer Predigt nennt er sechs neue Seligpreisungen:

- Selig, die im Glauben das Böse ertragen, das andere ihnen antun, und von Herzen verzeihen.
- Selig, die den Ausgesonderten und an den Rand Gedrängten in die Augen schauen und ihnen Nähe zeigen.
- Selig, die Gott in jedem Menschen erkennen und dafür kämpfen, dass andere auch diese Entdeckung machen.
- Selig, die das »gemeinsame Haus« schützen und pflegen.
- Selig, die zum Wohl anderer auf den eigenen Wohlstand verzichten.
- Selig, die für die volle Gemeinschaft der Christen beten und arbeiten.

Predigt in Malmö vom 1.11.2016: http://w2.vatican.va/content/francesco/de/homilies/2016/documents/papa-francesco_20161101_omelia-svezia-malmo.html (Zugriff am 22.1.19)
© Copyright – Libreria Editrice Vaticana

5.1 Neue Regeln für Christinnen und Christen

In einem Teil der Bergpredigt gibt Jesus einige Hinweise, wie sich Menschen in Gottes neuer Welt verhalten sollen: »Wie benimmt man sich in Gottes neuer Welt?« Es geht dabei um Themen wie Töten und Versöhnen, Ehebruch und Ehescheidung, Schwören, Vergelten und Feindesliebe. Oft werden diese Regeln als ANTI-THESEN (Mt 5,21–48) bezeichnet. Die Bezeichnung »Antithesen« ist eigentlich nicht ganz richtig, denn Jesus spricht sich nicht gegen die Gebote und Regeln des Ersten (Alten) Testaments aus, sondern radikalisiert sie, das heißt, er zeigt, was sie wirklich bedeuten können, wenn sich alle daran halten.

AUFGABEN:
Untersuche an einem Beispiel, was mit diesen neuen Regeln gemeint ist.
Die Regel (Mt 5,39), die du untersuchst, lautet:

> Wenn dir einer auf die rechte Wange schlägt,
> dann halte ihm auch die andere hin.

Lies die Regel durch und lass sie auf dich wirken, bevor du an die Erarbeitung der Textstelle gehst. Notiere deine ersten spontanen Gedanken zu deiner Textstelle. Überlege, ob du zu deiner Textstelle schon etwas weißt bzw. was du über die Aussage denkst.
Lies nun die weiteren Informationen auf dem Arbeitsblatt durch und mache dir Notizen.

Ein Selbstversuch: »Die rechte Wange«
Stellt euch zu zweit so auf, dass ihr euch gegenüber steht. Führt die Bewegung aus, die bei eurem Gegenüber zu einem Schlag auf die rechte Wange führt. Was stellt ihr fest, wenn ihr mit der rechten Hand auf die rechte Wange schlagen wollt? Mit welcher Handseite triffst du die Wange deines Gegenübers?

Ein Text aus der jüdischen Tradition
In einem bedeutenden jüdischen Text findet sich im Zusammenhang mit Ausführungen über Schadensersatz die Vorschrift: »Wenn jemand seinem Nachbarn eine Ohrfeige gibt … so zahlt er 200 Sus als Wiedergutmachung … Geschah es aber mit verkehrter Hand – also mit dem Handrücken –, so zahlt er 400 Sus.«

Was wirklich weh tut!
Der Schlag mit den Fingerknochen ins Gesicht ist einerseits schmerzhaft. Darüber hinaus gilt der Schlag mit dem Handrücken als Ausdruck der Verachtung, der größere Schande bedeutet, bloßstellt und beleidigt. Jesus spricht also nicht nur von einem Schläger, der ausschließlich verletzen, wehtun will, sondern von einer gezielten Verunglimpfung, die psychischen und physischen Schmerz vereint.

Hat Jesus sich selbst dran gehalten?
Dass diese Weisung nicht als allgemein gültiges Rezept verstanden wurde, das immer und in jeder Situation Gültigkeit hat, finden wir in der Bibel selbst bestätigt. Wie hat Jesus sich verhalten, wenn ihm Gewalt angedroht oder angetan wurde?
Lies in der Bibel Mt 26,47–56 und Joh 18,19–23.

Ein Appell an die Menschlichkeit
Jesu Weisung verlangt nicht, dass man sich selbst erniedrigt, sondern sie hofft auf Menschlichkeit. Die andere Wange hinzuhalten, birgt natürlich die Gefahr in sich, dass der Gegner ein zweites Mal zuschlägt. Es besteht aber auch die Hoffnung, dass ihn die widerstandslose Demut des bereits Geschlagenen verändert. Somit wäre das Hinhalten der anderen Wange als ein wortloser Appell an die Menschlichkeit des Gegners zu verstehen. Ein Appell, der sicherlich bessere Aussicht auf Erfolg beanspruchen darf als ein zorniges Zurückschlagen.

5.2 Neue Regeln für Christinnen und Christen

In einem Teil der Bergpredigt gibt Jesus einige Hinweise, wie sich Menschen in Gottes neuer Welt verhalten sollen: »Wie benimmt man sich in Gottes neuer Welt?« Es geht dabei um Themen wie Töten und Versöhnen, Ehebruch und Ehescheidung, Schwören, Vergelten und Feindesliebe. Oft werden diese Regeln als ANTITHESEN (Mt 5,21–48) bezeichnet. Die Bezeichnung »Antithesen« ist eigentlich nicht ganz richtig, denn Jesus spricht sich nicht gegen die Gebote und Regeln des Ersten (Alten) Testament aus, sondern radikalisiert sie, das heißt, er zeigt, was sie wirklich bedeuten können, wenn sich alle daran halten.

AUFGABEN:
Untersuche an einem Beispiel, was mit diesen neuen Regeln gemeint ist.
Die Regel (Mt 5,43–44), die du untersuchst, lautet:

> Ihr habt gehört, dass gesagt ist: Du sollst deinen Nächsten lieben und deinen Feind hassen.
> Ich aber sage euch: Liebt eure Feinde und bittet für die, die euch verfolgen.

Lies die Regel durch und lass sie auf dich wirken, bevor du an die Erarbeitung der Textstelle gehst. Notiere deine ersten spontanen Gedanken zu deiner Textstelle. Überlege, ob du zu deiner Textstelle schon etwas weißt bzw. was du über die Aussage denkst.
Lies nun die weiteren Informationen auf dem Arbeitsblatt durch und mache dir Notizen.

Den Feind hassen – steht das im Alten Testament? In der gesamten jüdischen Literatur gibt es – entgegen der Angabe des Evangelisten – kein Gesetz, das den Feindeshass vorschreibt, im Gegenteil: z. B. Spr 24,17: »Freue dich nicht über den Fall deines Feindes, und dein Herz sei nicht froh über sein Unglück.«

Entfeindungsliebe – mehr als Nächstenliebe? Die Weisung der Nächstenliebe gibt es bereits im Ersten (Alten) Testament; Der Evangelist Matthäus aber – wohl nicht Jesus – halbiert die hebräische Weisung und lässt Wesentliches weg. Lev 19,18: »Du sollst deinen Nächsten lieben wie dich selbst; ich bin der HERR.«
Der zweite Satz ist wichtig, er begründet die Nächstenliebe: Nur unter der gemeinsamen Vaterschaft Gottes findet Nächstenliebe als geschwisterlicher Umgang der Menschen miteinander eine ausreichende Begründung.

Es geht um Taten, nicht um Gefühle! Im Buch Leviticus 19,18 steht: Wende dich dem Nächsten liebend zu, erweise ihm Liebestaten, tue ihm Liebe an! Mit einem Wort: Lebe ihm zuliebe, nicht ihm zuleid!
Es ist ein Aufruf zu einem versöhnlichen Umgang mit dem Gegner, der letzten Endes eine Entfeindung bezweckt. Es geht um ein ehrliches Sich-Bemühen, ein Werben und Ringen um den anderen; um kleine Liebesschritte, die darauf zielen, dass der Feind zum Freund wird.

Terroristen mit Liebe begegnen? Margot Käßmann, Pfarrerin und frühere Ratsvorsitzende der EKD sagt angesichts aktueller Terroranschläge in einer Predigt: »Für Terroristen, die meinen, Menschen im Namen Gottes töten zu dürfen, sei das die größte Provokation.« Käßmann: »Wir sollten versuchen, den Terroristen mit Beten und Liebe zu begegnen.« Ein Nutzer auf Twitter schreibt dazu: »Terroristen mit Liebe begegnen. Aber das legen Terroristen uns als Schwäche aus. Freiheit muss auch wehrhaft sein.«
Was meinst du? Diskutiere in einer Kleingruppe.

Die Botschaft der Bergpredigt | 107

16 Die Visitenkarten der Religionen

Auf einer Visitenkarte stehen alle wichtigen Informationen zu einer Person: Wie heiße ich? Was mache ich? Wo findet ihr mich und was kann ich für euch tun? Wie kann man mich erreichen?

Auf diesem Arbeitsblatt ist die GOLDENE REGEL als Visitenkarte gestaltet.

Dieser Satz steht in der Bergpredigt. Warum ist die Regel »golden«? Vielleicht, weil sie etwas ganz Besonderes und Wertvolles ist. Eigentlich ist sie ein Prinzip der Gegenseitigkeit. Schon der griechische Philosoph Thales (ca. 600 v. Chr.) sah darin den Kern einer guten Lebensführung: »Wenn wir selbst nicht tun, was wir anderen Übel nehmen.« Heute sagt man manchmal: »Was du nicht willst, das man dir tu', das füg' auch keinem andern zu.«

Ist die goldene Regel also eine Allerweltsweisheit? Nicht ganz: Denn Jesus sagt über die Goldene Regel in der Bergpredigt: »Das ist das ganze Gesetz und die Propheten!« Also: Wenn man die Goldene Regel befolgt, hält man auch alle anderen Gebote, zum Beispiel die 10 Gebote!

> Alles nun, was ihr wollt, dass euch die Leute tun sollen, das tut ihnen auch.
> *Christentum*

Viele Kulturen, Religionen und Philosophien kennen die GOLDENE REGEL.

Sie haben ihre eigenen Visitenkarten:

> Die goldene Regel ist, in Angelegenheiten anderer das zu tun, was du für dich tust.
> *Hinduismus*

> Lasset keinen von euch einen Bruder so behandeln, wie er selbst nicht behandelt werden möchte.
> *Islam*

> Was du nicht wünschest, dass dir dein Nächster tue, das tue du ihm nicht.
> *Judentum*

> Man soll für andere das Glück suchen, das man sich selbst wünscht.
> *Buddhismus*

108 | Die Botschaft der Bergpredigt

17 Das Vaterunser

Beispiele für die Gestaltung einer Wortgrafik
Diese Wortgrafiken wurden mithilfe des Generators www.wortwolken.com erstellt.

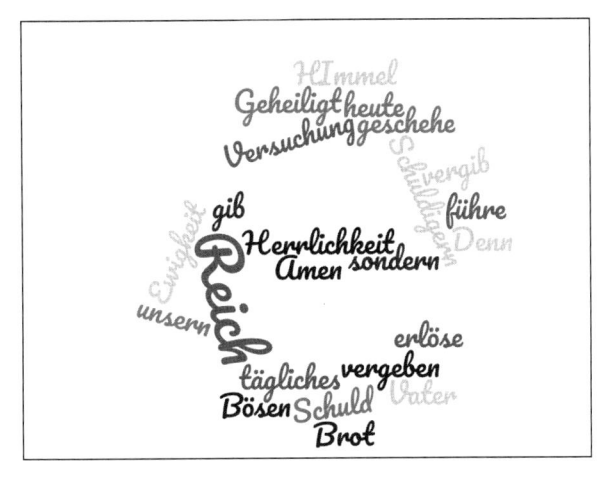

Diese Wortgrafiken wurden mit Microsoft Powerpoint und dem kostenlosen Add-In PRO WORD CLOUD erzeugt.

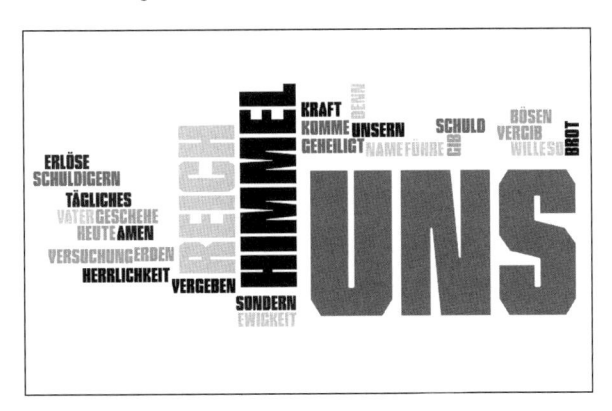

Die Botschaft der Bergpredigt | 109

Kreuz und Auferstehung – stärker als der Tod

Simon-Fabian Stucke / Marco Talarico

Religionspädagogischer Kommentar –
konfessionelle Perspektiven – Lernchancen

Das Kreuz als Markenkern des christlichen Glaubens
Mit dem Themenkomplex von Passion und Auferstehung rückt die christliche Kernbotschaft, quasi der Markenkern des Christentums, in den Mittelpunkt der Lernarbeit. Konfessionell-kooperative Lerngruppen werden im Symbol des Kreuzes sowohl die untrennbaren Gemeinsamkeiten christlicher Konfessionen entdecken als auch das Spannungsfeld der unterschiedlichen Interpretationen von Kreuz und Auferstehung. Für katholische und evangelische Christ*innen gehören Passion und Auferstehung untrennbar zusammen. Der Auferstandene ist der Gekreuzigte. Der Tod hat nicht das letzte Wort und damit gibt das Christentum Antwort auf grundlegende existenzielle Fragen: »Was passiert am Ende des Lebens? – Wohin gehe ich?«

Das Symbol des Kreuzes bildet in diesem Unterrichtsvorhaben den wiederkehrenden Bezugspunkt, es steht sowohl für Passion, Leiden, Sterben und Tod als auch für das neue Leben. Dabei wird diese Ambivalenz des Kreuzes nicht aufgelöst, sondern bewusst herausgestellt. Dies weist darauf hin, dass Christ*innen aufs Neue gefordert sind, diese Ambivalenz auszuhalten und auszuhandeln. Eine derartige Erkenntnis wird als *Lernchance* begriffen: Die Schüler*innen festigen ihre Wahrnehmungs-, Deutungs- und Urteilskompetenz und erfahren im Sinne einer konfessionellen Kooperation eine Bereicherung über das eigene Konfessionswissen hinaus.

**Passion und Auferstehung –
eine katholische Perspektive**
Passion und Auferstehung bilden die Gipfel der neutestamentlichen Jesuserzählungen. Dabei ist in der Auferstehung Jesu von den Toten die Initialzündung für die Heils-, Hoffnungs- und Glaubensgeschichte des Christentums zu sehen. Wäre Jesus nicht von den Toten auferstanden, so wäre mit großer Wahrscheinlichkeit nichts geblieben. Erst mit von Ostern erhellten Augen begreifen die Jüngerinnen und Jünger, dass ihr Rabbi Jesus wirklich und wahrhaftig Gottes Sohn war. Erst durch die Begegnung mit dem Auferstandenen in den Erscheinungen setzt bei den Jünger*innen dieser Reflexionsprozess ein und Jesus aus Nazareth wird zum Christus des Glaubens.

Die Auferstehung Jesu ist für katholische Christ*innen der Hoffnungsgrund auf die eigene Auferstehung, denn als Christ*in bin ich inkorporiert in eine Schicksalsgemeinschaft mit Jesus Christus.

Die Auferstehung Jesu ist ein hochkomplexer Glaubensinhalt, der auf wesentliche Aussagen zusammengefasst werden kann: Passion und Auferstehung Jesu bilden nicht nur eine chronologische Folge, sondern setzen auch eine kerygmatisch-theologische Einheit. In der Passion, in der Geißelung und in der Kreuzigung, widerfährt Jesus von Nazareth zügellose Gewalt und unbändigen Schmerz. Die Kreuzigung, die Tacitus als »fürchterlichste« aller Todesstrafen bezeichnet, ist die Antwort des römischen Imperiums auf Widersacher, Aufständische und Untergrundkämpfer.[1] Als Instrument der Abschreckung wird der zum Tode Verurteilte gut sichtbar vor den Toren der Stadt dem langsamen Erstickungstod ausgesetzt. Am Ende der römischen Exekutionspraxis, die sich im Symbol des Kreuzes versinnbildlicht, steht ohne den geringsten Zweifel der Tod. Wer am Kreuz hängt, gilt als gescheitert, sein Schicksal ist besiegelt, seine Lebenszeit abgelaufen.

Theologisch bedeutsam ist Jesu Leiden, seine Passion, in doppelter Hinsicht:
1. Jesus Christus ist der Gekreuzigte, ihm sind Schmerzen und Leid nicht fremd, er geht den Weg allen Irdischen selbst. Er stirbt den schrecklichen Tod am Kreuz.
2. Jesus Christus ist der Auferstandene, d. h. der Gekreuzigte ist der Auferstandene. Gott lässt Jesus nicht im Tod. Gott handelt in der Auferstehung am toten Gekreuzigten.

Damit haben nicht Leiden, Schmerzen und der Tod das letzte Wort, sondern Gottes lebendig machende Liebe. Als Gekreuzigter ist Jesus Christus auf die Liebe Gottes angewiesen. Gott lässt ihn nicht im Tod vergehen, sondern hält zu Jesus und bestätigt sein Wirken, indem er ihn von den Toten auferweckt.

Wenn von Auferstehung Jesu gesprochen wird, dann wird nicht von der Wiederbelebung eines Leichnams gesprochen, der wieder sterben muss. Die Auferstehung Jesu entzieht sich raum-zeitlichen Beschränkungen und verwandelt Immanenz in Transzendenz. Auferstehung Jesu bedeutet Gottes Liebeshandeln an Jesus, das ihn lebendig macht. Auferstehung Jesu bedeutet, Gottes Macht ist stärker als die des Todes. Auferstehung Jesu bedeutet, dass Scheitern, Schmerzen, Leid und Tod nicht die Schlusspunkte bedeuten, sondern dass durch Gottes Liebe Umkehr und Vollendung geschenkt werden. Dadurch, dass der auferstandene Christus aber der Gekreuzigte ist, darf darauf gehofft werden, dass eine Identität zwischen dem Gekreuzigten und dem Auferstandenen besteht. Gott ratifiziert und bestätigt Jesu Heilshandeln durch die Auferstehung.

Wie sich die Auferstehung Jesu ereignete, ist nicht zu rekapitulieren, jedwede spekulativen Erklärungsversuche sollten unterbleiben. Dass die Auferstehung Jesu ein wirkliches Ereignis darstellen muss, ist aus katholischer Perspektive nicht anzuzweifeln.

Passion und Auferstehung – eine evangelische Perspektive

Die Frage nach der Sinnhaftigkeit der Passion Christi findet ihren Ursprung in seiner Kreuzigung. Auch wenn die individuellen religiösen und politischen Interessen auf jüdischer und römischer Seite, die zur Verurteilung und Hinrichtung Jesu führten, nicht endgültig geklärt sind, so gilt die Kreuzigung und der damit einhergehende Tod Jesu als historisch weitgehend gesichert.[2] Bereits für die Anhänger Jesu, so berichten die Schriften des Neuen Testaments, entfaltet sich die Bedeutung seiner Kreuzigung jedoch erst aus der Perspektive nachösterlicher Erfahrungen wie die der Frauen am leeren Grab oder der Begegnung der Emmaus-Jünger mit dem Auferstandenen. Erst von der Auferstehung Jesu aus wird die Sinnlosigkeit und Grausamkeit des Kreuzestodes um die Aspekte der Hoffnung und der Zuversicht erweitert.

Diese Zuversicht gründet sich auf der Einsicht, dass es menschliche Verfehlungen waren, die zu Jesu Kreuzigung führten und eben keine Abkehr Gottes von seinem Sohn – im Gegenteil: Die Auferweckung Jesu durch Gott verleiht dem Reden und Handeln Jesu die Bestätigung, durch die das Symbol des Kreuzes zum Fanal des Triumphes und nicht der Niederlage Christi wird.

Zugleich war für Martin Luther die Frage nach der Rechtfertigung des sündigen Menschen eng mit dem unbedingten »Mitleiden« Gottes verknüpft. Der Begriff der »Sünde« wird hier als Kontaktabbruch zwischen dem Menschen und Gott verstanden. Es waren menschliche Handlungen, die dazu führten, dass Jesus ergriffen und gekreuzigt wurde. Menschliche Ängste, Bedürfnisse und Verfehlungen bildeten die Grundlage für die Handlungen.

Indem Gott aber in untrennbarer Verbundenheit mit Jesus Christus diese Leidenserfahrungen wahrhaftig »mitleidet« und nicht nur »bemitleidet«, verlieren diese an Wirkmächtigkeit und werden bezwungen. Aus dieser wahrhaft frohen Botschaft heraus, der Überwindung von Leiden und Tod, entfaltet das Passions- und Kreuzigungsgeschehen protestantischen Christen eine hoffnungsvolle und lebensbejahende Botschaft: Gott hat all dies durch Jesus Christus erlitten und bezwungen, damit wir es nicht müssen. Uns wird durch die Passion und den Tod Christi die Möglichkeit geboten, unser Leben frei von Ängsten und Leiden, selbstbestimmt und in Beziehung mit Gott und unseren Mitgeschöpfen zu gestalten.

KoKoRU – Kreuz und Auferstehung im Fokus

Aus evangelischer Perspektive ist es wichtig, dass Passion, Kreuz und Auferstehung eine unauflösliche Einheit bilden: Die Auferstehung der Toten ist eine Neuschöpfung durch den gnädigen Gott.

Aus katholischer Perspektive ist es ebenso wichtig, dass Passion, Kreuz und Auferstehung eine unauflösliche Einheit bilden. Die Identität des Auferstandenen ist mit der des Gekreuzigten kongruent: Die Auferstehung der Toten Gottes bedeutet liebevolle Vollendung am Menschen und bewahrt seine Identität.

Das Unterrichtsvorhaben fokussiert auf Kreuz (Passion) und Auferstehung Jesu, will aber bewusst nicht bei Jesus stehen bleiben, sondern die Schüler*innen als fragend-mündige Betroffene ansprechen. Dabei werden lebensweltliche Zugänge eröffnet, welche durch christlich-theologische Einsichten angereichert werden und zur Diskussion anregen wollen. Es wird bewusst auf das Mittel der Provokation requiriert, um die Unmittelbarkeit der Ansicht der Schüler*innen hervorzurufen und ihre Urteilskompetenz zu fördern.

Biblische Ankergeschichten des Unterrichtsvorhabens sind die Passions- und Ostertexte des Neuen Testaments. Insbesondere wird die Emmausperikope (Lk 24,13–35) thematisiert, um den Begegnungscharakter mit dem Auferstandenen zu verdeutlichen.

Verlaufsplan

Einstieg – Diagnoseaufgabe

In der Diagnoseaufgabe haben die Schüler*innen die Möglichkeit, ihre Haltungen zum Thema Auferstehung der Toten/Auferstehung Jesu darzustellen. Sie beginnt daher mit einer Klassenumfrage, die in den Phasen *think-pair-share* durchgeführt und ausgewertet wird. Die Umfrage erfolgt in Einzelarbeit mit **J1.1** und wird anschließend im Plenum ausgewertet. Alternativ hat die Lehrkraft auf einem *digitalen* Abstimmungstool[3] auf zwei Abstimmungsseiten die beiden Fragen und die dazugehörigen Antwortmöglichkeiten erstellt. Die Schüler*innen erhalten einen Zugangscode und können mit ihrem Smartphone einzeln *(think)* abstimmen. Anschließend erfolgt eine Auswertung durch Beamerpräsentation, die für den Unterricht nutzbar gemacht wird.

Die Klassenergebnisse werden mit einer auf **J1.2** dargestellten repräsentativen INSA-Umfrage[4] von 2017 in

Beziehung gesetzt und auf Übereinstimmungen und Unterschiede hin untersucht. Dabei ist die Lehrkraft besonders gefordert, den Charakter von Umfragen kritisch zu hinterfragen (z. B. Auswahl der Befragten/Auftraggeber/Region etc.) und auf die Kurzlebigkeit der eingefangenen Meinungen abzustellen.[5]

J1.2 Aufgaben:
1. (Partnerarbeit) Wertet eure Klassenumfrage ebenso in einer Tortengrafik aus.
2. Entdeckt Unterschiede und Übereinstimmungen und notiert eure Ergebnisse auf dem Arbeitsblatt.
3. (Gruppenarbeit) Lisa (16) sagt: »Umfragen sind schön und gut, aber wenn ich gar nicht genau weiß, was mit der Auferstehung gemeint ist …« Diskutiert, wie Lisas Wortmeldung weitergehen könnte und überlegt euch Argumente für Lisas Meinung.
4. Notiert eure vier brennendsten Fragen zum Thema Auferstehung der Toten auf Karteikarten und stellt sie der gesamten Lerngruppe vor.

Die Sammlung und Sicherung der Fragen erfolgen an der Tafel/Pinnwand oder *digital*.[6]

Lernaufgaben

1. Phase: Das Kreuz Jesu – damals und heute

In zwei Arbeitsschritten erschließen sich die Schüler*innen die Bedeutung des Kreuzsymbols (**J2**, Pflichtaufgaben auf dem Arbeitsblatt) und den mit ihm verknüpften Ursprung in den Passionsgeschichten der Evangelien (**J3**). Exemplarisch wird dabei die Kreuzwegtradition als katholische Andachts- und Erinnerungsform auf biblische und legendarische Bezüge hin untersucht.

J2 Wahlaufgaben in Einzel- oder Partnerarbeit:
1. Deine Freundin/dein Freund beabsichtigt, sich ein Tattoo mit einem Kreuzsymbol stechen zu lassen, ist sich aber über das Kreuz als Motiv noch nicht sicher. Entwirf einen möglichen Dialog zwischen dir und deiner Freundin/deinem Freund.
2. »Wenn es so ist, dass Jesu Tod nur von seinem Leben her verstanden werden kann, dann möchte ich das Kreuz ergänzen, nicht ersetzen, durch das Symbol des Festes. Jesus hat in seinem Leben Festatmosphäre verbreitet. Das mit ihm aufbrechende herrschaftsfreie Zusammenleben hieß, aufatmen zu können.«[7] Gestalte ein solches »Symbol des Festes« (ggf. in Kombination mit dem Kreuz) in dem freien Kasten neben dem Bild.

J3 Aufgaben:
1. (Einzelarbeit) Ordne die Bibelstellen den Stationen zu. Welche Stationen sind biblisch begründet, welche entstammen der Legende? Beurteile: Aus welchen Gründen könnten diese legendarischen Stationen in den Kreuzweg aufgenommen worden sein?
2. (Einzelarbeit) Welche Kreuzwegstationen sind hier abgebildet? Begründe deine Zuordnung.
3. (Partnerarbeit) Der Kreuzweg als Andachts- und Erinnerungsform versucht das Leiden der Menschen mit dem Leiden Jesu zu verknüpfen. Überlegt euch eine Aktualisierung für eine der drei abgebildeten Stationen: Wen würden wir heute an die Seite Jesu mit in Kreuzwegdarstellungen abbilden? Auf welches Leid wollen/sollen wir blicken?
4. (Kleingruppen) Stellt eure Aktualisierung vor. Entwickelt daraus für eine Station ein Standbild. Nehmt das Standbild mit einem Smartphone auf.
5. (Plenum) Stellt eure Ergebnisse in der Lerngruppe vor.

Die Lehrkraft bündelt diese Lernphase mit einem Plenumsgespräch, in dem einer oder mehrere der folgenden Fragen diskutiert werden:

Fragestellungen für eine Plenumsdiskussion:
1. Im Lukasevangelium sagt Jesus: »Wenn einer hinter mir hergehen will, verleugne er sich selbst, nehme täglich sein Kreuz auf sich und folge mir nach« (Lk 9,23, Einheitsübersetzung). Was könnte diese Aufforderung Jesu für Christinnen und Christen heute bedeuten?
2. Du bist evangelische Christin. Dein katholischer Freund lädt dich zur Kreuzwegandacht am Karfreitag ein. Nimmst du die Einladung an oder lehnst du ab? Begründe deine Haltung.
3. Ein Jugendlicher hat einmal die ehemalige evangelische Bischöfin Margot Käßmann gefragt: »Was bedeuten eigentlich die Pluszeichen auf ihren Kirchen?« Was hättest du geantwortet?

2. Phase: Auferstehung in Zeiten von Zombies

Spätestens seit der US-Kultserie »The Walking Dead« erfreuen sich Zombies einer steigenden Beliebtheit unter Jugendlichen. Ist der auferstandene Jesus einem Zombie vergleichbar? Die Schüler*innen erhalten die *Lernchance*, mithilfe der Materialien auf **J4** für diese Frage eine eigenständige Antwort zu finden.

J4 Aufgaben für die Partnerarbeit:
1. (Partnerarbeit) Tausche dich mit deiner Partnerin/ deinem Partner aus: Kennst du Filme/Computerspiele, in denen Zombies eine Rolle spielen? Was möchten Bilder, Geschichten und Filme bei den Zuschauern bewirken? Warum magst du/magst du keine Zombie-Filme?
2. Definiert das Wort »Zombie« im Kasten neben dem Bild. In eurer Beschreibung sollen die Schlüsselworte neben dem Bild vom »Walking Dead« vorkommen.
3. Betrachtet das Bild von Matthias Grünewald. Welche Gedanken und Gefühle möchte er bei den Betrachtern seines Bildes bewirken? Schreibt eure Schlüsselworte über den Kasten neben dem Bild.
4. Definiert das Wort Auferstehung im Kasten neben dem Bild. In eurer Beschreibung sollen eure Schlüsselworte zum Bild vorkommen.
5. (Kleingruppen, Plenum) Stellt eure Ergebnisse vor. Formuliert Antworten auf die Fragen eines Atheisten (= ein Mensch, der nicht an Gott glaubt): »Wenn Christen von der Auferstehung Jesu sprechen, dann glauben sie wohl daran, dass Jesus als Zombie durch die Welt geistert.«

J5 Aufgaben:
Die Erzählung der Emmausjünger berichtet von zwei Jüngern Jesu, die sich drei Tage nach dessen Kreuzigung von Jerusalem aus in das nahegelegene Dorf »Emmaus« aufmachen.
1. (Einzelarbeit) Schreibe mögliche Gedanken und Gefühle der beiden Jünger in dieser Situation in die Sprechblasen.
2. Lies die Erzählung (Lk 24,13–35) und fasse sie zusammen.
3. Untersuche die Verse 29–30: Was bedeutet das gemeinsame Brotbrechen für Christinnen und Christen, wie es beim Abendmahl vollzogen wird?
4. (Partnerarbeit) Stelle einer Partnerin/einem Partner deine Ergebnisse vor.
5. Jemand hat gesagt: »Das Emmaus der Bibel, das finde ich nicht in den Steinen irgendwelcher Ausgrabungen, das Emmaus der Bibel, das finde ich in den Herzen der Menschen. Und deshalb finde ich es überall.«[8] Erläutere, was dieses Zitat bedeuten kann.

Wahlaufgaben für die Partnerarbeit:
1. Untersucht, welche Aspekte der Emmauserzählung die Malerin Janet Brooks-Gerloff in ihrem Gemälde besonders hervorhebt.
2. Lest den Text des Liedes »Weißt du wohin wir gehen« von Christina Stürmer. Setzt den Inhalt unter von euch gewählten Gesichtspunkten in Beziehung zur Emmausgeschichte Lk 24,13–35.

Schreibt eure Ergebnisse zu einer oder beiden Aufgaben in die Sprechblase rechts neben dem Bild.

Evaluation

Die Evaluation des Unterrichtsvorhabens findet mithilfe einer Provokation in Form eines Werbeplakates aus dem Jahr 2017 statt, welches aufgrund massiver Proteste nicht einer breiten Öffentlichkeit zugänglich gemacht wurde (**J6**, Arbeitsaufträge auf dem Arbeitsblatt). Die Schüler*innen sind eingeladen, ihre in diesem Modul geförderten Kompetenzen einzusetzen, um die Vielschichtigkeit des Motivs zu dechiffrieren und zu beurteilen. Dabei werden die erarbeiteten Sachinformationen zu Gütekriterien, die der Beurteilung des Werbeplakats zugrunde liegen.

Anmerkungen

1. Zu den historischen Umständen des Todes Jesu zusammenfassend: Omerzu, Heike: Prozess Jesu (https://www.bibelwissenschaft.de/stichwort/53903/ Zugriff am 12.4.19).
2. Theißen, Gerd/Merz, Annette: Der historische Jesus. Ein Lehrbuch. Göttingen 1996.
3. Z. B. www.mentimeter.com (Typ: Multiple Choice; Auswertung: Pie); alternativ www.kahoot.com.
4. Die Tortengrafik wurde nach den Angaben auf https://www.evangelisch.de/inhalte/143217/15-04-2017/umfrage-nur-die-haelfte-der-christen-glaubt-auferstehung erstellt (Zugriff am 22.1.19).
5. Verglichen werden kann z. B. mit einer Forsa-Umfrage von 2002, bei der mehr als die Hälfte der Befragten den Glauben an die Auferstehung verneint hatten (http://www.theologische-links.de/downloads/grafiken/glaube_auferstehung.html, Zugriff am 22.1.19).
6. www.mentimeter (Typ: open ended; Auswertung: speech bubbles).
7. Quelle: https://www.ev-akademie-boll.de/fileadmin/res/otg/641505-Kriechbaum.pdf (Zugriff am 22.1.19).
8. Quelle: https://zeitzubeten.wordpress.com/2010/04/03/emmaus-geschichte-des-unwahrscheinlichen/ (Zugriff am 22.1.19).

J1.1 Auferstehung – was glaubst Du?

Auf diesem Arbeitsblatt findest du zwei Fragen zum Thema »Auferstehung von den Toten«.
Kreuze die Antworten an, der du am besten zustimmen kannst.

1. Glaubst du an die Auferstehung der Toten?

   ☐ *ja* ☐ *nein* ☐ *weiß nicht*

2. Glaubst du, dass Jesus …

   ☐ *gekreuzigt wurde und auferstanden ist von den Toten.*
   ☐ *gekreuzigt wurde.*
   ☐ *auferstanden ist von den Toten.*
   ☐ *weder gekreuzigt worden ist, noch auferstanden ist.*
   ☐ *weiß nicht.*

J1.2 Auferstehung – was glauben andere?

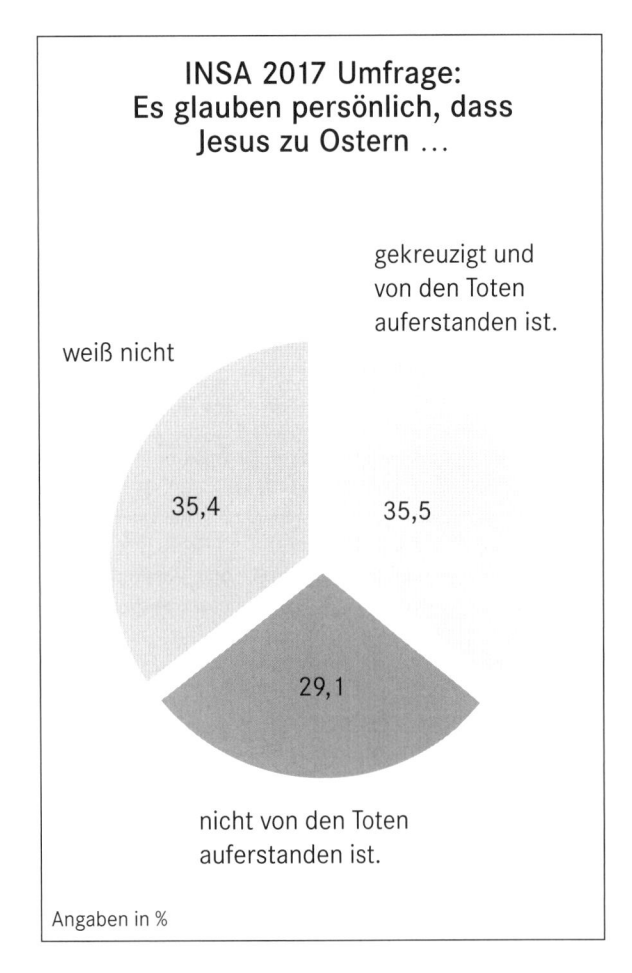

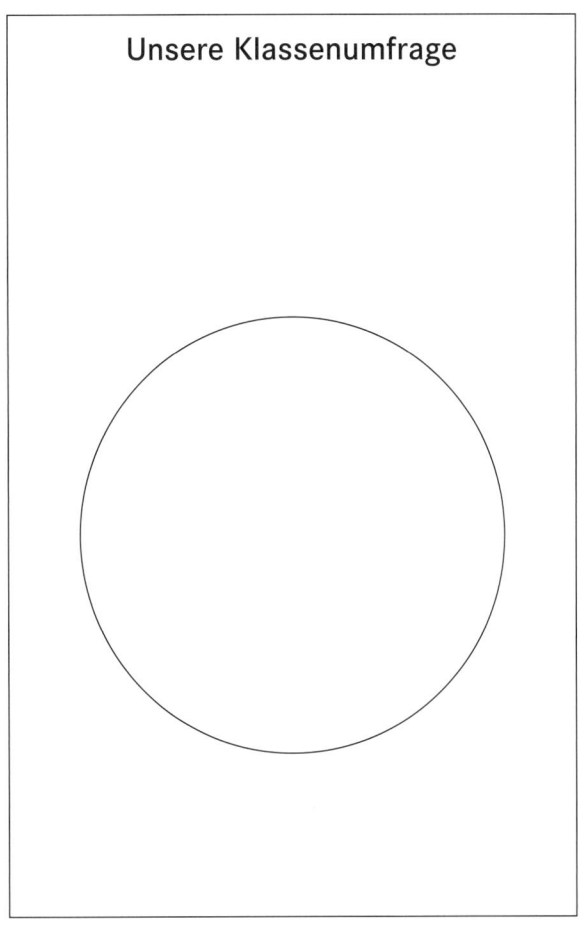

INSA 2017 Umfrage: Es glauben persönlich, dass Jesus zu Ostern …

- gekreuzigt und von den Toten auferstanden ist. — 35,5
- weiß nicht — 35,4
- nicht von den Toten auferstanden ist. — 29,1

Angaben in %

Unsere Klassenumfrage

114 | Kreuz und Auferstehung – stärker als der Tod

J2 Die Bedeutung des Kreuzes

»Ich mache mir schon länger Gedanken über das Kreuz. Ich würde gern wissen, warum die Kirche das Kreuz als Zeichen gewählt hat. Denn am Kreuz ist Jesus gestorben – es ist ein furchtbares Folterinstrument – warum ausgerechnet dieses Zeichen?« Richtig, das Kreuz ist zunächst ein Folterinstrument. Die Römer haben vor rund 2.000 Jahren Aufständische ans Kreuz geschlagen und qualvoll sterben lassen. Römische Bürger durften auf diese Weise nicht hingerichtet werden, nur Sklaven, Rebellen und Deserteure. Auch Jesus ist gekreuzigt worden, er galt als Aufrührer. Darum ist auf seinem Kreuz ein Schild mit der spöttischen Inschrift zu lesen: »König der Juden«.

Stellen Sie sich vor: Jesus hat sogar sein Kreuz, oder zumindest den Querbalken, zu seinem Hinrichtungsort tragen müssen. Über Stunden zog sich sein Sterben hin, er starb einen qualvollen Tod. Noch heute ist das Kreuz darum ein Bild für menschliches Leid. Jemand muss, wenn etwas Schlimmes geschieht, »sein Kreuz tragen« oder gilt als »kreuzunglücklich«. Und die Kreuze auf Friedhöfen und an Straßen erinnern an Menschen, die gestorben sind. Aber warum wurde dieses leidvolle Zeichen dann zum weltweiten Symbol aller Christen? Weil das Kreuz mehrere Bedeutungen hat. Es steht nicht nur für den Tod, sondern auch für das Leben. Die Bibel berichtet: Jesus, der Karfreitag am Kreuz starb, wurde Ostern von den Toten auferweckt. So bekommt das Kreuz eben noch eine andere Bedeutung. Es ist ein Zeichen für die Überwindung von Tod und Trauer. Am Ende steht das Leben, so hoffen Christen. Das macht das Kreuz so bedeutsam: Wie die beiden Balken in verschiedene Richtungen weisen, nämlich nach oben und zur Seite, so sind im Kreuz Erde und Himmel verbunden. Darum ist das Kreuz eben auch ein Schmuckstück am Hals oder ein weithin sichtbares Zeichen auf einem Kirchturm. Und so ist es kein Wunder, dass der Pastor oder die Pastorin bei einer Taufe einem Kind das Kreuz auf die Stirn zeichnet oder am Ende eines Gottesdienstes das Kreuz in die Luft »malt« mit den Worten: »Der Herr segne Euch!« Es ist schon erstaunlich: Das Kreuz ist eines der einfachsten Zeichen der Welt. Es besteht nur aus zwei Strichen. Und doch ist es voller Bedeutungen. Kein Wunder, dass es zum Erkennungszeichen der Christen in aller Welt wurde.

Das Kirchenlexikon – K wie Kreuz, aus: https://www.ndr.de/kirche/Das-Kirchenlexikon-K-wie-Kreuz,kreuz187.html (Zugriff am 22.1.19).

AUFGABEN:
1. Gliedere den Text in sinnvolle Sinnabschnitte und formuliere für diese Zwischenüberschriften.
2. Fasse die Kernaussagen des Textes in strukturierter Weise zusammen.
3. Erläutere die Aussage »im Kreuz sind Himmel und Erde verbunden«.

J3 Der Kreuzweg Jesu

Kreuzwegdarstellungen – wie diese – gehören als feste Einrichtungsgegenstände in jede katholische Kirche. Dabei haben sich traditionell vierzehn Stationen etabliert, die als bildliche Unterstützung den Leidensweg Jesu und seine Kreuzigung in **Erinnerung** rufen wollen und dabei helfen etwas Vergangenes zu vergegenwärtigen. Sie dienen dabei auch als **Gebetsanlass,** denn Jesus hat das Leiden am eigenen Leib erfahren. Katholikinnen und Katholiken glauben, dass sie mit ihren eigenen Schmerzen und ihren Leiderfahrungen sich voll Vertrauen an Jesus wenden können.

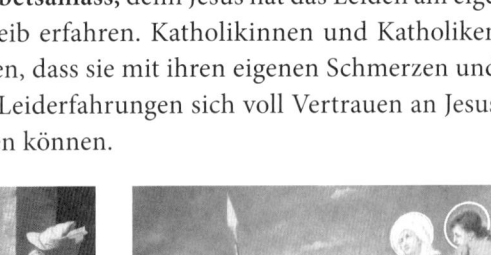

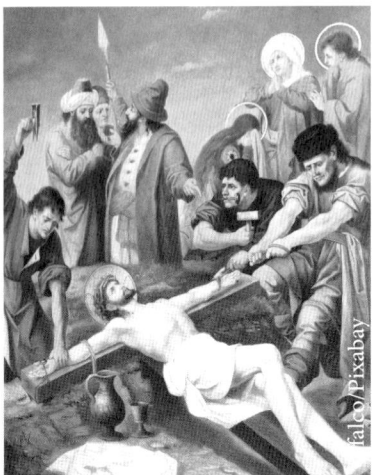

In vielen katholischen Kirchengemeinden gehen katholische Christinnen und Christen am Karfreitag den Kreuzweg durch ihren Heimatort ab. Sie singen und beten an den vierzehn Stationen:

Jesus wird zum Tode verurteilt.	Jesus begegnet den weinenden Frauen.	Jesus wird ans Kreuz genagelt.
Jesus wird seiner Kleider beraubt.	Jesus wird vom Kreuz abgenommen und in den Schoß seiner Mutter gelegt.	Jesus nimmt das Kreuz auf seine Schultern.
Jesus stirbt am Kreuz.	Jesus fällt zum ersten Mal unter dem Kreuz.	Jesus fällt zum dritten Mal unter dem Kreuz.
Jesus begegnet seiner Mutter.	Der Leichnam Jesu wird in das Grab gelegt.	Veronika reicht Jesus das Schweißtuch.
Jesus fällt zum zweiten Mal unter dem Kreuz.	Simon von Kyrene hilft Jesus das Kreuz zu tragen.	

Mt 27,22-23,26   Mt 27,27-31   Mt 27,32   Lk 23,28-31   Mt 27,33-36
Mt 27,37-42   Mt 27,45-50.54   Mt 27,57-59   Mt 27,60-61

J4 Auferstehung in Zeiten von Zombies

Spätestens seit der US-Kultserie »The Walking Dead« erfreuen sich Zombies einer steigenden Beliebtheit.

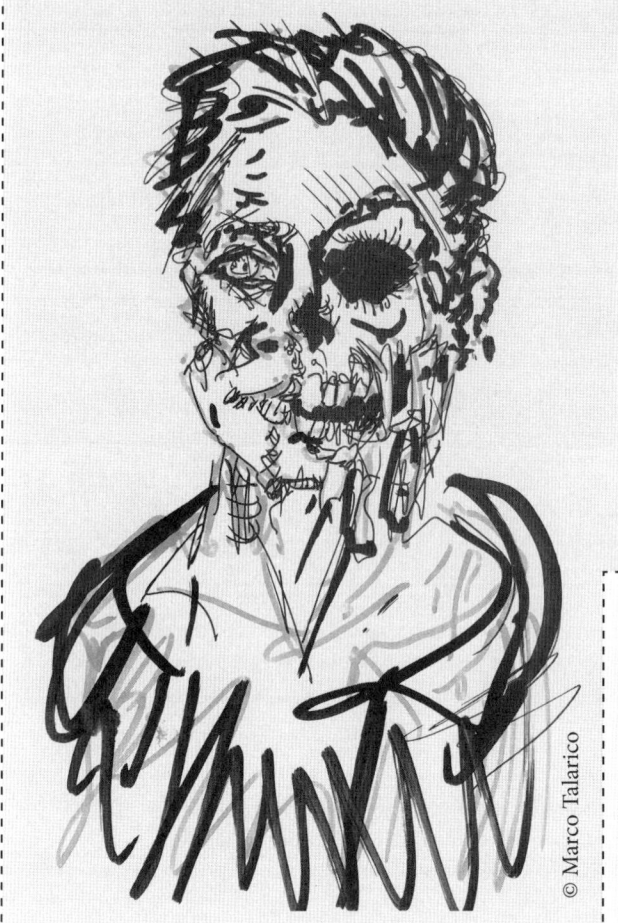

*Untoter – seelenberaubt – böse – Panik – willenlos – rastlos – Chaos – keinen Frieden finden – umherirrend auf der Erde – **Angst***

© Marco Talarico

Der Maler Matthias Grünewald hat im 16. Jh. über dem Altar der Kapelle eines Krankenhauses, in dem viele Sterbende gepflegt wurden, diese Szene gemalt.

Matthias Grünewald, Detail aus dem Isenheimer Altar (ca. 1515)

Kreuz und Auferstehung – stärker als der Tod | 117

J5 Weißt du, wohin wir gehen?

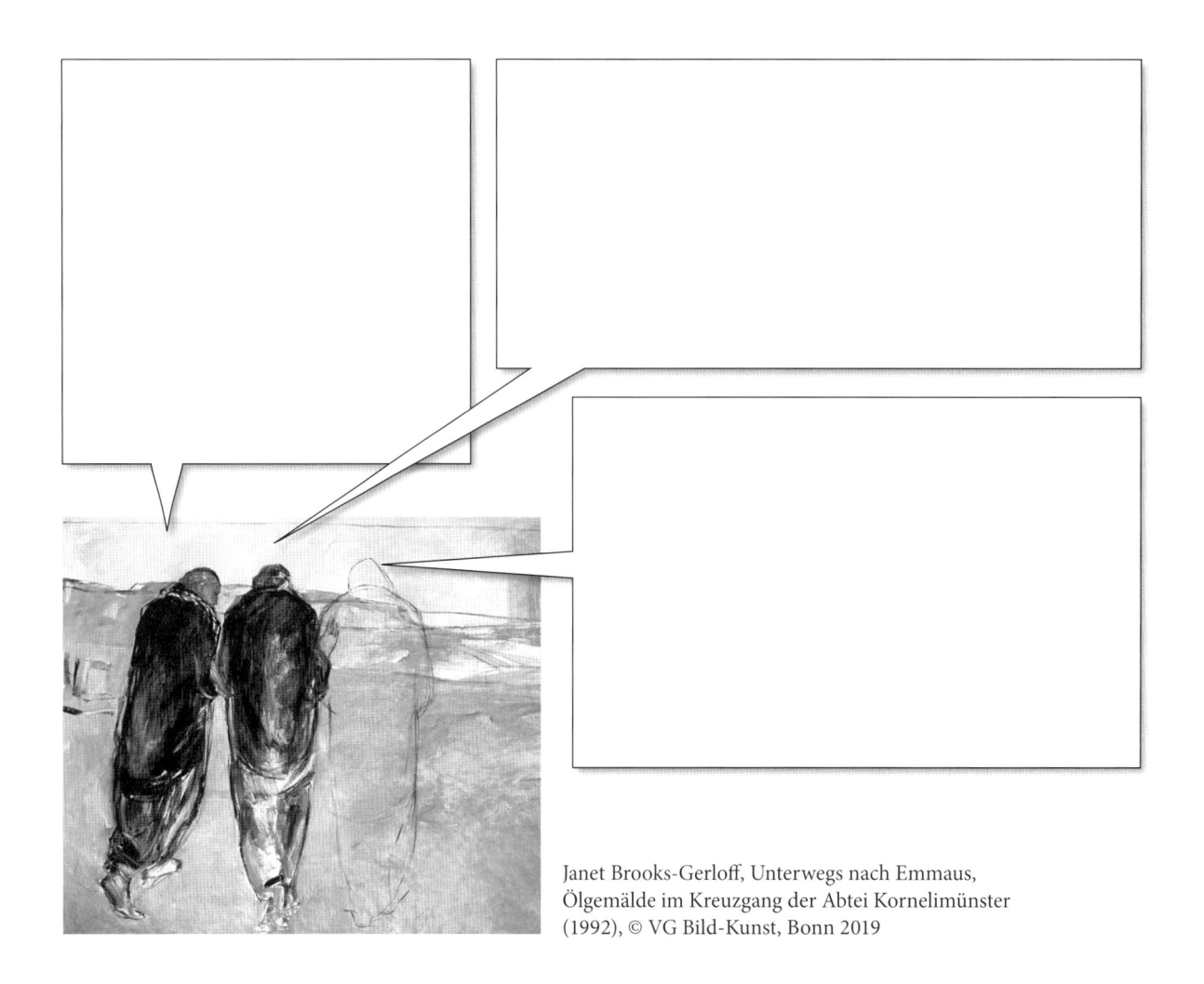

Janet Brooks-Gerloff, Unterwegs nach Emmaus,
Ölgemälde im Kreuzgang der Abtei Kornelimünster
(1992), © VG Bild-Kunst, Bonn 2019

Christina Stürmer: Weißt du wohin wir gehen

Hab' darüber nachgedacht,
hab' die Nacht ohne Schlaf verbracht,
wie es sein wird nach dem Tod?
Wenn das große Ende droht
5 ob es einen Himmel gibt,
ob mich dann noch jemand liebt,
wirst du bei mir sein,
gibt es ein Leben nach dem Leben,
oder ist es das gewesen,
10 auf die größte aller Fragen
kann mir keiner die Antwort sagen.

[Refrain] Weißt du wohin wir gehen,
wenn unser Licht erlischt,
was wird mit uns geschehen,
15 wenn die letzte Nacht anbricht,
gibt es die andere Welt,
wo Zeit nicht mehr verrinnt,
von der man sich erzählt
wo wir alle Kinder sind …
20 Weißt du wohin wir gehen.
Wo wir alle Kinder sind?

Sag' mal, glaubst du denn daran,
dass die Seele leben kann,
dass danach noch etwas kommt,
25 dass man Gutes dort belohnt,
dass man unter Freunden ist,
dass man diese Welt vergisst,
und für das Böse zahlt?
Gibt es ein Leben nach dem Leben
30 oder ist es das gewesen?

Auf die Größte aller Fragen
kann mir keiner die Antwort sagen.
[Refrain]

Auch wenn keiner die Antwort kennt,
35 die Angst nicht beim Namen nennt,
ich glaub' ganz fest daran,
dass ich drauf hoffen kann,
dass die Liebe unendlich ist,
dass du wieder bei mir bist,
40 mich in den Armen hältst,
von der anderen Welt erzählst.
[Refrain]

Songwriter: Robert Pfluger/Alexander
Kahr © Poydor Records

J6 Werbung mit dem Kreuz?

Weihnachten wird jetzt noch schöner!

Deutsche WeihnachtsLotterie
El Gordo

Lottohelden wünscht viel Glück und schöne Weihnachten: mit der Deutschen Weihnachtslotterie und El Gordo, der Spanischen Weihnachtslotterie. Jetzt auf www.Lottohelden.de

Lottohelden.de

Foto: Henning Schulz für lottohelden.de

Im Dezember 2017 plante der Glücksspielanbieter »Lottohelden« eine Werbeaktion für die Weihnachtslotterie. Hierzu sollte das Berliner Model Sophia Thomalla als Gekreuzigte abgebildet werden. Nachdem
5 dies bekannt wurde, folgte eine Empörungswelle der christlichen Kirchen. Thomas Sternberg, der Präsident des Zentralkomitees der deutschen Katholiken, teilte gegenüber der »Bild«-Zeitung mit: »Das ist nicht einmal Kunst. Nur geschmacklos und dumm, ande-
10 re Künstler haben schon viel intelligenter mit diesem Tabubruch gearbeitet. Es ist erbärmlich, dass ein Unternehmen glaubt, nur durch Verletzung religiöser Gefühle werben zu können.«

Sophia Thomalla erwiderte in der »Bild«-Zeitung: »Ich glaube an mich und ich glaube an Karma. An Gutes 15 und Schlechtes. Wenn man prinzipiell so eingestellt ist, dass man gut zu anderen Menschen ist, dann ist das mein Glaube.« Letztendlich wurde das Motiv nie als Werbeanzeige veröffentlicht.

Zitate von Sternberg und Thomalla aus:
https://www.katholische-sonntagszeitung.de/Nachrichten/
Sternberg-Werbung-mit-Model-am-Kreuz-geschmacklos-
und-dumm-Mittwoch-13.-Dezember-2017-09-44-00
(Zugriff am 22.1.19).

AUFGABEN:
1. Sammelt in eurer Lerngruppe spontane Eindrücke zu der Werbeanzeige.
2. Erörtere, inwiefern mit dem gewählten Motiv religiöse Gefühle verletzt werden könnten oder dieser Tabubruch im Rahmen von Werbung zulässig sein sollte.
3. Gestalte einen Kommentar, der auf der Instagram-Seite von »Lottohelden« veröffentlicht werden könnte, als Reaktion auf die geplante Veröffentlichung der Werbeanzeige.

Hoffnung – stärker als der Tod

Simon-Fabian Stucke / Marco Talarico

Religionspädagogischer Kommentar –
konfessionelle Perspektiven – Lernchancen

»Nach zwei Wochen Trauer ist aber bitte Schluss«[1]

So titelte die FAZ am 25.11.2014 in einem Beitrag über das amerikanische Diagnosehandbuch für psychische Störungen und legte dar, dass die Zeit, die Trauernden zugestanden werde, bevor sie als seelisch krank gelten, von einem Jahr (1980) über zwei Monate (2000) auf 14 Tage (2014) reduziert werde und die Auswirkungen der Trauer immer häufiger mit medizinischen Mitteln »behoben« würden.

Diese Entwicklungen werfen die Frage auf, welchen Stellenwert unsere Gesellschaft dem Thema Sterben, Tod und Trauer gegenwärtig und in Zukunft einräumen wird. Denn Sterben und Tod nehmen derzeit keinen hohen Stellenwert in den Alltagserfahrungen der meisten Menschen unserer Gesellschaft ein. Obgleich die Medien täglich über die Ausbreitung todbringender Krankheiten in Entwicklungsländern, die Opferzahlen sich mehrender Naturkatastrophen oder die Verluste an Menschenleben durch Krieg und Terror in der Welt berichten und uns diese Nachrichten aufgrund der Omnipräsenz sozialer Netzwerke erreichen, gilt die individuelle Konfrontation mit dem Sterben und dem Tod eines Menschen als Ausnahme. Aufgrund der steigenden Zahlen von Menschen, die im Alter allein leben und nicht mehr zuhause sterben, sondern in Krankenhäusern oder Pflegeeinrichtungen, kommen heranwachsende Jugendliche häufig erst spät mit einem sterbenden Menschen in Berührung.

Galt das Tragen schwarzer Kleidung in der Vergangenheit als Signal für die Umwelt, dass hier jemand einen Verlust erlitten hat und trauert, so avanciert schwarze Kleidung heutzutage zum Ausdruck modischen Bewusstseins und erinnert kaum noch an die einstmalige Konnotation.

Der Prozess des Sterbens gehört als elementarer Bestandteil zum Leben. Er markiert die unmittelbare Vorstufe des Todes und verdeutlicht die eigene irdische Endlichkeit. Vor dem Hintergrund der christlichen Ostererfahrung begegnen Christinnen und Christen der Todesangst, der Angst vorm Sterben mit dem Vertrauen auf Vollendung durch Gott. Paulinisch gewendet fragt ein Christ: »Tod, wo ist dein Sieg? Tod, wo ist dein Stachel?« (1 Kor 15,55). Die Auseinandersetzung mit der eigenen Sterblichkeit und dem eigenen Tod ist fundamentaler Bestandteil einer religiösen Reife und Mündigkeit und dies gilt konfessionsübergreifend. Und so sind die Antworten auf diese Themen aus evangelischer und katholischer Perspektive weniger als trennend, sondern verbindend und ergänzend angelegt.

Aus Hoffnung angstfrei leben – (nicht nur) eine katholische Perspektive

Seid stets bereit, jedem Rede und Antwort zu stehen, der nach der Hoffnung fragt, die euch erfüllt (1 Petr 3,15). Dieser Vers aus dem ersten Petrusbrief ist gleichsam Ermutigung und Verpflichtung. Christ*innen sind diesem Vers entsprechend Hoffnungsträger, sie tragen Hoffnung in sich und sollen über eben diese Hoffnung bereitwillig Auskunft geben.

»*Ich hoffe, dass ich nicht krank werde.*« »*Hoffentlich ist diese Tortur bald zu Ende.*« »*Hoffen wir das Beste.*« »*Die Hoffnung stirbt zuletzt.*« Was genau meint aber der Begriff Hoffnung? Aus christlicher Perspektive weist der Begriff Hoffnung auf zwei Zieldimensionen: eine gegenwärtige und eine zukünftige. Als Christ*innen erhoffen wir uns eine Antwort auf die Sinnfragen nach dem Leben und dem Sterben. Durch das Ereignis der Auferstehung Jesu hoffen Christ*innen auf die Auferstehung der Toten. Der Tod ist Ende, aber nicht Ziel des Lebens: Gottes Liebe ist stärker als der Tod.

Hoffnung in christlicher Perspektive ist nicht nur ein Wunsch für die Zukunft, sondern bereits aktuell Kraft und Vertrauen, angstfrei zu leben: Die Macht des Todes ist bereits besiegt.

Aus Hoffnung handeln und begleiten – (nicht nur) eine evangelische Perspektive

»*Wir wollen euch aber, liebe Brüder, nicht im Ungewissen lassen über die, die entschlafen sind, damit ihr nicht traurig seid wie die anderen, die keine Hoffnung haben. Denn wenn wir glauben, dass Jesus gestorben und auferstanden ist, so wird Gott auch die, die entschlafen sind, durch Jesus mit ihm einherführen*« *(1 Thess 4,13–14).* Mit diesen Worten richtet sich Paulus an die Gemeinde in Thessalonich und spendet ihnen damit Trost. Die Thessalonicher, die als junge Gemeinde im Glauben noch wenig Erfahrung hatten, lebten in der Überzeugung, dass sie bereits vor dem Ende ihres irdischen Lebens in das anbrechende Reich Gottes aufgenommen würden. Nun aber waren einige Gemeindemitglieder seit Paulus' Weiterreise verstorben und dies verunsicherte die Hinterbliebenen. Paulus setzt diesen Ängsten jedoch den Glauben an die Auferstehung entgegen und bezeichnet die Verstorbenen als »die entschlafen sind«. Er vermittelt der Gemeinde somit ein Bild von der Auferstehung als Prozess des Aufwachens, der mit der Wiederkehr Christi beginnt. Auch wenn der Tod eine Zäsur in unserem Leben markiert, so finden die Gläubigen doch Hoffnung in der Auferstehung Christi und diese Hoffnung überwindet diese Zäsur, sie mündet in der Hoffnung auf ein neues Leben.

Diesem Glauben gemäß bietet (nicht nur) die evangelische Kirche als eines ihrer bedeutsamsten Tätigkeitsfelder sterbenden Menschen und ihren Angehörigen Unterstützung in profanen und spirituellen Fragen und Angelegenheiten an, um sich dem Sterben in fester Zuversicht auf Gottes Verheißung eines neuen Lebens zu stellen. Aspekte dieser seelsorgerlichen Begleitung können die Regelung von Hinterlassenschaften des Sterbenden sein, die Aussöhnung mit Zurückbleibenden, die Auseinandersetzung mit Angst und Hoffnung sowie dem Zulassen und der Annahme des Abschiedes.

Obwohl der Umgang mit Sterben und Tod fester Bestandteil christlicher und somit evangelischer Glaubenspraxis war und ist, gibt es dennoch Situationen im Handlungsfeld »Sterben und Tod«, in denen Geistliche gefordert sind, Position zu beziehen und ihr Handeln in Übereinstimmung mit dem christlichen Glauben zu gestalten. Solche Situationen können der Tod eines Frühgeborenen, die Betreuung der Hinterbliebenen eines Suizids oder das Spenden von Organen nach dem Eintreten des Hirntodes sein.

Die Mitarbeiter*innen und Einrichtungen beider Konfessionen unterstützen und begleiten Sterbende und Angehörige und verleihen dadurch dem christlichen Glauben eine helfende Hand und ein mitfühlendes Antlitz.

Im Gegensatz zur breiten medialen Präsenz des Themas Sterben und Tod ist gegenwärtig eine gesellschaftliche Tendenz wahrzunehmen, diese Themen persönlich auf Distanz zu halten. Pointiert lässt sich fragen, ob Sterben und Tod an den Rand gedrängt und nicht mehr in der Mitte der menschlichen Erfahrung angesiedelt werden sollen. Diesem Phänomen Rechnung tragend erhalten die Schüler*innen durch das Unterrichtsvorhaben die *Lernchance*, ihre Wahrnehmungs-, Deutungs- und Urteilskompetenz in diesem Themenfeld zu erweitern und zu ergänzen.

Bei der Durchführung sollten seelsorgerliche Aspekte nicht unberücksichtigt bleiben, da Fragen angesprochen werden, die persönliche Betroffenheit der Schüler*innen auslösen können. Die Lehrkraft kann gefordert sein, sie individuell zu betreuen und zu beraten, da die Auseinandersetzung mit dem Sterben und dem Tod bei einigen Erinnerungen und Erfahrungen wachrufen könnte, die bislang unterdrückt wurden. Diesbezüglich ist es ratsam, als Religionslehrkraft den Austausch mit anderen Lehrkräften zu suchen, die in der jeweiligen Klasse unterrichten, um über die aktuelle Betroffenheit informiert zu sein, sich über die Lebensumstände der Schüler*innen zu erkundigen und für mögliche Reaktionen sensibel zu sein. Schulische Ansprechpersonen (u. a. Schulsozialarbeiter*in, Schulseelsorger*in) sollten bekannt sein.

Verlaufsplan

Einstieg – Diagnoseaufgabe

Die Diagnoseaufgabe bahnt die Auseinandersetzung mit dem Thema »Sterben und Tod« aus einer erfahrungsorientierten Perspektive an. Indem die Schüler*innen sich mit der Bedeutung des Friedhofes für sie und für die Gesellschaft auseinandersetzen, können sie bereits von eigenen Erfahrungen mit dem Verlust von Freunden und Verwandten berichten. Gleichzeitig bietet diese Art des Zugangs zurückhaltenden Schüler*innen die Möglichkeit, das Thema aus einer distanzierten Perspektive anzugehen, da kein eindeutig emotionaler Schwerpunkt gelegt wird.

> **K1** Aufgaben:
> 1. (Einzelarbeit) Lies den Zeitungsartikel. Welche Gefühle löst diese Nachricht bei dir aus? Wähle aus den angebotenen Begriffen unter dem Artikel diejenigen aus, die zu deinen Gefühlen passen, ergänze eigene Worte. Sortiere die Begriffe nach aufsteigender Intensität.
> 2. (Partnerarbeit) Stellt euch gegenseitig eure Listen vor. Tauscht euch über folgende Fragen aus: Welche Erfahrungen verbindest du mit dem Friedhof? Hast du an einer Beisetzung bereits teilnehmen müssen? Was war für dich befremdlich, schwer auszuhalten? Was war tröstlich?
> 3. (Partnerarbeit) Die Witwe im Artikel fragt sich, ob die Täter jeden Anstand verloren hätten. Was meint sie genau damit? Versetzt euch in die Lage der Hinterbliebenen.
> 4. (Kleingruppen) Lest den Gesetzestext. Das Verwüsten eines Grabes ist kein dummer Streich, sondern eine Straftat. Diskutiert, was im Strafgesetzbuch dazu ausgeführt worden ist. Wie beurteilt ihr das Strafmaß?

In der abschließenden Plenumsdiskussion wird der folgende Sachverhalt beraten und beurteilt: »Die Täter konnten von der Polizei ermittelt werden. Es waren Jugendliche, die unter Alkoholeinfluss einmal ›richtig die Sau herauslassen wollten‹ und gar nichts über die Bedeutung von Friedhöfen wussten. Wie müsste – eurer Meinung nach – eine Wiedergutmachung und Entschuldigung aussehen, damit von einer Inhaftierung abgesehen werden kann?«

Lernaufgaben

Vier Lernangebote befassen sich mit dem Sterben, wie es den Schüler*innen im Alltag begegnen kann. Die Bearbeitung kann interessengeleitet vorgenommen werden, eine feste Reihenfolge ist nicht notwendig; vielmehr sind es miteinander in Beziehung stehende Thementische. Es bietet sich auch eine Lernthekenarbeit an. Diesen Lernangeboten gemeinsam ist, dass die Schüler*innen den Perspektivwechsel systematisch vornehmen und dabei sowohl die Perspektive des Sterbenden als auch die Hinterbliebenenperspektive empathisch erkunden, um dadurch in Krisensituationen handlungsfähig zu werden. Weiterhin ist intendiert, das Konzept der christlichen Hoffnung auf Vollendung vorzustellen und die Schüler*innen hierzu auskunftsfähig zu machen.

1. Phase: Sterben – Was passiert da eigentlich? Die fünf Phasen des Sterbens nach Elisabeth Kübler Ross

K2 bietet den Schüler*innen einen Überblick über die Phasen der Trauer und des Sterbens und verdeutlicht, dass diese oder ähnliche Erfahrungen von vielen Menschen geteilt werden.[2] Gleichzeitig nehmen die Schüler*innen diese Informationen nicht nur passiv auf, sondern sind gefordert, ein konkretes Konzept für den Umgang mit diesen Phasen zu erarbeiten, wodurch insbesondere ihre Fähigkeit zur Empathie im Umgang mit Sterbenden angebahnt werden kann.

K2 Aufgaben:
1. (Einzelarbeit) Ordne die Überschriften den verschiedenen Phasen zu.
2. Bringe die Phasen des Sterbens und Trauerns in eine für dich sinnvolle Reihenfolge.
3. Ordne jeder Phase eines der fünf Bilder zu.
4. (Kleingruppe) Finde dich mit vier Mitschülerinnen und Mitschülern zusammen. Teilt die fünf Phasen unter euch auf und erarbeitet einen Leitfaden, wie man als Angehörige/r die Sterbende/den Sterbenden in den einzelnen Phasen unterstützen könnte.

Die Ergebnisse der Kleingruppen werden im Plenum vorgestellt. Zwischen Einzelarbeit und Kleingruppenarbeit kann es sinnvoll sein, dass die Lehrkraft die von Kübler-Ross festgestellte Reihenfolge der Sterbephasen vorstellt: Verneinung der Todeswahrheit/Verhandeln mit dem Schicksal/Auflehnung/Depression und Mutlosigkeit/Zustimmung. Dabei kann deutlich werden, dass aktuell nicht mehr von einer linearen Abfolge der Phasen gesprochen wird, sondern eher von Kreisläufen, in denen sich Sterbende und in ähnlicher Weise auch Trauernde hin- und herbewegen können.

2. Phase: Friedhöfe: Symbole, Grabgegenstände, Bestatter

Mit dem Informationstext auf **K3** erarbeiten sich die Schüler*innen Grundinformationen über Varianten der Bestattungsformen. Neben der Anregung zur Diskussion über die Vor- und Nachteile bestimmter Beisetzungsformen vertiefen sie ihr Wissen um die Aussagekraft (christlicher) Symbole auf Grabsteinen und Gräbern und verbinden diese mit der christlichen Hoffnung auf Auferstehung.

K3 Aufgaben:
1. (Einzelarbeit) Lies den Text aufmerksam durch. Du stellst fest, dass er an einigen Stellen von dir ergänzt werden muss.
2. Finde Gründe dafür, dass sich die Urnenbeisetzung steigender Beliebtheit erfreut?
3. Erstelle eine Tabelle mit den Grabelementen und ihrer tiefergehenden Bedeutung.
4. (Partnerarbeit) Stellt eine Liste von Symbolen zusammen, die auf einen Grabstein passen könnten.
5. (Kleingruppe) Diskutiert, erläutert und beurteilt in einer Gruppe die Aussage: »Friedhöfe sind Erinnerungs- und Gedenkorte und Gärten, in denen die Hoffnung wächst.«

3. Phase: Leben und sterben – zählt jeder Tag?

Die Unausweichlichkeit des Todes, so verdeutlicht die Karikatur auf **K4** (Material 2), fordert geradezu heraus, das Leben aktiv und sinnhaft zu gestalten. Sterben und Tod sind integrale Bestandteile unseres Lebens. Der Text Scott Hollands (Material 1) unterstreicht diese wortwörtlich »lebensbejahende« Sichtweise auf den Tod und kann solchen Schüler*innen, die bereits mit dem Thema Tod konfrontiert wurden, als mögliche Orientierung dienen.

K4 Aufgaben:
1. (Einzelarbeit) Erarbeite anhand von Material 1 die Haltung des Autors gegenüber dem Tod.
2. Wende deine Ergebnisse an: Du erfährst vom Tode eines Elternteiles einer guten Freundin/eines guten Freundes. Erörtere, ob du ihr/ihm zur Unterstützung den Text aus Material 1 zukommen lassen würdest. Begründe deine Entscheidung.
3. Gestalte eine Erwiderung auf die Aussage des Jungen im Bild.
4. (Kleingruppe) Stelle deine Ergebnisse in einer Kleingruppe vor. Von der Lehrperson erhaltet ihr eine mögliche Antwort. Vergleicht sie mit euren Ergebnissen und nehmt Stellung zu dieser Aussage hinsichtlich der Perspektive auf das Leben und den Tod.

Für die Bearbeitung der Aufgabe 4 benötigt die Kleingruppe folgenden Text: »Ja, aber an allen anderen Tagen nicht.«

4. Phase Forever young vs. Hoffnung auf ewiges Leben

Die Materialien auf **K5** stellen das menschliche Hadern mit seiner eigenen weltlichen Endlichkeit, den Versuchen der Medizin und der Kosmetik der christlichen Hoffnung auf das ewige Leben gegenüber, das in biblischen Bildern Ausdruck findet, mit denen sich die Schüler*innen auseinandersetzen.

> **K5** Aufgaben:
> *Material 1:*
> 1. (Einzelarbeit) Betrachte den Cartoon. Welche Eingriffe hat Helma beim Schönheitschirurgen vornehmen lassen? Was erhofft sich Helma von den Operationen? Wie beurteilst du Schönheitsoperationen?
> 2. Was könnten die Frauen hinten im Cartoon sagen? Ergänze die Sprechblasen.
> 3. (Kleingruppen) Stellt euch vor, der Mensch könnte nicht mehr sterben. Welche Konsequenzen hätte das a) für jeden Einzelnen b) für die Erde?
>
> *Material 2:*
> 1. Lies den Informationstext.
> 2. (Partnerarbeit) Schlagt die Bibelstellen nach und notiert auf Kärtchen, mit welchen Bildern das ewige Leben versucht wird zu beschreiben.
> 3. Findet selbst weitere Bildworte, die eure Hoffnungsvorstellungen vom ewigen Leben beschreiben.
> 4. (Kleingruppe) Stellt eure Ergebnisse vor. Dietrich Bonhoeffer, ein während der nationalsozialistischen Diktatur im Konzentrationslager inhaftierter evangelischer Pfarrer, hat folgenden Satz geprägt: »*Wer Ostern kennt, kann nicht verzweifeln.*« Erläutert und deutet diesen Satz. Könnt ihr ihm zustimmen oder lehnt ihr ihn ab? Begründet eure Entscheidung.

Evaluation:
Die Schüler*innen gestalten in Einzelarbeit auf **K6** einen »letzten Blogeintrag« und erhalten hierdurch die Möglichkeit, die im Unterrichtsvorhaben angebahnten Kompetenzen und Eindrücke zu erproben. Die Aufgabenstellung ist bewusst offen formuliert, um den individuellen Bedürfnissen der Schüler*innen Raum zu bieten. Denkbar ist, dass die Schüler*innen in ihrem »Blogeintrag« von Freunden und Verwandten Abschied nehmen, ihren Dank für gemeinsame Erlebnisse ausdrücken oder sich Versöhnung für offene Konflikte erwünschen. Möglich ist auch ein konkretes Formulieren der Wünsche für den Umgang der Angehörigen mit dem eigenen Tod.

Die Produkte dieser sehr sensiblen Schülerarbeit sollten unbedingt als eben solche behandelt werden. Eine mögliche Auswertung kann über eine Partnerarbeit erfolgen, wobei die Schüler*innen sich nach Möglichkeit Partner oder Partnerinnen wählen, zu denen sie ein stabiles Vertrauensverhältnis haben.

Ein abschließendes Plenumsgespräch kann solchen Schüler*innen Gelegenheit zur Aussprache bieten, die sich der Lerngruppe mitteilen möchten. Die Lehrkraft ist während der gesamten Evaluationsphase gefordert, die Schüler*innen hinsichtlich ihrer emotionalen Verfassung im Blick zu behalten und sollte ihnen verdeutlichen, dass sie ihnen auch im Anschluss als Ansprechpartner*in zu Verfügung steht.

Wenn der Blogeintrag im Sinne einer kreativen Schreibarbeit als Evaluation für die Lerngruppe nicht angemessen erscheint, kann alternativ ein Liedtextvergleich angeboten werden:

Forever young ist der Titel von zwei Popsongs, der eine stammt von der Gruppe Alphaville.[3] Der andere Song stammt von Bob Dylan.[4] Beide Songs wurden unzählige Male von anderen Interpreten gecovert, sodass sie Jugendlichen immer noch bekannt sind. Während Dylans Song als Segenslied gestaltet ist und christliche Hoffnungsmotive aufweist (»Möge Gott dich segnen und beschützen, mögen deine Wünsche alle in Erfüllung gehen, mögest du immer für andere da sein. Und die anderen für dich da sein.«), ist der Song von Alphaville angesichts atomarer Bedrohung als apokalyptischer Tanz stilisiert: »Lass uns anständig tanzen, lass uns eine Weile tanzen. Das Himmelreich (heaven) kann warten, wir beobachten nur den Himmel (sky), das Beste hoffend, aber das Schlimmste erwartend, werdet ihr die Bombe werfen, oder nicht? «

Anmerkungen

1. http://www.faz.net/aktuell/gesellschaft/menschen/trauerzeit-laut-dsm-5-nicht-laenger-als-zwei-wochen-13278887.html (Zugriff am 22.1.19).
2. https://de.wikipedia.org/wiki/Elisabeth_Kübler-Ross (Zugriff am 22.1.19); die Darstellung der Sterbephasen auf M2 orientiert sich an https://www.betanet.de/sterbephasen-nach-kuebler-ross.html (Zugriff am 22.1.19).
3. Originaltext: https://www.songtexte.com/songtext/alphaville/forever-young-43dc83c3.html; deutsche Übersetzung: https://www.songtexte.com/uebersetzung/alphaville/forever-young-deutsch-3d6bdd7.html (Zugriff am 22.1.19).
4. Originaltext: https://www.songtexte.com/songtext/bob-dylan/forever-young-3bd5e818.html (Zugriff am 22.1.19); deutsche Übersetzung: https://www.songtexte.com/uebersetzung/bob-dylan/forever-young-deutsch-2bd6acee.html (Zugriff am 22.1.19).

K1 Geht mich das an?

Friedhof gleicht Schlachtfeld
Gräber verschandelt und Totenruhe gestört

Neudorf Unbekannte haben in der Nacht zu Montag auf dem Friedhof in der Stadt Neudorf randaliert und ein Bild der Verwüstung hinterlassen. Umgeworfene Grabsteine, zerschmetterte Totenleuchten, herausgerupfte Blumen, zertrampelte Gräber und angezündete Sträucher zeigen, mit welcher Aggression die Täter am Werke waren.

Pfarrer Luca Kaldewei von der St. Johannes Baptist Pfarrei, die den Friedhof gemeinsam mit der evangelischen Erlösergemeinde betreibt, fragt sich, gegen wen sich die Aggressionen und die Zerstörungswut richten. »Was wollen die Täter erreichen? Wollen sie die Totenruhe stören?« Eine Angehörige ist fassungslos und muss mit den Tränen kämpfen. »Ich habe meinen Mann erst vor einigen Monaten hier beerdigen müssen, ich komme hier jeden Tag hin, weil ich ihn so schrecklich vermisse und dann dieser Anblick. Haben die Täter jeden Anstand verloren?«

Wut – Schmerz – Enttäuschung – Gleichgültigkeit – Lieblosigkeit – Angst – Trauer – Ratlosigkeit – Schock – Betroffenheit – Lachen – Weinen – ohne Interesse – …

---

§ 168 StGB
Störung der Totenruhe

(1) Wer unbefugt aus dem Gewahrsam des Berechtigten den Körper oder Teile des Körpers eines verstorbenen Menschen, eine tote Leibesfrucht, Teile einer solchen oder die Asche eines verstorbenen Menschen wegnimmt oder wer daran beschimpfenden Unfug verübt, wird mit Freiheitsstrafe bis zu drei Jahren oder mit Geldstrafe bestraft.

(2) Ebenso wird bestraft, wer eine Aufbahrungsstätte, Beisetzungsstätte oder öffentliche Totengedenkstätte zerstört oder beschädigt oder wer dort beschimpfenden Unfug verübt.

(3) Der Versuch ist strafbar.

K2 Wenn das Leben geht …

Die Ärztin Elisabeth Kübler-Ross (1926–2004) hat viele Menschen begleitet, wenn sie an das Ende ihres Lebens gekommen sind. Sie hat entdeckt: Es gibt immer wieder ähnliche Phasen und Abschnitte, wenn es um die Auseinandersetzung mit dem eigenen Sterben und Tod geht.

Nach dem ersten Schock brechen meist Emotionen wie Aggressionen, Wut, Zorn und Schuldzuweisungen aus. Manchmal treten diese Emotionen auch unterschwellig auf und äußern sich darin, dass man es dem Patienten nicht recht machen kann. Dies kann eine hohe Belastung für die Angehörigen darstellen.

Hat der Betroffene realisiert, dass er sterben wird, kann dies mit Depressionen, Ängsten und Trauer einhergehen. Er betrauert die Verluste, die er durch die Erkrankung erleiden muss: Verlust körperlicher Integrität, Verlust persönlicher und beruflicher Chancen, Verlust von nicht Nachholbarem und Wünschen, die er sich in gesunden Tagen nicht erfüllt hat.

Erfahren Patienten eine schlimme Prognose, reagieren sie häufig mit Schock, Verleugnung, Empfindungslosigkeit und/oder körperlichen Beschwerden. Die Patienten befinden sich in einer Schockphase, die eine Schutzreaktion der Psyche ist.

In dieser Phase der Zustimmung hat der Betroffene sein Schicksal angenommen und es tritt ein ruhiger, fast gefühlloser Zustand ein. Der Gesprächsbedarf nimmt ab, der Blick ist nach innen gerichtet und das Verlangen, Besuch zu bekommen, nimmt ab.

Der Patient beginnt, mit sich selbst, mit Ärzten, mit dem Schicksal und mit Gott zu verhandeln. Er erhofft sich durch eine gute Kooperation eine längere Lebensspanne. Es kann auch sein, dass er Wünsche äußert, die den Angehörigen völlig unrealistisch erscheinen.

Überschriften für die fünf Phasen

- Die Verneinung der Todeswahrheit
- Auflehnung
- Depression und Mutlosigkeit
- Annahme oder Bejahung des Todes
- Verhandeln mit dem Schicksal

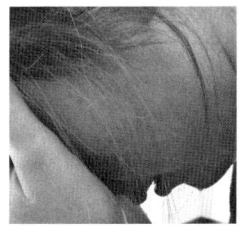

Hoffnung – stärker als der Tod | 125

K3 Friedhöfe und Bestattungsformen

In Deutschland bilden Friedhöfe für Erdbestattungen die weit verbreitetste Form des Totengedenkens. Es wird zwischen Einzelgrab, Familiengrab oder Gruft und Urnengrab auf einem Friedhof unterschieden. Die Urnenbeisetzung, der eine Verbrennung im Krematorium vorausgeht, erfreut sich in den letzten Jahren einer steigenden Beliebtheit.

Gräber von katholischen und evangelischen Christinnen und Christen unterscheiden sich nur in wenigen Einzelheiten. Hier ist ein Grab von einem katholischen Friedhof abgebildet. Wichtig ist, dass die Grabelemente alle eine Symbolik in sich tragen und eine tiefergehende Bedeutung haben und die Angehörigen beim Totengedenken unterstützen wollen.

Der Name des/der Verstorbenen ist in Stein gemeißelt, dadurch wird sichergestellt, dass der Name …

Die Grabsteine zeigen den Namen des Verstorbenen und oft auch seine Geburts- und …

Die Form des Grabsteines variiert, von oval bis eckig findet sich alles. Ursprünglich erinnert die Form des Grabsteins, an den Stein, der Jesu Grab in Jerusalem verschlossen hatte. Durch die Auferstehung Jesu hatte der Verschlussstein eine positive Bedeutung bekommen, die sich heute in den Grabelementen wiederfindet. Oft finden sich Kreuze auf den Grabsteinen, aber andere Symbole sind auch gängig.

Die Totenleuchte, das Behältnis für eine Kerze, steht für das ewige Licht, ein Symbol für das ewige Leben. Der Tod wird als das Nichts, als die vollkommene Dunkelheit gedeutet. Über den Gräbern der Christinnen und Christen herrscht nicht absolute Finsternis, sondern es leuchtet ein Licht, ein Zeichen für …

In der gleichen Art und Weise ist das Grün, sind die Anpflanzungen und die blühenden Blumen zu verstehen. Auf dem Grab wächst und blüht etwas. Nicht der Tod und das Nichts haben das letzte Wort, sondern neues Leben. Dadurch, dass das Grab erblüht, kommt die Hoffnung zum Ausdruck, dass der Tote …

Auf manchen Gräbern befindet sich sogar eine feste Grabplatte aus Granit oder Marmor. Eine solche Platte hat ebenfalls eine tiefergehende Bedeutung. In der frühen Kirche gab es die Vorstellung, dass die Verstorbenen mit dem Tod in die Unterwelt, die Totenwelt, die Scheol eingehen. Die Tore der Totenwelt schließen sich hinter dem Verstorbenen wie eine Tür, die man nicht mehr öffnen kann. Der auferstandene Christus hat die Tore der Scheol gesprengt und die Toten zur Auferstehung geführt. Wenn also ein Tor aus den Angeln gehoben wurde und flach hingelegt wurde, dann hat es die Form wie die Grabplatte. Die schwere Grabplatte ist das Symbol des niedergerissenen Tores des Totenreiches und will aussagen, dass …

K4 Leben und sterben – zählt jeder Tag?

1 Tod bedeutet gar nichts.

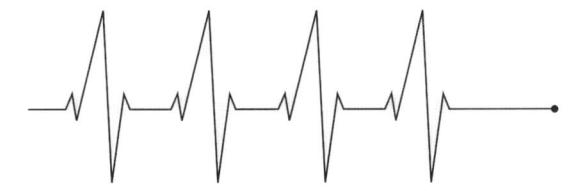

Ich bin nur nach nebenan verschwunden.
Ich bin ich und du bist du.
Was immer wir füreinander waren,
das sind wir noch.
5 Nenne mich bei dem
alten vertrauten Namen.
Sprich von mir,
wie du es immer getan hast.
Ändere nicht deinen Tonfall.
10 Zwinge dich nicht zu aufgesetzter Feierlichkeit
oder Traurigkeit.
Lache weiterhin über die kleinen Scherze,
an denen wir gemeinsam Spaß hatten.
Spiele, lächle, denke an mich, bete für mich.
Lass meinen Namen weiterhin so geläufig sein, 15
wie er immer war.
Sprich ihn unbekümmert aus, ohne die Spur eines
Schattens.
Das Leben bedeutet all das,
was es bisher bedeutete. 20
Es ist genauso wie immer.
Es geht uneingeschränkt
und ununterbrochen weiter.
Ist der Tod
nicht nur ein unbedeutender Zwischenfall? 25
Warum sollte ich vergessen sein,
nur weil du mich nicht mehr siehst?
Ich warte einstweilen auf dich, ganz in der Nähe,
nur um die Ecke.
Alles ist gut. 30

Henry Scott Holland, Death Is Nothing At All (1910)
aus dem Englischen übersetzt

2

Eines Tages werden wir alle sterben.

K5 Forever young vs. ewiges Leben

1 Forever young: Aufbäumen gegen den Tod?

Der Lebenswille des Menschen ist mindestens genauso stark ausgeprägt wie seine Angst vor dem Tod. Mit vielen Mittelchen und chirurgischen Eingriffen versucht der Mensch seine Alterung, seine Vergänglichkeit zu
5 verlangsamen oder im besten Fall ganz zu stoppen. Kann hierin ein Aufbäumen gegen den Tod gesehen werden? Gehört der Tod nicht zum Leben? Warum stemmen sich die Menschen gegen den Tod?
10 Sie empfinden ihn offensichtlich als etwas Störendes, Unpassendes, als etwas, das nicht sein sollte und sie weigern
15 sich, ihr Leben dem natürlichen Lauf des »Vergehens und Werdens«, den die Menschen für Pflanzen und Tiere so
20 sinnvoll finden, unterzuordnen.

HELMA WAR BEIM SCHÖNHEITS-CHIRURGEN.

© JotKa/toonpool.com

2 Die christliche Hoffnung auf ewiges Leben

Im Glaubensbekenntnis bekennen evangelische und katholische Christinnen und Christen, dass sie an die Auferstehung der Toten und das ewige Leben glau-
25 ben. Mit anderen Worten glauben die Christinnen und Christen, dass Gott mächtiger ist als der Tod und dass Gott die Menschen nicht im Tod untergehen lässt. Diese Hoffnung findet im Ereignis der Auferstehung Jesu einen festen Anhaltspunkt. Weil Jesus nicht im Tod geblieben ist, dürfen die Menschen hoffen, dass
30 auch sie nicht im Tod bleiben. Aber das ewige Leben unterscheidet sich deutlich vom irdischen Leben, denn es wird von Gott vollendetes Leben in seiner Gegenwart sein. Niemand kann mit Sicherheit sagen, wie das ewige Leben bei Gott wirklich sein wird. In der
35 Bibel finden sich sprachliche Bilder, die etwas Orientierung geben wollen.

Bibelstellen:

Offb 21,10   Offb 21,23   Offb 22,1–2   Jes 11,6   Jes 11,8   Jes 55,1–3

K6 Was ich noch zu sagen hätte …

Was ist ein »Blog«?
In einem Blog veröffentlicht eine Autorin/ein Autor regelmäßig Online-Artikel, die das Leben der Autorin/des Autors oder ein ausgewähltes Thema zum Gegenstand haben. Diese Webblogs sind häufig in einer chronologischen Abfolge strukturiert und können in der Regel von Leserinnen und Lesern kommentiert werden.

Mein letzter Blogeintrag …

AUFGABE:
Du hast dich mit dem Thema »Umgang mit Leben und Tod« auseinandergesetzt und Perspektiven von Hoffnung und Zuversicht in diesen Grenzsituationen des Lebens kennengelernt.
Stell dir vor, du würdest regelmäßig für einen Webblog Artikel schreiben und deine Mitmenschen so an deinem Leben teilhaben lassen. Am Ende deines Lebens bekommst du die Möglichkeit, mithilfe deines Blogs Abschied zu nehmen und gleichzeitig von deinen Wünschen und Hoffnungen für dich und/oder die Menschen, die du zurücklässt, zu berichten. Gestalte deinen »letzten Blogeintrag«.

Eucharistie und Abendmahl

Christian Rasch / Andrea Schnieder

Religionspädagogischer Kommentar –
konfessionelle Perspektiven – Lernchancen

Mahlgemeinschaft –
ein interkonfessioneller Streitpunkt?

Eine Online-Petition aus einem aktuellen Publik-Forum kennzeichnet die aktuelle Situation im Hinblick auf die Frage nach der Trennung der Konfessionen am Tisch des Herrn: »Die Ökumene zwischen evangelischen und katholischen Christen lebt. Im schmerzlichen Widerspruch dazu fehlt die Gemeinschaft am Tisch des Herrn. Über dem Verständnis des heiligen Mahls haben sich die Kirchen in der Reformation entzweit. Gegen den Skandal der Trennung hat das ökumenische Gespräch seit mehr als fünf Jahrzehnten zu einer weitgehenden Klärung der Kontroversen geführt. Mahlgemeinschaft ist möglich!«[1] Man sieht, in Deutschland ist ein Diskussionsprozess im Gange, der die Trennung der Konfessionen am Tisch des Herrn überwinden will.

Demgegenüber führen die Themen »Abendmahl« und »Eucharistie« in den Kernlehrplänen beider Konfessionen häufig ein randständiges Dasein. Sie sind keine eigenständigen Themen, die zu besonderen Unterrichtseinheiten führen. Behandelt werden sie als Unterthemen im Themenschwerpunkt »Kirche«, finden sich in den Schulbüchern aber auch in den Reihen »Spiritualität«, »Rituale« oder »Sakramente« wieder.

Demgegenüber misst nicht nur die dogmatische Lehre der Kirchen, sondern auch das Empfinden der Gläubigen diesem Thema höchste Bedeutung zu. Daher wird die Trennung beider Kirchen gerade in der Abendmahlsfrage von vielen Christ*innen als extrem schmerzhaft empfunden.

Mahlgemeinschaft –
in der Lebenswirklichkeit der Schüler*innen

Die Erarbeitung des Themas »Abendmahl/Eucharistie« im KoKoRU erweist sich als hürdenreich, da jegliche Interkonfessionalität vonseiten der römischen Kirche bislang abgelehnt wird, während auf der evangelischen Seite die Tiefe der Abendmahlsfrömmigkeit verflacht und katholische Ressentiments gegen evangelische Abendmahlspraxis für evangelische Christ*innen häufig gar nicht nachvollziehbar sind.

Andererseits findet sich Abendmahlswirklichkeit im Leben der Schüler*innen wieder. Jugendliche beider Konfessionen besuchen sich gegenseitig im Gottesdienst zu Taufen, Konfirmationen, Firmungen oder schon zur Erstkommunion in der Grundschulzeit. Angehörige und Paten beider Konfessionen erleben Abendmahl und Eucharistie in den Festgottesdiensten. Außerdem leben nicht wenige Schüler*innen in Familien mit konfessionsgemischten Ehen.

Eine weitere Brisanz erlangt dieses Zentralthema christlicher Dogmatik vor dem Hintergrund der interreligiösen Fragestellung. Was können Schüler*innen antworten, wenn Menschen anderer Religionen sie fragen, was es bedeutet, wenn Christ*innen Christi Fleisch essen und Blut trinken?[2] Und wie wollen wir unsere Schüler*innen nicht nur im interkonfessionellen, sondern auch im interreligiösen Dialog dialogfähig machen?

Neben den dogmatischen Implikationen und einer theologischen Auskunftsfähigkeit im Sinne von *Orientierungswissen* und *Deutungskompetenz* geht es auch um die Anbahnung einer vertieften *Gestaltungskompetenz*. Wie geschieht persönliche Teilhabe am zentralen Sakrament der Christenheit? In Jg. 9/10 ist die Aneignung einer persönlichen Abendmahlspraxis durch den kirchlichen Unterricht in beiden Konfessionen jedenfalls abgeschlossen, aber dadurch auch nicht wirklich zu einem Zielpunkt gekommen.

Mahlgemeinschaft –
worüber nicht mehr gestritten wird

Vor dem biblischen Hintergrund zeichnet die Frage nach dem Abendmahl ein ganz anderes Bild. Die Mahlfeier in alttestamentlicher wie in neutestamentlicher Perspektive als solche ist ein vielfältig deutbares Zeichen der Gemeinschaft der Menschen mit Gott und untereinander. Sie ist das Zeichen der Erkenntnis und der Gegenwart Christi. Sie ist Stärkung auf dem Lebensweg, ist ein Symbol neuer Hoffnung und bildet den Gedanken der Versöhnung ab.

Die Konfessionen sind über diese Bedeutung des Abendmahls weitgehend einig. Es ist interessant wahrzunehmen, dass das dogmatische Streitthema der Jahrhunderte, die Art der Anwesenheit Christi in den Elementen in Realpräsenz, Spiritualpräsenz oder rein symbolisch, heute kaum eine Rolle mehr spielt. Der Streitpunkt wird eher vom Amts- und Kirchenverständnis her bestimmt.

Auch wenn die Rechtmäßigkeit der Einsetzung sowie die Frage nach der Präsenz Christi im Abendmahl konfessionell umstritten sind, gibt es für die Bedeutung des

Abendmahls eine weite Übereinstimmung. In der Tiefe zeigt sich ein ökumenisches Thema, das die Schüler*innen für sich erschließen sollen.

Mahlgemeinschaft – ein weites Feld für konfessionell-kooperative Lernarrangements

Darum wird ein KoKoRU auch hier seine entscheidenden Schwerpunkte legen, darin den Schüler*innen entsprechende Lernangebote machen und *Lernchancen* ermöglichen. Eine rein theologische Darstellung von Gründen für die Trennung am Abendmahlstisch kann jedenfalls nicht zielführend sein, obwohl diese Problematik natürlich auch ihren Raum haben muss. Dabei bietet die aktuelle Diskussion um die Teilnahme gemischtkonfessioneller Ehepaare an der Eucharistie eine geeignete Anforderungssituation.

Verlaufsplan

Einstieg – Diagnoseaufgabe

Das Unterrichtsvorhaben wird eröffnet durch eine konfessionell differenzierte Anforderungssituation, die aus den digitalen Medien stammt: Die Schüler*innen setzen sich in einer gestaffelten Diagnoseaufgabe *(think – pair – share)* mit einer Online-Petition zur Teilnahme von konfessionsgemischten Ehepaaren an der Eucharistie auseinander. Die *pair-Phase* erfolgt in konfessionshomogenen Gruppen. Nicht konfessionsgebundene Schüler*innen oder Schüler*innen anderer Religionen verteilen sich auf die Gruppen.

> **L1** Aufgaben:
> Eine christliche Online-Zeitung hat eine Petition (Bittschreiben) an Papst Franziskus veröffentlicht und bittet alle Leserinnen und Leser, diese Petition zu unterschrieben.
> 1. (Einzelarbeit) Lies den Text. Formuliere in einem eigenen Satz, welche Bitte an den Papst gerichtet wird.
> 2. Stelle zwei Listen zusammen: Welche Gründe sprechen nach deiner Meinung dafür, dass der Papst die Bitte erfüllt? Welche Gründe sprechen nach deiner Meinung dafür, dass er sie ablehnt?
> *Weiterarbeit für katholische Schüler*innen:*
> 3. Trefft euch in einer Partnerarbeit oder Kleingruppe. Stellt euch gegenseitig eure Ergebnisse vor.
> 4. Entwickelt mithilfe eurer Begründungen zu folgender Situation einen Dialog oder ein Rollenspiel: Ein älterer Cousin hat im Internet die Petition an Papst Franziskus entdeckt. Weil er als katholischer Christ eine evangelische Freundin hat, bittet er beim Familientreffen darum, diese Petition zu unterschreiben. In der Familienrunde erklärt er, was die Eucharistie ihm bedeutet und warum er sie gerne mit seiner Freundin teilen würde. Die anderen Familienmitglieder reagieren …
> *Weiterarbeit für evangelische Schüler*innen:*
> 3. Trefft euch in einer Partnerarbeit oder Kleingruppe. Stellt euch gegenseitig eure Ergebnisse vor.
> 4. Entwickelt mithilfe eurer Begründungen zu folgender Situation einen Dialog oder ein Rollenspiel: Eine ältere Cousine hat die Petition an Papst Franziskus entdeckt. Weil sie als evangelische Christin einen katholischen Freund hat, bittet sie beim Familientreffen darum, diese Petition zu unterschreiben. In der Familienrunde erklärt sie, was das Abendmahl ihr bedeutet und warum sie es gerne mit ihrem Freund teilen würde. Die anderen Familienmitglieder reagieren …
> *Gemeinsame Weiterarbeit:*
> 5. Stellt die Dialoge/Rollenspiele in eurer Lerngruppe vor.
> 6. Macht eine Probeabstimmung in der Lerngruppe: Wer wird die Petition unterschreiben, wer nicht?[3] Jede/jeder von euch schreibt eine Begründung für die Entscheidung auf eine Karteikarte und stellt sie in einem verschlossenen Umschlag sicher.

Lernaufgaben

Die Lernarbeit hat zum Ziel, dass die Schüler*innen sich das notwendige Sachwissen über Eucharistie und Abendmahl aneignen, um kompetent über die Sachverhalte der Anforderungssituation urteilen zu können.

1. Phase: Mahlfeiern im Alten und Neuen Testament

In den folgenden Lernaufgaben werden die in der Diagnoseaufgabe aufgedeckten Bedeutungen des Abendmahls mit vier biblischen Kernaussagen über die biblischen Mahlfeiern in Beziehung gesetzt. Einerseits werden biblische Grundlagen erarbeitet: Abendmahl bedeutet Stärkung, Gemeinschaft, Versöhnung und Hoffnung. Andererseits werden diese Aussagen in Beziehung gesetzt zu den Wünschen und Bedürfnissen heutiger Menschen und damit auf die in der Diagnoseaufgabe erarbeiteten Dialoge und Rollenspiele bezogen.

Die Schüler*innen setzen sich in dieser Phase mit vier Arbeitsblättern auseinander: **L2** wird im Plenum – unterbrochen durch Einzelarbeit – bearbeitet.

Die drei nachfolgenden Arbeitsblätter **L3, L4, L5** werden arbeitsteilig in Kleingruppen bearbeitet und die Ergebnisse im Plenum präsentiert.

Die Mahlfeier im Alten Testament in der Verbindung der Dimension von Menschen und Gott gehen dem Neuen Testament voraus. Das Passahmahl und die Speisungen des Alten Testaments dienen dem Neuen Testament als Vorlage. Dementsprechend erschließt eine Lernarbeit zum Propheten Elia im Plenum die erste Bedeutung: *Abendmahl ist Stärkung auf dem Lebensweg.*

Die drei nachfolgenden Arbeitsblätter vertiefen den Blick auf die Bedeutung neutestamentlicher Speisungen. Exemplarisch werden das Mahl der Sünder (Mk 2,3–17 – *Gemeinschaft*), der verlorene Sohn (Lk 15,11–32 – *Versöhnung*) und die Emmaus-Jünger (Lk 24,13–32 – *neue Hoffnung*) strukturiert analysiert.

Die in den Kleingruppen abschließend erstellten Standbilder werden vor dem Plenum dargestellt oder mit einem Tablet/Smartphone aufgenommen und als Beamerprojektion gezeigt. Es ist nicht unbedingt nötig, den Bibeltext zu jeder Geschichte wahrzunehmen. Die Arbeitsblätter erklären sich selbst. Die Bibeltexte[4] zu den Geschichten können jedoch vorher in den Gruppen gelesen werden. Dazu erhält jede Gruppe eine Bibel. Die Texte selbst bieten sich ebenfalls für eine Binnendifferenzierung an: Mk 2 ist kürzer, während Lk 24 am längsten ist.

Die Lehrkraft bündelt die Phase, indem sie die Worte *Gemeinschaft – Versöhnung – Stärkung – Neue Hoffnung* an die Tafel schreibt, zu Zuordnungen zu den Geschichten und ihren Begründungen auffordert. Wichtig dabei ist: Einige Worte lassen sich mehreren Bildern/Texten zuordnen. Abschließend ergänzt die Lehrkraft über den Worten den Satz »Abendmahl ist …«

2. Phase: Abendmahlsfeiern in der ersten Christenheit

Im Folgenden wird der Fokus der Lernarbeit auf die urchristliche Abendmahlspraxis geworfen. Neben dem »Original« müssen hier auch die Missstände der paulinischen Zeit zur Sprache kommen. Die Evangelien berichten, dass Jesus mit seinen Jüngern Abendmahl gefeiert hat. Der Apostel Paulus schreibt in einem seiner Briefe, wie sich Christ*innen beim Abendmahl falsch verhalten.

Die Einsetzung des Abendmahls (**L6**) und die Missstände, die Paulus im 1. Korintherbrief aufzählt (**L7**), sollen anhand der Ergebnisse der vorangehenden Phase analysiert werden. Die Schlagworte aus der ersten Lernphase dienen dabei als hermeneutischer Schlüssel.

Diese Phase der Lernarbeit bahnt ein Verständnis für einen möglichen Streit in der Abendmahlspraxis an und bietet gleichzeitig ein Instrumentarium an, die Bedeutung biblischer Abendmahlspraxis für die Gegenwart zu erschließen.

Für die Bearbeitung wird die Placemat-Methode[5] genutzt. Die Lehrkraft hat ein Placemat vorbereitet, in dessen Mitte die Schlagworte in vier verschiedenen Farben – *Stärkung* (gelb), *Gemeinschaft* (blau), *Versöhnung* (rot) und *Hoffnung* (grün) – geschrieben sind und **L6/L7** auf je zwei gegenüberliegende Seiten des Placemat geklebt. In Viergruppen bearbeitet jeweils ein gegenübersitzendes Paar einen der beiden Texte. Die Schüler*innen arbeiten folgendermaßen:

> **L6/L7** Aufgaben:
> Bildet Kleingruppen zu vier Personen. Ihr arbeitet nach der Placemat-Methode. Auf dem Placemat findet ihr die Schlagworte zum Abendmahl, die wir bereits erarbeitet haben. Ihr bekommt zwei Bibeltexte. Die gegenüberliegenden Partner/Partnerinnen bearbeiten den gleichen Text.
> 1. (Einzelarbeit) a. Lest den Text. b. Untersucht jeden einzelnen Vers mit der Frage: Welche Bedeutung des Abendmahls findet ihr wieder? Markiert die Worte in den Farben der Schlagworte.
> 2. (Gruppenarbeit) a. Anschließend dreht ihr das Placemat im Uhrzeitsinn. Jedes Gruppenmitglied liest den Text und die Ergebnisse der anderen. b. Erstellt in der Mitte eurer Placemat eine Liste: Was gehört nach dem Wunsch Jesu und den Beobachtungen des Paulus zu einem guten Abendmahl?
> 3. (Plenum) In einem Galeriegang nehmt ihr die Ergebnisse der anderen Gruppen wahr.

3. Phase: Kein gemeinsames Abendmahl/Eucharistie?

In der dritten Phase der Lernarbeit werden die sachlichen Grundlagen der aktuellen Diskussion um ein gemeinsames Abendmahl/gemeinsame Teilnahme an der Eucharistie erarbeitet. Dazu setzen sich die Schüler*innen mit einem Infotext auseinander, in dem die ev./kath. Lehrdifferenzen erläutert werden. Der Text wird laut den Aufgaben auf **L8** nach einer kooperativen Methode des reziproken Lesens in kombinierter Einzel-/Partnerarbeit erarbeitet.

Anschließend verteilt die Lehrkraft an die Partnergruppen je eine Hälfte des Arbeitsblattes **L9** (A/B) (Ein Zeitungsartikel zu einem gemeinsamen Abendmahl anlässlich des ersten ökumenischen Kirchentages 2003 mit jeweils einer ev./kath. Stellungnahme zur Interkommunion).[6]

> **L9 (A/B)** Aufgaben:
> 1. Lest gemeinsam den Text 1 auf eurem Arbeitsblatt. Beschreibt: Was ist auf dem ersten ökumenischen Kirchentag 2003 passiert? Trägt der Zeitungsartikel die Überschrift »Mutiger Kirchentag mit Tabubruch« zurecht? Begründet eure Antwort.
> 2. Wenn Christinnen und Christen aus unterschiedlichen Konfessionen am Abendmahl/an der Eucharistie teilnehmen, so nennt man dies »Interkommunion«.
> Auf euren Arbeitsblättern findet ihr jeweils eine katholische oder eine evangelische Stellungnahme

zur »Interkommunion« (Text 2). Jede/jeder liest den Text auf dem Arbeitsblatt und stellt ihn der Partnerin/dem Partner vor: »Mit welchen Begründungen wird jeweils für bzw. gegen eine Interkommunion argumentiert?«

Evaluation

In zwei Evaluationsaufgaben (**L10**) werden das aus den Lernaufgaben erworbene Orientierungswissen sowie die daraus erwachsene Deutungs-, Urteils- und Dialogkompetenz im Themenfeld Abendmahl/Eucharistie auf die aktuelle Auseinandersetzung um die Teilnahme evangelischer und katholischer Christinnen und Christen am Abendmahl/Eucharistie der jeweils anderen Konfession angewendet.

Die Schüler*innen wählen eine der Aufgaben aus oder bearbeiten beide Aufgaben in Einzelarbeit. In Kleingruppen werden die Ergebnisse wertschätzend wahrgenommen.

Zum Abschluss des Unterrichtsprojekts werden die eingangs getroffenen und gesicherten Entscheidungen zur Diagnoseaufgabe (Online-Petition) von den Schüler*innen geöffnet. Die Schüler*innen können sich freiwillig zu ihren damaligen Entscheidungen und Begründungen äußern, ihre Entscheidungen durch weitere Begründungen ergänzen oder erläutern, warum sie ihre Entscheidung verändert haben.

Anmerkungen

1 Vgl. https://aktion.publik-forum.de/?idende=20189631&idw=20189880 (Zugriff am 22.1.19).
2 Eine hervorragende Möglichkeit für eine Diagnose- oder auch Evaluationsaufgabe zum Thema findet sich in: Bürig-Heinze, Susanne u. a.: Anforderungssituationen im kompetenzorientierten Religionsunterricht. Göttingen 2014, S. 69 ff. In einer Filmsequenz aus dem Film »Almanya – Willkommen in Deutschland« unterhalten sich Muhammed und Ali, zwei junge Muslime, über das, was sie von christlicher Abendmahlspraxis gehört haben.
3 Die Abstimmung kann auch anonym und digital erfolgen. Dazu richtet die Lehrkraft auf www.mentimeter.com eine entsprechende Umfrage ein. Ggf. kann diese Umfrage auch öffentlich gemacht werden, sodass andere Schüler*innen daran teilnehmen können.
4 Bibeltexte in der Version »Gute Nachricht«.
5 Es wird vorausgesetzt, dass die Schüler*innen bereits mit der Placemat-Methode vertraut sind. Andernfalls müssen sie entsprechend instruiert werden. Vgl. dazu Arnhold, Oliver/Karsch, Manfred: Kooperatives Lernen im kompetenzorientierten Religionsunterricht. Göttingen 2014, S. 24 ff. Alternativ können auch kooperative Formen des reziproken Lesens verwendet werden: ebd., S. 36 ff.
6 Zum Hintergrundwissen für die Lehrkraft sind die folgenden Informationen wichtig: Der katholische Priester und Theologieprofessor Hasenhüttl feierte 2003 am Rand des ökumenischen Kirchentages einen »Abendmahlsgottesdienst nach katholischem Ritus« – in der evangelischen Gethsemanekirche in Berlin. Dabei lud er auch Protestanten und Nicht-Katholiken zur Kommunion ein. Es kamen etwa 2000 Menschen. Der Gottesdienst wurde vom Ökumenischen Netzwerk »Initiative Kirche von unten«, der Kirchenvolksbewegung »Wir sind Kirche« und der Evangelischen Kirchengemeinde Prenzlauer Berg-Nord ermöglicht. Er gehörte nicht zu den offiziellen Veranstaltungen des Kirchentages. (Siehe: https://de.wikipedia.org/wiki/Gotthold_Hasenhüttl, Zugriff am 22.1.19.) Auch wegen anderer Konflikte mit der Kirche wurde Hasenhüttl 2003 als Priester suspendiert, verlor 2006 seine Lehrerlaubnis als Hochschullehrer und trat 2010 aus der katholischen Kirche aus.

L1 Eine Petition an den Papst

Publik Forum PETITION

▶ Bisher 20936 Unterzeichner*innen
▶ Unterschriftenliste zum Download
▶ Artikel zum Thema
▶ Erstunterzeichner*innen

Keine Ausgrenzung am Tisch des Herrn! Retten wir gemeinsam die Ökumene!

Unterschreiben Sie diese Petition an den Papst!

Geschätzter Papst Franziskus,

Ihr Pontifikat hat uns Hoffnung gegeben: auf eine Kirche, die menschlich ist. Sie setzen die »Heiligkeit von nebenan« gegen ein »narzisstisches Elitebewusstsein«, jenen »Feind der Heiligkeit«, der auch in der Kirche wirkt.

Den Bischofskonferenzen dieser Welt bringen Sie Wertschätzung entgegen. Sie setzen darauf, dass vor Ort Menschen jene Dinge entscheiden, die vor Ort entschieden werden können und müssen. Das hat der Kirche den Geist der Inspiration neu eingehaucht.

Wir bitten Sie: Lassen Sie nicht zu, dass in einer wichtigen ökumenischen Frage ein elitärer Geist das Miteinander der Christinnen und Christen verhindert.

Die Ökumene zwischen evangelischen und katholischen Christen lebt. Im schmerzlichen Widerspruch dazu fehlt die Gemeinschaft am Tisch des Herrn. Über dem Verständnis des heiligen Mahls haben sich die Kirchen in der Reformation entzweit. Gegen den Skandal der Trennung hat das ökumenische Gespräch seit mehr als fünf Jahrzehnten zu einer weitgehenden Klärung der Kontroversen geführt. Mahlgemeinschaft ist möglich!

Wir bitten Sie, in einem ersten Schritt konfessionsverschiedene Paare zu würdigen:

Als »Heilige von nebenan« sind sie Botschafter der Ökumene. Botschafter, die in der Kommunion Stärkung erfahren. Lassen Sie die Diskussion der deutschen Bischöfe über eine entsprechende Handreichung für deren gemeinsame Teilnahme an der Eucharistie nicht umsonst gewesen sein! Dass Sie das Dokument ablehnen, stößt viele Menschen vor den Kopf.

Bitte unterstützen Sie die große Mehrheit der deutschen Bischöfe in ihrem Bemühen um mehr Ökumene!

Ja, ich unterschreibe diese Petition an den Papst.
Alle Unterschriften werden Anfang September dem vatikanischen Nuntius Erzbischof Nikola Eterovic in Berlin mit voller Anschrift übergeben.

Meine E-Mailadresse [Weiter]

© Publik-Forum Verlagsgesellschaft mbH

L2 Abendmahl bedeutet ...

Das Abendmahl wird im Christentum als Sakrament bezeichnet. Ein Sakrament ist eine heilige Handlung. Christinnen und Christen glauben, dass sie im Abendmahl mit Jesus vereint werden, wenn sie seinen Leib (das Brot) essen und sein Blut (den Wein) trinken.

AUFGABEN:
Auf diesem Arbeitsblatt findest du eine Geschichte vom Propheten Elia. Elia ist in Lebensgefahr, wird verfolgt und das Leben hat keinen Sinn mehr für ihn. Da erscheint ein Engel und gibt ihm Brot zu essen. Durch dieses Lebensbrot bekommt Elias Leben wieder einen Sinn und er macht sich auf den Weg, Gott zu begegnen. Wenn du genau überlegst, was diese Speisung für Elia bedeutet, kannst du später die Frage beantworten, was wir aus dieser Geschichte über das Brot im Abendmahl erfahren können.

Elia will aufgeben (1. Kön 19, 1–8)
Ahab (der böse König von Israel) berichtete Isébel (seiner Frau, die fremde Götter anbetet) alles, was Elia getan hatte und dass er alle Propheten Baals umgebracht hatte. (Baal war ein Gott, dem Menschen, insbesondere Kinder, geopfert wurden.)
Da schickte Isébel einen Boten zu Elia und ließ ihm sagen: »Die Götter sollen mich strafen, wenn ich dich morgen um diese Zeit nicht ebenso umbringen werde, wie du meine Propheten umgebracht hast!«
Da packte Elia die Angst und er floh, um sein Leben zu retten. In Beerscheba an der Südgrenze von Juda ließ er seinen Diener zurück und wanderte allein weiter, einen Tag lang nach Süden in die Steppe hinein. Dann setzte er sich unter einen Ginsterstrauch und wünschte den Tod herbei. »HERR, ich kann nicht mehr«, sagte er. »Lass mich sterben! Ich bin nicht besser als meine Vorfahren.«
Dann legte er sich unter den Ginsterstrauch und schlief ein.
Aber ein Engel kam, weckte ihn und sagte: »Steh auf und iss!« Als Elia sich umschaute, entdeckte er hinter seinem Kopf ein frisches Brot und einen Krug mit Wasser. Er aß und trank und legte sich wieder schlafen. Aber der Engel des HERRN weckte ihn noch einmal und sagte:
»Steh auf und iss! Du hast einen weiten Weg vor dir!« Elia stand auf, aß und trank und machte sich auf den Weg. Er war so gestärkt, dass er vierzig Tage und Nächte ununterbrochen wanderte, bis er zum Berg Gottes, dem Horeb, kam.

1. Lest den Text reihum, jede/r von euch liest einen Satz. Wenn ihr am Ende angekommen seid, beginnt der Nächste von vorn solange, bis jede/r einmal drangekommen ist.
2. Beschreibe, in welcher Situation sich Elia befindet und wie er sich fühlt.
3. Beschreibe, was sich verändert, nachdem Elia Brot und Wasser zu sich genommen hat.
Unterstreiche den Satz im Text, der dich ganz besonders anspricht.
4. Lest in der Lerngruppe den Text noch einmal laut. Wenn der Satz an der Reihe ist, den du unterstrichen hast, liest du ihn laut mit.
5. Begründet die Textwahl in eurer Lerngruppe.

L3 Abendmahl bedeutet …

Sieger Köder, Das Mahl mit den Sündern © Sieger Köder-Stiftung Kunst und Bibel, Ellwangen

AUFGABEN:

1. Lest im Wechsel in eurer Gruppe: Lk 15,11–32.
2. Betrachte und untersuche das Bild:
    a) Welche Personen sitzen am Tisch miteinander? Ordnet die Zahlen zu:

    Wissenschaftler ☐   schöne Frau ☐   Clown ☐   Alte ☐

    Witwe ☐   verletzter Afrikaner ☐   der jüdische Zöllner Levi ☐

    b) Wem gehören wohl die Hände vorne im Bild (A)?

    c) »Sünder« sein bedeutet in der Bibel nicht in erster Linie, dass man etwas falsch gemacht hat. Es bedeutet eher, dass man von anderen gemieden und ausgegrenzt wird. Die Menschen auf dem Bild sind keine »Verbrecher«. Die nur angedeuteten Gestalten auf der linken Bildseite (B) zeigen, wie sie sich fühlen und wonach sie sich sehnen. Habt ihr eine Idee, was das sein könnte?

3. Welche dieser Aussagen über das Abendmahl trifft für diese Situation am ehesten zu? Kreuze an.
    Jesus lädt Menschen ein, die
    ☐ traurig und mutlos sind.
    ☐ einsam sind.
    ☐ einen Fehler gemacht haben.

4. Was verändert sich durch das Abendmahl im Leben dieser Menschen?

5. Stellt die Tischszene in eurer Gruppe in einem Standbild dar, und zwar in zwei Schritten:
    Vor der Mahlfeier mit Jesus und danach.

L4 Abendmahl bedeutet …

Das Bild des Malers Rembrandt van Rijn hat den Titel »Die Rückkehr des verlorenen Sohnes« (1666–69).

AUFGABEN:
1. Lest im Wechsel in eurer Gruppe: Lk 15,11-32. Danach beantwortet ihr die Frage: Welche Situation aus der Geschichte ist hier dargestellt?
2. Die Geschichte vom verlorenen Sohn ist ein Gleichnis, das Jesus erzählt, um den Menschen mitzuteilen, wie Gott ist. Gott ist der Vater. Wer ist dann wohl der verlorene Sohn?
   (Tipp: Es ist nicht Jesus!)
3. Die Hände des alten Mannes links im Bild sind verschieden: Die rechte Hand ist die einer Frau, die linke ist die eines Mannes. Was könnte der Maler damit beabsichtigt haben?
4. Hier ist kein Festmahl dargestellt. In der Geschichte folgt es erst auf die dargestellte Szene. In Bezug auf das Abendmahl erfahren wir hier, dass Gott Menschen einlädt, die
   ☐ traurig und mutlos sind.
   ☐ einsam sind.
   ☐ einen Fehler gemacht haben.
   Welche dieser Aussagen trifft für diese Situation am ehesten zu? Kreuze an.
5. Was verändert sich dadurch im Leben dieser Menschen?
6. Stellt die Szene in eurer Gruppe in einem Standbild dar, und zwar in zwei Schritten:
   Vor dem Festmahl und danach.

Eucharistie und Abendmahl | 137

L5 Abendmahl bedeutet …

Sieger Köder, Emmaus.
Rosenberger Altar (Ausschnitt)
© Sieger Köder-Stiftung
Kunst und Bibel, Ellwangen

AUFGABEN:
1. Lest im Wechsel in eurer Gruppe: Lk 24,13–32.
2. Welche Situation aus der Geschichte ist auf dem Bild zu sehen?
3. Diskutiert: Wie viele Personen feiern auf dem Bild Abendmahl?
4. Auf dem Bild ist Jesus nicht zu sehen – oder doch? Wie könnte der Maler Jesus dargestellt haben?
   (Ein Tipp: Lest einmal in der Bibel Joh 8,12. Vielleicht hilft euch das weiter.)
5. Welche dieser Aussagen über das Abendmahl treffen am ehesten auf diese Szene zu? Kreuze an.
   Jesus lädt Menschen ein, die
   ☐ traurig und mutlos sind.
   ☐ einsam sind.
   ☐ einen Fehler gemacht haben.
6. Was verändert sich durch das Abendmahl im Leben dieser Menschen?
7. Stellt die Tischszene in eurer Gruppe in einem Standbild dar, und zwar in zwei Schritten:
   Vor der Mahlfeier mit Jesus und danach.

L6 Jesus feiert das Abendmahl

Der Evangelist Lukas beschreibt in seinem Evangelium im 22. Kapitel, wie Jesus mit seinen Jüngern das Abendmahl feiert:

Als die Stunde für das Passamahl* gekommen war, legte sich Jesus mit den Aposteln zu Tisch.** Und Jesus sagte zu ihnen: »Ich habe mich sehr danach gesehnt, dieses Passamahl mit euch zu essen, bevor mein Leiden beginnt. Das sage ich euch: Ich werde das Passamahl so lange nicht mehr essen, bis es in Vollendung gefeiert wird im Reich Gottes.«

Dann nahm Jesus den Becher, sprach das Dankgebet und sagte: »Nehmt diesen Becher und teilt den Wein unter euch! Das sage ich euch: Ich werde von nun an keinen Wein mehr trinken – so lange, bis das Reich Gottes kommt.«

Anschließend nahm er das Brot und sprach das Dankgebet. Er brach das Brot in Stücke, gab es ihnen und sagte: »Das ist mein Leib. Er wird für euch gegeben. Tut das immer wieder zur Erinnerung an mich.«

Genauso nahm Jesus nach dem Essen den Becher und sagte: »Dieser Becher steht für den neuen Bund, den Gott mit den Menschen schließt. Er kommt zustande durch mein Blut, das für euch vergossen wird.«

(Lk 22,14–22)

An dieser Stelle fügt der Evangelist Matthäus noch hinzu:

Mein Blut wird für die vielen vergossen werden zur Vergebung ihrer Schuld.

(Mt 26,28b)

* Das Passafest ist das höchste Fest im Judentum. Die deutsche Übersetzung für Passa lautet »Ostern«.
** In der Antike speiste man an niedrigen Tischen ohne Stühle. Man lag oder saß auf dem Boden oder niedrigen Liegen.

L7 Paulus beobachtet das Abendmahl

Der Apostel Paulus ärgert sich in seinem ersten Brief an die christliche Gemeinde in der griechischen Stadt Korinth im elften Kapitel über schlechte Sitten beim Abendmahl in der Gemeinde:

Aber da ist noch eine Sache, zu der ich euch Anweisungen geben muss. Und in dieser Hinsicht kann ich euch nicht loben: Ihr kommt nämlich nicht zu eurem Wohl zusammen, sondern zu eurem Schaden! Vor allem geht es um Folgendes: Wie ich höre, gibt es verschiedene Lager, wenn ihr in der Gemeinde zusammenkommt. Zum Teil glaube ich das auch.

Es kann ja gar nicht anders sein, als dass es verschiedene Parteien bei euch gibt. Nur so zeigt sich, wer von euch sich bewährt. Wenn ihr zusammenkommt, hat das nichts mit dem vom Herrn eingesetzten Mahl zu tun. Denn wenn es ans Essen geht, hält jeder sein eigenes Mahl. Der eine ist noch hungrig, der andere schon betrunken.

Könnt ihr denn nicht zu Hause essen und trinken? Oder missachtet ihr die Gemeinde Gottes und wollt die herabsetzen, die nichts dabeihaben? Was soll ich zu euch sagen? Soll ich euch dafür etwa noch loben?

(1 Kor 11,17–22)

Eucharistie und Abendmahl | 139

L8 Kein gemeinsames Abendmahl?

Zu katholischen Abendmahlsfeiern sind keine evangelischen Christinnen und Christen zugelassen. Außerdem wird ein evangelisches Abendmahl von katholischer Seite als ungültig bezeichnet. Dieser Ausschluss hat seinen Grund in einer tiefen Überzeugung der katholischen Glaubensauffassung. Nur ein rechtmäßig geweihter Bischof oder Priester darf quasi als Stellvertreter Christi das heilige Sakrament des Abendmahls wiederholen. Darum wird das Abendmahl, wenn es von evangelischen Pfarrerinnen oder Pfarrern gespendet wird, als ungültig aufgefasst.

Ein weiterer Grund, evangelische Christinnen und Christen beim Abendmahl auszuschließen, liegt im katholischen Kirchenverständnis. Die katholische Kirche betrachtet sich als einzig rechtmäßige Nachfolgerin der Kirche der Apostel. Es gibt für sie nur eine echte Kirche, nämlich die katholische. Und nur wer zu dieser weltweiten Gemeinschaft gehört, hat das Recht, sich an Jesu Tisch zu versammeln.

Auch die evangelischen Kirchen verurteilten lange nicht nur die katholische Abendmahlslehre, sondern auch unterschiedliche Abendmahlspositionen untereinander. Es ging dabei hauptsächlich um den Streit darüber, ob Jesus beim Abendmahl wirklich anwesend ist, wobei die katholische Position von einer realen Wandlung von Brot und Wein in den Leib und das Blut Christi ausgeht, oder ob es sich nur um eine symbolische Anwesenheit oder eine bloße Erinnerung an das biblische Geschehen handelt.

Die verschiedenen evangelischen Kirchen* haben mit der Abendmahlsgemeinschaft untereinander seit dem Jahr 1973 allerdings keine Probleme mehr. Auf einer Tagung auf dem Leuenberg bei Basel einigte man sich darauf, das Abendmahl der anderen Gemeinschaften anzuerkennen. Außerdem erkennt die evangelische Kirche auch das katholische Abendmahl als gültig an und lädt jede getaufte Christin und jeden getauften Christen zu ihrer Feier ein.

* Gemeint sind die ev.-lutherischen, ev.-reformierten und ev.-unierten Kirchen sowie die ihnen verwandten vorreformatorischen Glaubensgemeinschaften der Waldenser und böhmischen Brüder.

AUFGABEN:

Einzelarbeit

1. Lies den Text leise. Du hast genug Zeit dafür.
2. Markiere in jedem Abschnitt mit einem Bleistift zwei Begriffe/Worte, die dir in diesem Abschnitt ganz besonders wichtig erscheinen.
3. Wenn du fertig bist, hältst du dein Infoblatt in die Höhe. Finde einen Partner oder eine Partnerin, der/die das Infoblatt ebenfalls bearbeitet hat und in die Höhe hält.

Partnerarbeit

1. Einer von euch beginnt: Formuliere zwei Sätze, mit denen du den Inhalt des ersten Abschnitts des Textes zusammenfasst. In jedem der beiden Sätze soll einer der beiden Begriffe/Worte vorkommen, die du in diesem Abschnitt markiert hast.
2. Falls dein Partner/deine Partnerin andere Begriffe/Worte unterstrichen hat, ergänzt er/sie deine Sätze mit einem Satz zu diesen Begriffen/Worten.
3. Ihr wechselt die Rollen so lange, bis ihr auf diesem Weg alle vier Abschnitte des Textes bearbeitet habt.

L9 Ein mutiger Tabubruch?

A

Text 1: Spiegel Online vom 29.5.2003

Mutiger Kirchentag mit Tabubruch

Katholische Kommunion für Protestanten: Der Streit ums gemeinsame Abendmahl sorgte zum Auftakt des ersten Ökumenischen Kirchentages für Zündstoff.

Berlin – Zu dem vom Papst verbotenen gemeinsamen Abendmahl von Katholiken und Protestanten kamen am Rande des Kirchentages am Donnerstagabend etwa 2000 Christen. Den Gottesdienst mit katholischer Eucharistie in der evangelischen Gethsemane-Kirche leitete der katholische Priester Gotthold Hasenhüttl; er ist Theologieprofessor an der Universität Saarland. Sein Name war bis zuletzt geheim gehalten worden. Ihm drohen nun disziplinarische Strafen der katholischen Kirche.

Text 2: www.katholisch.de vom 28.8.2017

Der Begriff Interkommunion

Interkommunion bedeutet, dass ein Christ das Abendmahl oder die Kommunion in einer Kirche oder kirchlichen Gemeinschaft empfängt, die sich von seiner eigenen Konfession unterscheidet. Heißt: Ein Protestant empfängt die katholische Eucharistie, ein Katholik das evangelische Abendmahl. Analoges gilt für orthodoxe Christen. Aus katholischer Sicht hängt der Sakramentenempfang dabei eng mit der Kirchengliedschaft zusammen. Grundsätzlich bedeutet das: »Katholische Spender spenden die Sakramente erlaubt nur katholischen Gläubigen; ebenso empfangen diese die Sakramente erlaubt nur von katholischen Spendern« (can. 844 § 1 CIC*).

* CIC, Abkürzung für Codex Iuris Canonici, das Gesetzbuch des Kirchenrechts in der katholischen Kirche

B

Text 1: Spiegel Online vom 29.5.2003

Mutiger Kirchentag mit Tabubruch

Katholische Kommunion für Protestanten: Der Streit ums gemeinsame Abendmahl sorgte zum Auftakt des ersten Ökumenischen Kirchentages für Zündstoff.

Berlin – Zu dem vom Papst verbotenen gemeinsamen Abendmahl von Katholiken und Protestanten kamen am Rande des Kirchentages am Donnerstagabend etwa 2000 Christen. Den Gottesdienst mit katholischer Eucharistie in der evangelischen Gethsemane-Kirche leitete der katholische Priester Gotthold Hasenhüttl; er ist Theologieprofessor an der Universität Saarland. Sein Name war bis zuletzt geheim gehalten worden. Ihm drohen nun disziplinarische Strafen der katholischen Kirche.

Text 2: www.ekd.de vom 28.8.2017

Dürfen römisch-katholische Christen an einem evangelischen Abendmahl teilnehmen?

In den evangelischen Kirchen sind römisch-katholische Christen wie alle Getauften herzlich zum Abendmahl eingeladen, weil Christus selbst dazu einlädt. Festgehalten ist diese »eucharistische Gastfreundschaft« oder »Gastbereitschaft« der evangelischen Kirchen u. a. in einer »Pastoraltheologischen Handreichung« der Vereinigten Evangelisch-Lutherischen Kirche aus dem Jahre 1975, der sich die Arnoldshainer Konferenz im Jahr 1976 angeschlossen hat. Das Konzept einer »Gastfreundschaft« impliziert, daß diejenigen Christen, die einen Gottesdienst der jeweils anderen Konfession besuchen, dabei Glieder ihrer eigenen Kirche bleiben. Allerdings sollte im gemeindlichen Alltag darauf geachtet werden, daß niemand aus ökumenischem Überschwang zu etwas genötigt wird, was er oder sie (noch) nicht will.

L10 Gemeinsam Abendmahl feiern?

Du hast dich in unserem Unterrichtsprojekt mit dem Thema »Abendmahl – Eucharistie« beschäftigt und mit der Frage, ob evangelische und katholische Christinnen und Christen gemeinsam das Mahl feiern können. Mit diesen beiden Aufgaben kannst du dein Wissen, vor allem aber die Fähigkeit, diese Fragen zu beurteilen und mit anderen darüber zu sprechen, überprüfen.

Text 1: Spiegel Online vom 29.5.2003*

Papst will deutschen Abendmahl-Streit in Rom klären

Abendmahl auch für protestantische Ehepartner? Deutschlands Bischöfe sind sich in dieser Frage nicht einig. Nun will der Papst vermitteln.

Im Streit in der katholischen Kirche Deutschlands um die Zulassung von Protestanten zur Kommunion** will der Papst ein Gespräch in Rom führen. […]

Das Verständnis des Abendmahls ist nach wie vor einer der größten Unterschiede zwischen Katholiken und Protestanten. An katholischen Abendmahlfeiern dürfen bislang in der Regel nur Katholiken teilnehmen. Die Bischofskonferenz hatte im Februar beschlossen, in Ausnahmefällen die katholische Kommunion für protestantische Ehepartner in konfessionsverschiedenen Ehen zu öffnen und eine entsprechende Handreichung verfasst. Dagegen regte sich innerhalb der Katholischen Kirche allerdings Widerstand.

Anfang April war bekanntgeworden, dass sich sieben Bischöfe unter Führung des Kölner Kardinals Rainer Maria Woelki mit einem Brief an den Vatikan gewandt hatten, in dem sie die Rechtmäßigkeit des Zugangs von protestantischen Ehepartnern zur Kommunion anzweifeln.

* https://www.tagesspiegel.de/weltspiegel/katholische-kirche-papst-will-deutschen-abendmahl-streit-in-rom-klaeren/21193612.html (Zugriff am 22.1.19).

** »Kommunion« ist ebenso wie der Begriff »Eucharistie« ein kirchliches Fachwort für »Abendmahl« und darf nicht mit dem Fest der Erstkommunion verwechselt werden, das umgangssprachlich auch einfach Kommunion genannt wird.

AUFGABEN:

1. Die deutschen Bischöfe haben unterschiedliche Auffassung zur Frage der Zulassung von konfessionsverschiedenen Ehepaaren zur Kommunion. Stelle eine Liste von Begründungen zusammen, die für und die gegen eine Zulassung sprechen.
2. Zum Thema gemeinsames Abendmahl auf dem Kirchentag 2003 erschien diese Karikatur. Was würde Jesus deiner Meinung nach auf die Frage der beiden Kirchentagsbesucher sagen? Schreibe deinen Text in die Sprechblase.

Quellen

A2.3 – Ps. 139,14: Lutherbibel, revidiert 2017, © 2016 Deutsche Bibelgesellschaft, Stuttgart | **A2.6.2** – Jubiläumsausgabe der Lutherbibel 2017 mit Sonderseiten zu Martin Luther, © Deutsche Bibelgesellschaft, Stuttgart | Einheitsübersetzung: © Katholische Bibelanstalt, Stuttgart | Taufe: © Manfred Karsch | Kirche: © clairev/panthermedia | Messdiener: Goran Jakus/Shutterstock.com | **B5** – Tobit, 4,3–6.14–16.19.21: Einheitsübersetzung © Katholische Bibelanstalt, Stuttgart | **C1/C2** – Weihnachtsbaum: © Pexels/Pixabay | Osterkerze: Schofföŕ (https://commons.wikimedia.org/wiki/File:Lüchingen_Kirche_Osterkerze_-_12B.JPG), »Lüchingen Kirche Osterkerze – 12B«, https://creativecommons.org/licenses/by-sa/3.0/legalcode | Karfreitag: Ra Boe (https://commons.wikimedia.org/wiki/File:Stuttgart_2009_042_(RaBoe).jpg), »Stuttgart 2009 042 (RaBoe)«, https://creativecommons.org/licenses/by-sa/3.0/legalcode | Pfingsten: Roland Zumbuehl (https://commons.wikimedia.org/wiki/File:2017-Buesserach-Pfingsten.jpg), https://creativecommons.org/licenses/by-sa/4.0/legalcode | Reformationstag: © magele-picture/Adobe Stock | Allerheiligen: © goszka/Pixabay | Fronleichnam: Andreas Gälle (https://commons.wikimedia.org/wiki/File:Fonleichnam07b.JPG), »Fonleichnam07b« | Erntedank: © tassilo111/Pixabay | Sankt Martin: © Superbass/CC BY-SA 4.0 (via Wikimedia Commons) (https://commons.wikimedia.org/wiki/File:2017–11–10-Martinszug_Köln_Neuehrenfeld_2017–5378.jpg), https://creativecommons.org/licenses/by-sa/4.0/legalcode | »Mariä Himmelfahrt«: Tizian (1516–1518) | **D4** – Lucas Cranach, der Ältere: Luther als Augustinermönch (1520) | **D5.1** – Johann Tetzel, fiktives Porträt (Stich 1717) | Textauszug Tetzel aus: Heiko A. Oberman (Hg.), Die Kirche im Zeitalter der Reformation. Neukirchen-Vluyn 1981, S. 15 ff. i. A. | **D5.2** – Lucas Cranach, der Ältere, Martin Luther (1528) | Originaltext Martin Luthers aus der Vorrede für den ersten Band der lateinischen Schriften von 1545. Zitiert nach: Heiko A. Oberman (Hg.), Die Kirche im Zeitalter der Reformation. Neukirchen-Vluyn 1981, S. 209 f. i. A. | **D6** – Foto: Casa Rosada (Argentina Presidency of the Nation) (https://commons.wikimedia.org/wiki/File:Pope_Francis_in_March_2013_b.jpg), »Pope Francis in March 2013 b«, https://creativecommons.org/licenses/by-sa/2.0/legalcode | **E1** – Cory Doctorow from London, UK. (https://commons.wikimedia.org/wiki/File:Speakers'_Corner_sign,_Singapore_-_20050906.jpg), »Speakers' Corner sign, Singapore – 20050906«, https://creativecommons.org/licenses/by-sa/2.0/legalcode | Heinz-Josef Lücking (https://commons.wikimedia.org/wiki/File:Speakers_Corner_London_-_a_speaker.JPG), »Speakers Corner London – a speaker«, https://creativecommons.org/licenses/by-sa/3.0/de/legalcode | https://www.flickr.com/photos/soham_pablo/ (https://commons.wikimedia.org/wiki/File:A_regular_'FREE_HUGS'_dispenser,_Speaker's_Corner,_Hyde_Park,_London.jpg), »A regular ›FREE HUGS‹ dispenser, Speaker's Corner, Hyde Park, London«, https://creativecommons.org/licenses/by/2.0/legalcode | Acapeloahddub at English Wikipedia (https://commons.wikimedia.org/wiki/File:Danny_Shine_Speaker's_Corner.JPG), »Danny Shine Speaker's Corner«, als gemeinfrei gekennzeichnet, Details auf Wikimedia Commons: https://commons.wikimedia.org/wiki/Template:PD-user | David Hawgood (https://commons.wikimedia.org/wiki/File: Speakers'_Corner,_Hyde_Park_-_geograph.org.uk_-_788987.jpg), »Speakers' Corner, Hyde Park – geograph.org.uk – 788987«, https://creativecommons.org/licenses/by-sa/2.0/legalcode | **E4** – Severn Cullis-Suzuki auf dem Nordic Business Forum 2017 in Helsinki, Finland © dpa | **E7** – Oscar Romero 1978 bei einem Besuch in Rom | Martin Luther King spricht seine »I Have a Dream«-Rede während des March on Washington in Washington, D.C., am 28. August 1963 | **F1/F7** – Foto © picture alliance/Andreas Arnold/dpa | **F2** – Caritas: Arm in Köln. Caritas-Leitfaden für den Umgang mit Betteln und Armut, S 17: https://caritas.erzbistum-koeln.de/export/sites/caritas/koeln-cv/.content/.galleries/downloads/Webdatei-CAR_Leitbild_Armut_WEB.pdf © Caritas | Diakonie: Rainer Müller-Brandes: Wie umgehen mit Bettlern in der Innenstadt? 10.10.2016: https://www.diakonisches-werk-hannover.de/aktuelles-medien/news/news-meldung/gibt-es-zu-viele-bettler-in-der-innenstadt/ © Diakonie | **F3/F4** – Lk 10,25–37; Mt 25,31–40: Einheitsübersetzung © Katholische Bibelanstalt, Stuttgart | **F4/F5** – Meister von Alkmaar: Die sieben Werke der Barmherzigkeit (1504) | **F7** – moderne Übertragung der sieben Werke der Barmherzigkeit: © Bistum Erfurt, Bischöfliches Ordinat | **G4.2** – Genesis 1,1–1,20: Einheitsübersetzung © Katholische Bibelanstalt, Stuttgart | **G6** – Janine Griese, Was haben »Schmetterlinge im Bauch« mit der biblischen Schöpfungserzählung zu tun? Eine Entdeckungsreise mit Jugendlichen. In: Dieterich, Veit-Jakobus/Roebben, Bert/Rothgangel, Martin, »Der Urknall ist immerhin, würde ich sagen, auch nur eine Theorie«, Schöpfung und Jugendtheologie, Jahrbuch für Jugendtheologie, Bd. 2, Stuttgart 2013, S. 109 (bearbeitet) | **G8** – sebaso from Berlin, Germany (https://commons.wikimedia.org/wiki/File:Alexander_Gerst_auf_der_republica_2015_(17213075829).jpg), https://creativecommons.org/licenses/by-sa/4.0/legalcode | **H1** – Indonesien 2010: © picture alliance/REUTERS | Junge: © dpa | Progeria-Patienten: © picture alliance | Gymnasium Haltern: © picture alliance/AP Photo | **H4** – Ps 22: Lutherbibel, revidiert 2017, © 2016 Deutsche Bibelgesellschaft, Stuttgart | Ps 23: Einheitsübersetzung © Katholische Bibelanstalt, Stuttgart | **H5** – Matthias Grünewald, Isenheimer Altar (ca. 1515): © Jörgens.mi/CC BY-SA 3.0 (https://commons.wikimedia.org/wiki/File:Isenheimer_Altar_(Colmar)_jm01221_deriv.jpg), »Isenheimer Altar (Colmar) jm01221 deriv«, Ausschnitt, https://creativecommons.org/licenses/by-sa/3.0/legalcode | Oskar Kokoschka, Christus hilft den hungernden Kindern (1945/46): © akg-images © Fondation Oskar Kokoschka/VG Bild-Kunst, Bonn 2019 | Otto Dix, Große Kreuzaufrichtung (1962): © akg-images © Otto Dix/VG Bild-Kunst, Bonn 2019 | **H6** – Luther Deutsch. Die Werke Luthers in Auswahl. Hg. v. Kurt Aland. 10: Die Briefe. Göttingen 21982, S. 317: 317 An Justus Jonas, 23. September 1542 | Bonhoeffer, Dietrich, Widerstand und Ergebung. München 1997, S. 79, 188, 219 | **H7** – Benedikt XVI: Fabio Pozzebom/ABr (https://commons.wikimedia.org/wiki/File:BentoXVI-30-10052007.jpg), »BentoXVI-30–10052007«, https://creativecommons.org/licenses/by/3.0/br/deed.en | Franziskus: Casa Rosada (Argentina Presidency of the Nation) (https://commons.wikimedia.org/

wiki/File:Franciscus_in_2015.jpg), »Franciscus in 2015«, https://creativecommons.org/licenses/by-sa/2.0/legalcode | **I1** – Dirk Fütterer, Ralf Fütterer: Die Bergpredigt – Evangelium nach Matthäus, Kapitel 5–7. Düsseldorf: Fütterer Verlag, 2007. | Mt 5,6; 5,7; 5,9; 5,10: Einheitsübersetzung © Katholische Bibelanstalt, Stuttgart | **I3** – Zitate der Jugendlichen aus: https://www.planet-schule.de/sf/php/dlservice_pdf.php?file=f1006&b=glueck&w=0 Themenwoche 2013 Aktion Schulstunde © WDR/Planet Schule 2013 | **I5.1** – Mt 5,39: Einheitsübersetzung © Katholische Bibelanstalt, Stuttgart | Ein Text aus der jüdischen Tradition: Lapide, Pinchas, Die Bergpredigt – Utopie oder Programm? Berlin 2010, S. 126 | **I5.2** – Foto Käßmann: Kalip78 (https://commons.wikimedia.org/wiki/File:Kaessmann.jpeg), »Kaessmann«, https://creativecommons.org/licenses/by-sa/3.0/legalcode | Mt 5,43–44; Spr 24,17; Lev 19,18: Lutherbibel, revidiert 2017, © 2016 Deutsche Bibelgesellschaft, Stuttgart | Erläuterung zu Lev 19,18 aus: Pinchas, Lapide: Entfeindung leben?, Gütersloh 1993, S. 13 | Predigtauszüge: Margot Käßmann über Brüssel. »Terroristen mit Liebe begegnen«: http://www.spiegel.de/panorama/margot-kaessmann-terroristen-mit-beten-und-liebe-begegnen-a-1084280.html | **J2** – kris krüg from Vancouver, Canada (https://commons.wikimedia.org/wiki/File:Jesus_is_So_Cool.jpg), »Jesus is So Cool«, https://creativecommons.org/licenses/by/2.0/legalcode | **K2** – Sterbephasen nach Kübler-Ross. Von Sabine Bayer. Letzte Bearbeitung: 19.11.2018: https://www.betanet.de/sterbephasen-nach-kuebler-ross.html | **L2** – Dieric Bouts, Der Prophet Elia in der Wüste (1464–68) | **K3** – Foto: David Wintzer (https://commons.wikimedia.org/wiki/File:August-Geislhöringer-Grab.JPG), https://creativecommons.org/licenses/by-sa/4.0/legalcode | **L2/L6/L7** –1. Kön 19,1–8; Lk 22,14–22; Mt 26,28b; 1 Kor 11,17–22: Gute Nachricht Bibel, durchgesehene Neuausgabe, © 2018 Deutsche Bibelgesellschaft, Stuttgart | **L9** – Text 1, A und B: http://www.spiegel.de/politik/deutschland/katholische-kommunion-fuer-protestanten-mutiger-kirchentag-mit-tabubruch-a-250792.html | Text 2, A: https://www.katholisch.de/aktuelles/aktuelle-artikel/abendmahl-und-eucharistie-wer-darf-wo | Text 2, B: https://www.ekd.de/23198.htm | **L10** – Papst will deutschen Abendmahl-Streit in Rom klären. 19.4.2018: https://www.tagesspiegel.de/weltspiegel/katholische-kirche-papst-will-deutschen-abendmahl-streit-in-rom-klaeren/21193612.html

Autorinnen und Autoren

Katharina Brethauer, Sonderpädagogin an der Erich-Kästner-Gesamtschule Bünde
Christoph Glins, Studienrat an der Gesamtschule Friedenstal, Herford
Rudolf Hengesbach, Studiendirektor i. R., bis 2018 Fachleiter für kath. Religionslehre am Zentrum für schulpraktische Lehrerausbildung (ZfSl) Seminar Gymnasium/Gesamtschule und Religionslehrer am Goerdeler-Gymnasium Paderborn
Heimke Himstedt-Keliny, Studienrätin an der Heinz-Nixdorf-Gesamtschule Paderborn
Dr. Manfred Karsch, Pfarrer, Schulreferent des Ev. Kirchenkreises Herford, Lehrbeauftragter für Religionspädagogik an der Universität Bielefeld, Abt. Theologie
Dr. Stefan Klug, Gymnasiallehrer, Referent für Gymnasien/Gesamtschulen (Sek II) in der Abteilung Religionspädagogik, Hauptabteilung Schule und Erziehung des Erzbistums Paderborn
Ulrike Lipke, Pfarrerin, Schulreferentin der Ev. Kirchenkreise Lübbecke, Minden und Vlotho
Christian Rasch, Schulpfarrer am Freiherr-vom-Stein-Gymnasium Bünde und am Städtischen Gymnasium Löhne
Julia Schäfers, Studienrätin an der Heinz-Nixdorf-Gesamtschule Paderborn
Andrea Schnieder, Fachberaterin Kath. Religionslehre (Bez.-Reg. Detmold), Oberstudienrätin am Freiherr-vom-Stein-Gymnasium Bünde
PD Dr. Malte van Spankeren, Gymnasiallehrer, Giebichenstein-Gymnasium »Thomas Müntzer« (Halle/Saale), Privatdozent für Kirchengeschichte am FB01 (Ev. Theologie) der WWU Münster
Simon-Fabian Stucke, Fachleiter Ev. Religion, Schulseelsorger, Schule am Burgfeld, Bad Segeberg
Marco Talarico, Fachleiter in der Lehrerausbildung am ZfsL Bielefeld
Vanessa Usling, Studienrätin an der Regenbogen-Gesamtschule Spenge, Lehrbeauftragte für Ev. Theologie an der Universität Bielefeld, Abt. Theologie